아파트 시장이 무너져도
오르는 소액 투자처는 있다

아파트 시장이
무너져도
오르는 소액
투자처는 있다

정철민 지음

두드림미디어

이 책을 쓸 수밖에 없었던 이유

"제가 ○○지역 오피스텔을 분양받았는데….."

흔한 구독자들로부터의 이메일이다. 유튜브에서 오피스텔 전문 투자 채널 '사다리TV'를 운영하자 반응은 뜨거웠다. 전국에 있는 모든 오피스텔 투자자들이 그동안 뚜렷한 구심점이 없었는데, 내 채널을 보고 용기를 얻었다는 연락을 많이 보내왔다.

놀랍게도 대한민국에 제대로 된 오피스텔 투자 서적이 없어서, 필자가 직접 쓰기로 해서 탄생한 것이 《오피스텔 투자 바이블》이다. 출판사 대표가 연일 놀란다. 오피스텔이라는 작은 주제로 이 정도 팔릴 줄은 솔직히 예상하지 못했다고 한다. 내 유튜브 채널을 모르던 사람들도 《오피스텔 투자 바이블》을 읽고 오피스텔 투자를 결정했다고 연락이 많이 와 '책을 집필하길 참 잘했다'라는 생각이 들었다. 책이 가진 파급력이 생각보다 컸다.

　덕분에 강의도 하고 상담도 많이 하게 되면서 알게 된 것인데, 생각보다 많은 사람들이 부동산을 무지성으로, 잘 모르고 투자하고 후회하면서 연락을 주는 경우가 많았다. 초보자들이 절대 하면 안 될 투자를 너무나 쉽게 결정하는 경우가 많았다. 그래서 부린이(부동산 어린이)를 위한 특강을 열었고, 반응은 너무나 뜨거웠다. 강의 내용을 기반으로 다시 한번 부동산 전반에 관한 내용을 다루는 책을 쓰게 되었다. 비타민 같은 내용을 넣었으니 부디 부린이들이 투자를 시작하기 전에 이 책을 읽고, 부동산 상승과 하락에 대한 원리를 깨달아 스스로 먹이를 찾는 방법을 익혔으면 좋겠다. 유튜버나 남의 말에 의지하지 않고 부동산 투자를 할 수 있도록 길라잡이가 되어줄 책으로 집필했다.

| 부린이 특강 후기 |

> 쭈
> 대전에서 초청강의 듣고 난 다음 부동산 투자의 다양한 시각을 갖고 접근할 수 있게 되어서 좋았습니다. 3시간 넘는 시간이 엄청 빨리 지나갔어요 ㅎㅎ 내용이 알차서 집중할 수 밖에 없었습니다. 하루종일 듣고싶은데 시간이 정해져있는게 아쉬웠어요. 부동산 투자하기 전 꼭 듣기를 추천하는 강의예요 ㅎㅎㅎㅎ 오피스텔 관련 강의만 더 자세히 듣고 싶어요 ㅎㅎ
> 2023.3.7. 16:39 | 신고

　부동산은 현대사회를 살아나가기 위해 꼭 필요한 투자지만, 아무리 이야기해도 동기부여가 되어 있지 않으면 좋은 정보를 전달해도 흡수하지 못하고 실천까지 이어지기 어렵다. 그래서 부동산 투자에 대한 동기부여가 될 수 있는 내용도 싣게 되었고, 부동산이 오르고 내리는 원리에 대해서도 짧고 명료하게 설명했다. 부동산은 큰돈이 오가는 투자다. 초보자들이 하지 말아야 할 것과 해도 괜찮은 것들을 구별할 수만 있다면, "저 20대 청년인데, ○○ 사서 물렸어요"라고 말하는 일이 없을 것이다. 적어도 이 책의 독자들만큼은 부동산 투자를 하면서 실수하는 일이 없었으면 좋겠다.

이 책을 집필한 두 번째 이유는 아파트 투자자들에게 대안을 제시하기 위함이다. 아파트 시장은 지금 추락하고 있다. 아파트가 왜 떨어지는지에 관해서 설명하고, 아파트 외에도 다양한 투자처가 많다는 것도 알리고 싶다. 영원히 오르는 자산은 없다. 아파트가 지고 하락하는 기간 동안에는 상가, 다가구주택, 오피스텔 같은 수익형 상품이 인기가 많아질 것이다. 돌이켜 보니 필자는 안 해본 투자가 없었다. 그래서 누구보다 객관적으로 종목별로 특징과 장단점을 전달할 수 있다. 필자가 지난 8년간 투자 시장에서 겪은 실제 투자 경험까지 제시하며 이해를 도왔다. 필자의 사례를 통해 독자 여러분들이 자신의 취향, 적성과 상황에 맞는 종목을 선택할 수 있으면 좋겠다. 심화된 내용을 다루지는 않지만 그렇다고 가볍지는 않다. 종목을 선택한 뒤 심화된 내용을 스스로 학습할 수 있게 종목별로 추천 도서도 넣었으니 이어서 꼭 읽었으면 좋겠다.

정철민

차례

PART 09 오피스텔과 도시형 생활주택

PART 10 부동산 기타 : 경매와 세금

부린이가 자주 묻는
질문 Best 5

01

무주택자인데 첫 투자를
어떻게 해야 할까요?

무엇이든 처음이 가장 어렵다. 무주택자분들로부터 첫 투자를 어떻게 해야 하냐는 질문을 많이 받고 있다. 지금까지 살아오면서 1,000만 원이 넘는 돈을 써본 적도 없는데, 작은 오피스텔을 하나 사더라도 2억 원 가까이 되다 보니 두근거리는 감정을 잘 안다. 나도 처음에는 그랬기 때문이다. 무주택자분이라면 3가지를 고려해야 한다. 귀한 명의 잘 쓰기, 종목을 잘 고르기, 자금 계획 잘 짜두기다. 이것들에 대해 하나씩 살펴보겠다.

지금 무주택자 명의는 금과 같다. 정부에서 대부분 1주택자들에게는 많은 우대를 해주는데, 대표적으로 대출과 취득세, 종합부동산세, 양도세 면에서 우위에 있다. 그래서 첫 주택을 사고 투자를 끝낼 것인지, 다주택자의 길을 걸을 것인지도 잘 결정해야 한다. 그에 따라 예산도 잘 분배해야 하기 때문이다. 필자는 보통 무주택자분들이 오피스텔을 산다고 하면 말리는 편이다. 오피스텔이 주택수에 포함될 수도 있어서 나중에 제대로 된 주택을 구입할 때 걸림돌이 될 수도 있기 때문이다. 그런데 무주택자분들의 공통점은 대부분 나이가 젊은 청년분들이고, 종잣돈이 2,000~3,000만 원 내외의 소액이라는 것이다. 압구정 현대아파트가 좋은 것을 알면서도 추천하는 것은 어불성설일 것이다.

두 번째는 종목을 잘 골라야 한다. 아파트가 가장 쉽고 편한 투자인 것은 사실이다. 하지만 지금은 아파트 하락기다. 아무리 투자가 쉽더라도 오르지 않으면 무용지물이다. 이 책을 읽고 앞으로 오를 종목에 대해 공부를 한 후, 투자를 했으면 좋겠다. 필자가 콕 집어서 이야기하자면, 빌라(다세대주택), 오피스텔, 도시형 생활주택, 다가구주택이 저평가되었다고 느낀다. 대부분 '주택'이라는 딱지가 붙은 녀석들이다. 다주택자의 주택 취득세는 현행 최고 13%가 넘는다(6.4% 조정 예정). 그렇기 때문에 유동성이 흘러 들어가지 못했던 것이다. 투자 순서도 잘 지켜야 한다. 주택 투자를 한다면, 규제지역 아파트를 먼저 취득하고 그다음에 비규제지역 주택에 투자하고, 오피스텔을 취득해야 취득세 중과가 되지 않는다. 역행해서 주거용 오피스텔 먼저 사고, 규제지역 아파트를 사고, 비규제지역 아파트를 사면 모두 취득세가 중과된다. 반드시 세금 공부를 하신 후에 투자에 임하기를 바란다.

빌라 같은 것은 꺼려질 수 있겠지만, 우리는 투자를 하는 사람이다. 편견을 버리고 저평가된 자산을 사서 시세차익을 보았으면 좋겠다. 사회초년생일수록 시세차익에 더 집중해야 한다. 처음부터 수익형 투자를 하는 것은 바람직하지 않다. 경매든 급매든 싸게 사서, 약간의 시세차익을 내고 매도하는 것을 반복해서 초기에는 자본을 불리는 것에 집중해야 한다. 어떻게 싸게 사야 할까? 그래서 공부를 해야 한다. 자산의 가치 평가를 제대로 할 수 있는 눈을 길러야 한다.

마지막으로 하고 싶은 말은, 가진 자본을 모두 쏟지 말라는 것이다. 가지고 있는 돈이 소액(500~1,000만 원)이 아니라면 예산을 나누어서 투자하라. 한 번의 투자로 모든 투자금을 다 써버리면 다음 투자를 이어나가기 어렵다. 적어도 경매 입찰보증금(10%) 정도는 남겨놔야 한다. 한 번의 투자로 2년간 투자를 못 한다면 너무나 슬플 것이다. 예를 들어, 가진 투자금이 3,000만 원이라면, 첫 투자는 2,000만 원 정도로 정해놓고 물건을 찾는다. 중소도시 아파트를 샀다고 가정해보자. 그렇게 거래 사이클을 한번 경험하면 '아 부동산 투자는 이런 것이구나'라는 느낌이 올 것이다. 남은 1,000만 원으로 새로운 경험을 하기 위해 서울 오피스텔을 경매로 낙찰받으면 또 새로운 공부가 될 것이다. 귀한 무주택 명의 잘 쓰기, 어떤 종목에 투자할지 결정하기, 투자금을 나눠서 투자하기, 이 3가지를 잊지 말자.

02

부동산 투자,
세금 많이 나오지 않나요?

부동산 투자를 아예 잘 모르는 1주택자나 무주택자들에게 가장 많이 받는 질문이다. 질문자들의 공통점은 부동산 세금에 대해서 잘 모른다는 것이고, 유튜브나 언론을 통해서 이런 이야기를 접하고는 질문을 한다. 이 장에서는 양도소득세(이하 양도세)에 대한 오해와 보유세(재산세, 종합부동산세)에 대한 오해를 풀어보도록 하겠다.

양도세라는 것은 기본적으로 시세차익이 발생해야 내는 세금이다. 양도차익이 나지 않았다면, 나라에서 세금을 걷지 않는다는 말과 같다. 그리고 소득이 있는 곳에 세금이 있는 것이 당연한 이야기다. 근로소득으로 월급을 받으면, 소득세를 내는 것과 같다. 부동산을 2년 이상 보유하고 있다면, 현재는 다주택자도 6~45%의 누진세율을 적용한다. 예를 들어 1억 원 정도 차익이 났다면 실제로는 1,600만 원이 채 안 된다 (정권이 바뀌면서 조정대상지역 양도세 중과가 사라졌다). 1,600만 원도 너무 많다고 느껴진다면 생각을 바꿔야 한다. 이는 1,600만 원 세금 내는 게 두려워서 8,400만 원을 벌기 싫다는 이야기와 같다. 필자는 항상 많이 벌고, 세금도 많이 내자는 생각이다. 한 해에 시세차익만 5억 원이 나서, 세금을 2억 5,000만 원을 냈다고 하자. 세금을 너무 많이 내서 억울한가? 반대로 2억 5,000만 원을 어디에서 벌 수 있을까? 근로소득세 몇백만 원이 내기 싫어서 아예 일하지 않겠다는 것과 같다.

두 번째는 재산세와 종합부동산세에 대한 오해다. 우리나라의 주택 재산세는 정말 저렴한 편이다. 2억 원짜리 오피스텔이라고 하면 십몇만 원 정도다. 십몇만 원이 아까워서 투자를 안 한다고 하면 부자가 될 수 없다. 생각을 바꾸어서 십몇만 원으로 국가에서 우리 재산을 위해서 소유권도 인정해주고, 지자체 재정이 풍부해져서 내 자산이 있는 곳에 도로도 확장하고, 가로수도 새로 심고, 화단정리도 하고, 보도블록도 새로 깔 수 있다고 생각하면 어떨까? 우리는 알게 모르게 국가의 서비스를 많이 받고 있다. 주민센터에 가면 공무원분들이 친절하게 응대해주고, 국세청 콜센터에 세금 관련된 내용을 문의해도 세무사 못지않게 정확한 답변을 해준다. 그런 것에 대한 비용 지불이라고 생각하면 전혀 아깝지 않다.

혹시 종합부동산세를 내고 있다면, 이미 부자일지도 모른다. 부부가 종합부동산세를 내기란 정말 어렵기 때문이다. 다주택자의 경우 예전에는 1인당 6억 원씩 공제해서, 종합부동산세를 내려면 적어도 공시지가로 12억 원, 시가로 따지면 20억 원 정도 되는 자산을 가지고 있어야 낼 수 있었다. 실제로 부담되는 수준의 종합부동산세를 내려면 1인당 공시지가로 18억 원, 부부 합산 시가로 50억 원은 가지고 있어야 가계에 부담되는 종합부동산세가 부과되었다. 하지만 이마저도 예전 이야기이고, 현재 다주택자는 인당 9억 원씩 공제해주고 공정시장가액 비율(할인율)이 60%나 되기 때문에 사실상 어지간한 자산가가 아니고서는 부담되는 수준의 종합부동산세가 나오지는 않는다. 그런데 종합부동산세가 두려워서 투자를 못 하겠다는 많은 분의 재산을 물어보면 1주택자이거나 무주택자인 경우가 많다. 그분들을 무시하는 것은 아니지만, 아직 종합부동산세를 걱정할 수준이 아닌데, 정확한 내용을 알지 못한 채 지레 겁을 먹고 투자를 하지 않는 것과 같다. 구글에서 '부동산 계산기'를 검색해서 한번 종합부동산세 시뮬레이션을 돌려보아도 좋고, 국세청 홈페이지에 접속해서 종합부동산세를 계산하는 세율을 직접 보면서 편견을 깼으면 좋겠다.

한마디 덧붙이자면, 세금 없이 빠르게 부자가 되는 방법은 없다. 유일한 것이 1주택자 비과세 받기 전략인데, 이마저도 집값이 오를 때 이야기다. 2년마다 주택을 사고, 팔아야 하는데, 하락장이 온다면 결국 그동안 많이 벌었어도 본전치기다. 1주택자는 제자리걸음이다. 다주택자가 되면 많은 세금 부담이 따라붙는다. 대신에 부자가 될 확률은 훨씬 커진다. "많이 벌어서, 세금 많이 내고, 빨리 부자 되자", 이 말을 꼭 기억하자.

03

지금 부동산 투자해도
괜찮을까요?

필자의 부린이 시절 이야기를 해볼까 한다. 2016년 멋모르고 대전 신혼집을 매수하면서 나의 첫 부동산 투자가 시작되었다. 아무것도 모르고 매수했지만, 정말 운이 좋게도 그때가 대전 부동산 사이클상 바닥이었다. 그러고 나서 부동산 거래에 눈을 뜨면서 부동산 책도 많이 읽어보고, 부동산 특강도 따라다니면서 부동산 투자에 눈을 떴다. 아마 8년 전 나와 같은 분들이 지금 이 책을 읽고 있을 거라는 생각이 든다. 하지만 만약 지금 대전 아파트를 산다면 말리고 싶다. 부동산은 타이밍이 더 중요하기 때문이다.

8년간 부동산 시장을 지켜보면서 느낀 게 하나 있다. 항상 규제가 삼엄했지만, 지나고 나서 보니 어딘가에는 기회가 있었다는 것이다. 그 기회를 누군가는 잡았고, 누군가는 '별로네'라고 생각하며 가볍게 넘겼을 것이다. 대표적으로 2020년 7월 10일 다주택자 취득세 중과 규제가 터졌을 때, 누군가는 '주택 투자는 이제 끝났어'라고 생각할 때, 누군가는 잽싸게 '공시지가 1억 원 이하 아파트로 몰리겠군'이라고 생각했을 것이다. 필자도 비슷한 경험을 여러 번 했지만, 기회라는 것은 공부한 사람의 눈에만 보인다. 그래서 나를 포함해서 투자자라면 투자 공부를 계속해나가야 한다.

그리고 부동산은 서울에만 있지 않다. 전남 목포시 아파트로도 시세차익을 낼 수 있고, 부산, 대구, 울산, 광주, 대전, 모두 흐름이 같지 않다. 우리나라에 똑같은 기준금리와 세금, 대출 규제가 적용되지만 오르는 지역도 있고, 내리는 지역도 있다. 이렇게 기회는 도처에 널려 있지만, 부단히 노력하고 공부하는 사람의 눈에만 보인다. 그렇기 때문에 나 역시도 혹시 모를 기회를 놓칠까 봐 항상 연구한다. 필자가 늘 하는 말이 "투자처가 없는 게 아니라, 투자금이 없다"이다. 내 눈에는 좋은 것들이 너무 많이 보이지만, 투자금이 한정되어 있어 항상 아쉽다.

마지막으로 하락장에도 유효한 투자 방식이 많다는 것이다. 대표적으로 경매로 투자하면 시세보다 훨씬 저렴하게 살 수 있다. 단순한 물건 외에 지분경매, 법정지상권 같은 특수물건을 한다면 급매보다 훨씬 저렴하게 사서, 급매가로만 팔아치워도 수익을 낼 수 있다. 또한 월세 현금흐름을 늘려가는 방식도 유효하다. 당장은 시세차익이 나지 않겠지만, 상승장이 오기를 기다리면서 월세 현금흐름을 늘리는 것이다. 매달 현금흐름이 누적해서 쌓인다면 나중에는 월급을 능가할 수도 있다. 그뿐만 아니라 시기에 상관없이 투자자의 노력으로 부동산의 가치를 높일 수 있다. 토지를 매입해서 형질을 대지로 바꾸고 건축물을 올리면 부동산의 가치를 탈바꿈할 수 있다. 월세가 저렴하게 맞춰진 상가를 매수해서 임차인과 협상해서 퇴거시키고, 상가를 예쁘게 인테리어 해서 높게 월세를 맞춰서 매도하는 방법도 있다. 당장 머릿속에 떠오르는 것들만 해도 이렇게 많다. 부동산은 참 재미있는 게, 투자자의 노력 여하에 따라서 가치가 올라가고, 더 높은 평가를 받을 수 있기 때문이다.

"경매는 어려워요, 특수물건은 위험하다던데요?"라고 말할 독자도 있을 것 같다. 책에서까지 잔소리하고 싶지 않다. 쉽게 돈 버는 길은 없다. 거꾸로 어렵게 돈 버는 길은 경쟁이 덜하다. 경매나 특수물건은 한 번 방법을 익혀두면 사라지지 않는 지식이 되고, 여러 번 되풀이해서 사용할 수 있다. 경매가 싫다면 몸으로 때울 수도 있다. 인테리어를 턴키 방식으로 맡기지 말고, 인테리어 공정을 스스로 배워서 남들보다 저렴한 가격으로 인테리어를 하고, 더 높은 가격에 임대차를 맞출 수도 있다. 장판 깔기, LED 전등 교체 정도는 본인이 스스로 해서 인건비라도 건지면, 턴키 방식에 비해 절반 정도 저렴하게 할 수 있다.

경기가 불황이고, 때가 안 좋더라도 부동산은 국민 필수재다. 누군가는 어딘가에 살아야 하고, 사업장으로 쓸 상가가 꼭 필요한 사람도 있다. 그렇기에 부동산 투자를 시작하기에 적합한 때가 반드시 꼭 존재하는 것은 아니라고 생각한다. 오히려 지금같이 부동산이 잠잠할 때 공인중개사 사무실을 가면 반갑게 맞이해주고, 상승장에 찾아가면 대화를 나누기도 어렵다. 어찌 보면 하락장에 입지 공부, 경매 공부를 미리 해놓고, 상승장이 오면 잽싸게 투자하는 것도 좋은 방법이 될 수도 있겠다.

04

부동산 투자했다가
청약 자격 놓치면 어떡하죠?

나의 채널 구독자 중에는 젊은 분들이 많기 때문에 청약에 관한 질문을 많이 받게 된다. 많은 분들이 현재 무주택자이고 청약을 생각하고 있는데, 투자하게 되면 청약에 대한 기회를 날리는 것 같아서 고민이 된다고 한다. 결국 질문 의도는, 분양권에 대한 프리미엄을 로또처럼 얻을 기회를 날리기가 아깝다는 것이다(그 의도가 나쁘다는 것이 아니다. 일확천금을 싫어하는 사람은 없다). 이에 대한 근본적인 답변과 대안에 대해 이야기하고자 한다.

청약 당첨 가점 계산해보기

단군 이래 최대 재건축 단지인, 둔촌주공(올림픽파크 포레온)의 최저 당첨 가점 커트라인은 20평형 59타입 기준 최저 46점이었다(분양 당시에는 59타입만 중도금대출이 되어 경쟁이 더 치열했다). 최저 가점이 이렇고, 인기 있는 타입의 최저 가점은 62점이다. 다시 말하면, 가점이 46점은 넘어야

겠고, 운이 좋아서 경쟁률이 가장 낮은 곳에 넣어야지 청약에 당첨된다는 이야기다. 한 50점은 되어야 당첨이 가능해질 것 같다. 부양가족 3명, 십몇 년 무주택은 되어야 50점은 넘을 것 같은데, 청약을 고민하시는 분들은 공통적으로 무주택기간도 짧고 부양가족도 없는 신혼부부이거나 심지어 미혼인 경우도 많다. 애초부터 되지 않을 점수로 청약가점제를 넣어보아야 허송세월만 하다가 집값 오르는 것을 구경만 해야 할 지도 모른다.

올림파크 포레온 경쟁률	경쟁률	당첨가점 커트라인
59A	6.5대1	51점
84A	9.4대1	64점

　국민주택규모가 아닌 평형은 추첨제로도 가능하다. 문제는 가점제에서 떨어진 사람들도 자동으로 추첨제에 응모가 되기도 하고, 추첨제는 다주택자도 지원할 수 있기 때문에 큰 의미가 없어 보인다. 설령 무주택자만 된다고 하더라도 정말 높은 경쟁률을 뚫고 되야 하는데 '그 행운이 언젠가 오겠지'라고 기대하는 것은 무리다. 현실적으로 가점이 턱없이 부족하고, 앞으로도 가망 없다면 빠르게 포기하는 게 낫다. 재미있는 것은, 로또 청약을 기대하지만, 한편으로 자신의 가점이 몇 점인지도 모르는 사람이 많고, 청약 당첨이 되어도 계약금 10%(올림픽파크 포레온 84타입의 계약금은 1억 3,000만 원)도 없는 분들이 막연하게 당첨을 기대하고 있다는 것이다.

현실적인 대안

무주택 지위를 포기하고 부동산 공부를 제대로 해서 실력으로 돈을 벌라고 이야기하고 싶다. 운이 좋아서 당첨이 되었다면 또다시 그 운을 기대할 수 있을까? 불가능에 가깝다. 만약에 당첨되었다면 미분양이 속출하는 부동산 하락장일 것이다. 하지만 부동산 공부를 해서 차근차근 실력을 쌓아서 부를 이루었다면, 이후에도 계속 자산이 늘어날 확률이 높다. 운에 기대는 것보다는 실력을 쌓아서 하루라도 빨리 자산을 늘리는 것이 복리 효과가 훨씬 크다. 필자가 멋모르고 가장 잘한 일이 있다면, 청약을 기대하지 않고 바로 신혼집을 매수한 일이다(청약제도에 대해서도 잘 몰랐고, 운좋게 대전의 집값이 저렴했기에 가능했다. 무식하면 용감하다는 말이 딱 맞다). 애초에 청약은 자격조건이 되지 않았기에 경매 투자나 아파트 갭 투자 같은 것을 공부했고, 그것들이 실력으로 남아 지금도 큰 자산이 되어 있다고 생각한다.

청약통장에 대해

그렇다고 해서 청약통장을 해지하거나, 만들지 말라는 것은 아니다. 나도 청약통장은 예전에 만들어둔 것을 갖고 있다. 다만, 돈을 1회차만 불입하고 전혀 불입하지 않았는데 민영주택 1순위 자격의 경우, 분양공고일 이전에 일시에 잔여금액을 한 번에 납입해도, 나누어서 납입한 것으로 인정해주기 때문이다. 그래서 청약통장을 개설해두는 것은 의미가 있다. 언제, 어떻게 쓰일지 모르니, 없는 것보다는 있는 게 훨씬 낫다. 한 가지 확실한 것은 부동산 상승장에는 어차피 가점이 안 되어 당첨이 안 되고, 부동산 하락장에는 어차피 주변 아파트가 더 저렴해서 미분양이 나기 때문에 청약 가점이 큰 의미가 없다. 결국 가점이 높은 청약통장이 아니면 쓸모가 없으니 개설만 해두고 부동산 투자에 집중하는 편이 낫다.

무주택 지위를 유지하면서 투자하는 방법

그래도 청약과 부동산 투자, 둘 다 잡고 싶은가? 청약 시 무주택 지위를 유지하면서 투자하는 방법에는 총 3가지가 있다.

첫 번째는 오피스텔 투자, 두 번째는 법인 명의 투자, 세 번째는 상가 투자다. 오피스텔은 청약 시 주택수로 잡히지 않기 때문에 청약 지위를 유지하면서 투자하기 좋다. 이에 대한 근거는 주택공급에 관한 규칙에 있고, 주택법 시행령상 오피스텔은 준주택으로 분류되기 때문에 그렇다. 현재는 3룸, 2룸 오피스텔은 고평가이고 원룸 오피스텔을 추천한다. 특히 임대주택에 거주를 유지하기 위해 무주택 지위를 유지하고 싶다면, 오피스텔 투자도 대안이 될 수 있다. 또한, 전용 $20 m^2$ 이하 도시형 생활주택(오피스텔 같은 원룸인데 주택으로 분류됨)은 대출·청약 시에는 주택수에 잡히지 않는 틈새 상품이다.

두 번째는 법인으로 투자하는 것이다. 법인은 이름에서 알 수 있듯이 법으로 만들어진 사람, 인격체다. 따라서 법인 명의로 취득한 부동산은 개인 명의와 완벽히 분리된다. 오피스텔 투자도 괜히 미덥지 못하고 찜찜하다면, 수도권과밀억제권역 밖에 법인을 설립 후에 법인으로 투자하라. 다만, 법인으로 하는 경우 주택 취득세와 종합부동산세가 크지만,

단타가 가능하다는 장점이 있다. 결국에는 비주택(상가, 오피스텔, 토지)으로 눈을 돌리게 되면 개인으로 투자하는 것과 결과는 똑같다.

마지막 방법은 개인으로 비주택에 투자하는 것이다. 이 책에 나오는 구분상가, 상가건물, 토지 투자를 하면 무주택 지위를 유지하면서 부동산 투자를 할 수 있다. 여러 가지 방안을 이야기했으나, 결국 무주택, 1주택자 지위를 포기하고 다주택자 포지션으로 실력을 키우는 것이 더 빨리 부자가 되는 방법이라고 생각한다.

05

부동산 공부,
어떻게 해야 하나요?

책과 유튜브, 뉴스로 공부하기

세상에서 가장 저평가되어 있는 것은 책이라고 생각한다. 2만 원 남짓한 돈으로 많은 정보를 빠르게 흡수할 수 있기 때문이다. 그래서 필자는 부동산 투자를 시작한 이래 책으로 다양한 지식을 배웠고, 지금도 꾸준히 보고 있다. 초기에는 집 근처에 있는 도서관이나 교보문고에 가서 오래된 책이라도 부동산과 관련된 책을 모두 다 읽기를 권한다. 신기하게도 여러 권의 책을 읽을수록 같은 분야 한 권의 책을 읽는 데 걸리는 시간이 줄어든다. 왜냐하면 부동산의 원리는 대부분 비슷하고, 공통적인 내용이 책에 적혀 있기 때문이다. 신간을 보면 더욱 좋은데, 다 사서 보기에는 책값이 부담된다. 그래서 일주일에 한 번씩 교보문고에 가서 최근에 나온 신간을 모두 읽었고, 정말 괜찮은 책이라면 사서 보곤 했다.

그리고 유튜브나 네이버 카페 '부동산 스터디'나 '부동산 스케치북' 등을 통해서 사람들의 임장기나 투자기를 꾸준히 본다. 유튜브 채널 중에서 '후랭이TV'가 가장 도움이 많이 되었고, 더 예전에는 '월급쟁이부자들' 팟캐스트가 도움이 많이 되었다. 투자 경험이 있는 분들의 이야기를 듣는 것만큼 값진 것이 없다. 많이 듣고, 마치 모의 투자를 한 것처럼 체득화하라. 요즘은 카카오톡에서 지역별 부동산 단톡방이 활발하게 운영되고 있어 그곳에 들어가 눈으로 보기만 해도 배울 것이 많고, 새로운 정보나 투자 아이디어도 얻을 수 있다. 단톡방에서 나오는 뉴스나 블로그 글만 봐도 도움이 되는 정보가 상당히 많다. 또한, 부동산 특강이나 정규 강의도 양질의 정보를 빠르게 습득할 수 있어서 좋다.

그리고 부동산 뉴스와 경제 뉴스도 매일 챙겨보자. 필자는 주식 투자를 하지 않지만, 뉴욕 증시와 환율 등은 매일 챙겨보는 편이다. '다원 부동산 중개앱'을 설치하는 것도 추천한다. 매일 아침 알림과 함께 부동산 뉴스만 골라주고 '다음 부동산 뉴스(https://realestate.daum.net/news)' 페이지를 봐도 좋은 뉴스만 추려주어서 도움이 된다. 사람들의 투자기는 과거에 일어난 일이고, 뉴스는 현재 일어나고 있는 일이기에, 미래에 일어날 일들을 예측하기에도 좋다.

사색하기

여기까지는 부동산에 조금만 관심 있는 분들이라면 누구나 하는 일이다. 여기서 더 한 발짝 더 나아가야 한다. 내가 보았던 서적, 고수의 유튜브, 부동산 카페에 있는 투자기 등이 정말 현실성 있는 투자인지,

이미 지난 옛이야기이고 지금의 투자에도 적용할 수 있는 것인지 생각해보아야 한다. 이것을 위해서는 그 사람들이 주장하는 근거(데이터나 통계)가 주장이 정말 맞는지 스스로 검증하고 논리적으로 사고하는 습관을 들여야 한다. 예를 들어, 뉴스에서 종합부동산세가 인하된다고 하면 현재 조문은 어떻게 되어 있는지 원문을 읽어보고, 내가 정책 입안자라면 어떻게 움직일 것인지 생각도 해본다. 또, 누군가가 오피스텔이 오른다고 이야기하면 '에이, 오피스텔은 안 올라'라고 생각하고 넘길 게 아니라 '정말 예전에는 올랐나? 이 사람이 말하는 근거와 주장이 논리적인가?'에 대해서 검증해보는 사고훈련을 하는 게 좋다.

임장의 생활화

부동산에 흥미를 붙이려면 임장 가는 행위를 즐겨야 한다. 공인중개사 사무소 문을 여는 것을 두려워하는 분들이 많다는 것을 강의하면서 알았다. 필자는 생활처럼, 편의점에 가듯이 공인중개 사무소에 들어간다. 예를 들어, 자녀의 유치원 버스가 4시에 오기로 되어 있다면 3시 45분부터 아파트 상가 앞에서 기다린다. 기다리는 동안 공인중개사 사무소에 들어가서 이야기를 나누다가 버스가 오면 그제야 하원을 한다. 친구와 약속 시간이 7시인데, 30분 일찍 도착했다면 근처에 있는 공인중개사 사무소에 들러 상가 임대료라든가 투자처라도 물어본다. 공인중개사분들이 보기에는 동네 구멍가게 할아버지, 아줌마 같을지 몰라도, 수십 년 경력의 투자자일 때도 있어서 도움이 되는 아이디어를 많이 얻는다. 고수는 가까운 곳에 있다. 근처에 공인중개사 사무소가 없으면, 네이버 부동산 앱을 켜서 평소 관심 있던 곳의 공인중개사 사무소에 전화라도 하자. 절대 공인중개사 사무소 문을 여는 것이나 전화하는 것을 두려워하지 말자.

그런데 사람마다 적성이라는 게 있는 것 같다. 필자는 생전 처음 보는 음식점 사장님에게 임대료나 상권을 물어보기도 한다. 공인중개사 사무실에 전화하거나 방문하는 게 편의점 가는 것만큼 편하고, 지인들과 대화 나누는 것을 좋아하는데 그렇지 않은 사람도 있다(참고로 필자의 MBTI는 ENTP다). 반면 전화를 하면 입이 얼어붙고, 처음 만난 사람과 대화하는 게 어려운 사람도 있다. 하지만 임장을 많이 간다고 꼭 투자를 잘하는 것은 아니다. 투자에 대한 정확한 판단을 하는 게 더 중요하니 적성에 안 맞는다고 포기해서는 안 된다.

투자 동료 만들기

부동산에 흥미를 붙이는 것 중 하나가 함께 투자할 동료를 만드는 것이다. 투자 동료들이 모여 있으면 힘들거나 기쁜 감정을 공유할 수 있어서 좋고, 가까이에서 그분들의 투자기를 들을 수 있어서 배우는 게 많다. 그리고 생각지도 못한 아이디어나 조언을 얻기도 하고, 궁금한 것을 여쭤볼 수도 있다. 그런 분들은 과연 어디서 만날 수 있는지 궁금해하는 분들도 있을 것이다. 그분들을 만나면 우선 기브 앤 테이크(Give and Take) 전략을 사용하자. 내가 먼저 내놓아야 사람들도 내놓는다. 부동산 임장기를 올리는 블로그도 해보고, 부동산 카페에도 먼저 글을 올리고, 지역 부동산 단톡방 정모도 나가보고, 자주 활동해야 한다. 그러면 누군가 말을 걸어줄 것이고, 당신과 친구가 되고 싶어 할 것이다. 그 사람도 당신과 똑같다. 배울 게 하나도 없는 초보와는 굳이 귀찮게 알고 지내고 싶어 하지 않는다. 누군가 나에게 와주기만을 기다리는 것보다 적극적으로 자기 생각을 공유해서 커뮤니티를 만드는 것도 좋은 방법이다. 나도 오랜 시간을 함께한 투자자들이 있다. 현재도 정보공유를 위해서 소형 오피스텔 투자자 오픈 카톡방도 운영하고 있고, 수강생들끼리 친목 도모 및 정보교류를 위해 별도의 카톡방과 스터디를 운영하고 있다.

https://open.kakao.com/o/gQuIRKue (비번 op4848)

PART
02

부동산 기초 이론

06

중학생도 아는
수요와 공급

필자는 고등학교 때 수능 사회탐구 과목으로 '경제'를 선택한 일이 정말 잘한 일이라고 생각하고, '법과 사회'를 선택하지 않은 것이 아쉽게 느껴진다. 돈은 사회의 모든 것과 관련되어 있다. 직장을 구할 때도 월급이 하나의 기준이 되고, 온라인에서 주문하더라도 배송료를 포함한 금액까지 꼼꼼하게 따져본다. 하물며 10억 원 가까이 하는 아파트를 하나 살 때는 얼마나 꼼꼼히 따지겠는가. 그런데 학교에서는 '법의 체계, 등기부등본 보는 법, 임대차보호법, 민법' 등에 대해 알려주지 않는다. 경제에 관한 내용은 중학교 일반사회 과목에도 나와 있지만, 헌법, 민법, 임대차보호법과 같은 생활의 필수가 되는 내용은 선택 과목인 '법과 사회' 과목에 주로 있기 때문이다.

'좋은 집 구하는 방법', '집값이 오르는 이유', '전세 사기당하지 않는 방법' 등을 공교육에서도 다루어야 한다. 주거는 국민 필수재이기 때문에 모든 사람은 매매든, 전세든, 월세든 어딘가에는 살아야 하기 때문이다. 사람들이 가장 궁금해하는 것은 '그래서 집값이 올라, 안 올라? 나 지금 집 사야 해, 말아야 해?'일 것이다. 가격이 오르고 내리는 것의 가장 기본이 되는 것이 중학교 교과서에 실려 있는 '수요와 공급' 그래 프다. 집값이라는 것을 너무 복잡하게 생각하지 말고, 항상 수요와 공급이라는 기본에 충실해서 투자에 임했으면 좋겠다. 다음은 수요·공급 그래프에 관한 설명인데, 기본적인 내용이므로 이미 알고 있는 독자들은 다음 장으로 넘어가도 괜찮다.

┃ 수요와 공급 그래프 ┃

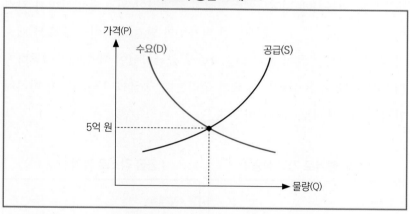

위 그래프의 세로축은 가격(Price)을 나타내고, 아래로 갈수록 가격이 낮고, 위로 갈수록 가격이 높다. 그래프의 가로축은 양(Quantity)을 나타내고, 왼쪽으로 갈수록 양이 적고, 오른쪽으로 갈수록 양이 많다. 왼쪽으로 갈수록 커지는 빨간색 곡선을 '수요 그래프'라고 한다. 수요가 늘어나면 이 빨간색 곡선은 오른쪽으로 이동한다. 오른쪽으로 갈수록 높아지고 있는 파란색 곡선을 '공급 그래프'라고 한다. 공급이 줄어들면 이 파란색 곡선은 왼쪽으로 이동한다. 이 수요와 공급 곡선이 만나는 접점을 우리는 균형점이라고 부른다. 쉽게 말해 수요자가 생각하는 가격과 공급자가 생각하는 가격이 딱 맞는 지점이다. 이 접점의 세로축(P)이 시장 가격이고, 가로축(Q)이 시장 거래량이다.

빵을 예시로 설명해보자. 빨간색 곡선은 빵을 사려는 사람들의 수요이고, 파란색 곡선은 빵을 팔려는 빵집의 공급이다. 어느 먹방 유튜버가 빵을 맛있게 먹는 모습을 보고, 사람들 머릿속에 점심으로 그 빵을 먹고 싶다는 생각이 들어 수요가 늘어난다. 수요가 늘어나면 수요곡선 우측으로 이동하게 되고, 공급 접점인 균형점이 위로 올라가면서 가격이 올라가게 된다. 그런데 때마침 밀가루와 달걀 가격이 폭등해서 재료가 품귀되면서 공급이 줄어들어 파란색 공급곡선이 좌측으로 이동하게 되었다고 하자. 안 그래도 수요가 몰리는데, 공급까지 줄어들어 버리니 가격이 천정부지로 올라가버린다.

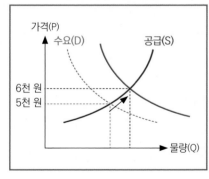

| 수요 증가로 가격 상승 |

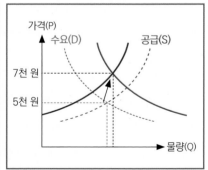

| 공급 감소로 가격 상승 |

지금 말한 빵을 '아파트'로, 밀가루와 계란 가격을 '시멘트와 철근'으로 바꾸어서 다시 한번 읽어보자. 어떤 부동산 전문가가 '아파트를 이

러저러한 이유로 사야 한다'라고 이야기했다. 그러자 아파트를 사려는 수요가 늘어난다. 그런데 때마침 시멘트와 철근 가격이 폭등하게 되자 앞으로도 공급이 줄어들게 될 것이 확실해졌다. 자연스럽게 균형점, 즉 가격은 위로 올라간다. 그러니 사람들은 더 마음이 급해져서 가수요가 붙는다. 김현미 전 국토교통부 장관이 이야기한 "아파트가 빵이라면 제가 밤을 새워서라도 만들겠다"라는 말이 생각난다. 빵은 하루아침이면 만들 수 있지만, 아파트는 건축허가부터 준공승인까지 3년은 필요하다. 그래서 아파트의 수요와 공급은 불일치가 자주 일어나 가격이 오를 때는 많이 오르고, 내릴 때는 하염없이 내린다. 필요할 때는 없고, 너무 많아서 필요 없을 때는 계속 늘어난다. 지금 공급되는 아파트는 3년 전에 짓기 시작했기 때문에 그렇다.

정리하면 가격이 오르는 경우는 2가지다.

> ① 수요가 늘어나거나, ② 공급이 줄어들 때 가격이 오른다.
> (수요가 늘어나고 동시에 공급이 줄어든다면 가격은 더 많이 오른다)

이번에는 대만 카스텔라를 예로 들어보자. 사람들의 인기를 크게 얻었던 어느 날, 언론에서 '대만 카스텔라는 식용유 빵이다'라는 내용을 대서특필한다. 그러자 길게 늘어섰던 수요가 줄어든다. 수요가 줄어들면 빨간색 수요곡선은 왼쪽으로 이동한다. 하지만 큰돈을 벌 수 있다고 해서 많은 자영업자가 많은 프랜차이즈 가맹점을 냈기 때문에 대만 카스텔라 빵의 공급은 계속 늘어나고 있다. 공급이 늘어나면 파란색 공급곡선은 오른쪽으로 이동한다. 예전같이 길게 늘어선 줄도 없고 아무 때나 가면 먹을 수 있는 흔하디흔한 빵이 되어버리자 사람들은 더 이상 찾지 않는다. 왜? 사장님들이 매일같이 경쟁적으로 할인을 하고 있기 때문에 기다리면 더 싸게 먹을 수 있을 것 같기 때문이다. 아니 그보다는 언론에서 요즘 건강하다고 말하는 '양배추 빵'을 먹으러 간다. 예전에는 맛이 더 중요했다면 요즘은 건강, 안전이 트렌드이기 때문이다.

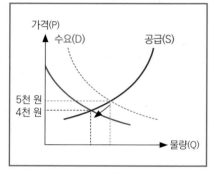

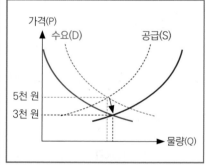

　지금 말한 대만 카스텔라 빵을 '전세'로, 프랜차이즈 사장님을 '전세 갭 투자자'로, 건강한 양배추 빵을 '월세'로 바꿔서 다시 한번 읽어보자. 언론에서 '깡통전세라 위험하다!'라고 연일 내보내고 있다. 그러자 전세로 거주하려는 수요가 줄어드는데, 큰돈을 만질 줄 알고 갭 투자했던 투자자들의 전세 매물은 전혀 소화되지 않는다. 예전처럼 전세 매물이 귀하지도 않고 널려 있어서 수요자가 매물을 아무 때나 고르면 된다. 오히려 전세금을 내어줄 돈이 없는 집주인들이 다음 임차인을 못 구하자 경쟁적으로 가격을 인하한다. 아니 그보다는 언론에서 요즘 보증금을 떼일 필요가 없는 '월세'가 더 안전하다고 부추긴다. 예전 같은 저금리 시대에는 전세가 더 유리했지만, 지금은 전세대출 이자보다 '월세'가 더 저렴하고 보증금을 떼일 염려가 없어서 안전하기 때문이다.

정리하면 가격이 내리는 경우는 2가지다.

> ③ 수요가 줄어들거나, ④ 공급이 늘어날 때 가격이 내린다.
> (수요가 줄어들고 동시에 공급이 늘어난다면 가격은 더 많이 내린다)

앞에서 말하는 ①, ②, ③, ④의 4가지 경우는 교차로 발생할 수도 있다. 수요가 줄어들지만, 공급이 줄어들어서 가격이 똑같을 수도 있고, 수요가 늘어난 것보다 공급이 더 많이 늘어서 가격이 내릴 수도 있다. 우리 투자자들의 판단해야 할 몫은 다음과 같은 것들이다.

> "앞으로 투자 수요가 늘어날 것 같은데, 공급도 만만치 않다. 무엇이 더 큰가?"
> "앞으로 공급이 줄어드는데, 이 지역의 일자리도 줄어 수요도 줄고 있다."
> "이번 발표한 규제로 인해서 수요도 줄어들지만, 매도 공급도 동시에 줄어들지 않을까?"
> "이번 발표한 규제 완화로 인해서 공급이 더 늘어날까, 수요가 더 늘어날까?"
> "금리가 올라서, 매매 수요도 줄어들지만, 동시에 주택착공도 줄어들 것 같은데?"

우리는 가끔 기본에 충실하지 못할 때가 있다. 수요와 공급 그래프는 중학교 3학년에서 다루니 중학교를 졸업했다면 알고 있어야 하는 기본이다. 부동산을 예측할 때 여러 전문가들의 말에 흔들리지 말고 본인만의 기준을 세워서 수요와 공급에 충실하게 투자 철학을 세웠으면 좋겠다.

07

부동산이 오르는
3가지 원리

앞서 경제 기본 논리인 수요와 공급 그래프에 대해서 살펴보았다. 유튜브나 언론에서 부동산이 오르고 내리는 요인들을 동시다발적으로 이야기하니 부린이들은 오히려 더 혼란스럽기만 하다. 부동산의 수요 측면과 공급으로 나누어서 생각해보면 조금은 정리가 될 것이다. 앞서서 수요, 공급으로 재화의 가격이 결정된다고 이야기했는데, 여기에 화폐 가치까지 추가해서 이야기해보려 한다.

부동산의 수요에 영향을 미치는 것들

집을 왜 살까? 쉽게 쉽게 생각하자. 집이 필요한 때에, 부담 가능한 가격 수준이면 집을 사는 것이다. 집은 언제 필요할까? 아파트를 예로 들면, 보통 결혼 신혼 때는 빌라나 아파트 전세로 살다가, 아이가 생기고 나면 본격적으로 학군 등의 이유로 전월세보다는 정착하고 싶은 생각이 든다(신혼 때 몇 번 이사 다니다가 지친다). 전세가율이 90%나 되니 전세나 매수나 크게 차이가 없어서 매수한다. 이것은 평범한 실수요자일 때이야기다.

투자자들의 가수요도 있다. 앞으로 집값이 오를 것이라 전망하고 투자하는 것이다. 일자리가 늘어나고 가구수가 늘어나는 지역, 지하철 개통이나 집값이 오를 것 같은 여러 가지 이유로 매수에 나선다. 여기에 한몫하는 것이 저금리와 높은 전세가율이다. 더불어서 정부에서 각종 부동산 규제와 완화를 반복하면서 투자 수요가 없어지기도 하고, 생기기도 한다. 또한, 옆집 영희가 돈을 벌었다고 하면 심리가 움직인다. 이러한 심리에 의해서 수요가 움직이는 것도 굉장히 크다. 지금까지 말한 것을 정리하면 다음과 같다.

실수요	가수요
금리	금리
전세가율	전세가율
결혼 증가와 출산	개발 호재, 교통 호재
일자리로 인한 이직	부동산 완화와 규제 대책
사회 분위기(심리)	사회 분위기(심리)

부동산의 공급에 영향을 미치는 것들

부동산의 공급은 이름 그대로 시장에 나와 있는 부동산이다. 흔히들 공급은 신축 입주 물량만 생각한다. 거기에 하나 더해야 할 것이 기존에 지어진 부동산의 매도자들이다. 그 집도 매도가 된다면 공실이 되는 집이 되니 공급이라고 볼 수 있다. 공실이 되지 않는다고 해도 투자자들이 매수하기도 하기 때문에 여전히 공급 물량이라고 볼 수 있다.

신축 물량에 공급을 미치는 것은 인건비와 원자재 가격, 금리, 개발 사업성 여부도 있다. 때로는 집이 없어지기도 한다. 노후화되어 멸실되는 곳도 있고, 재개발·재건축으로 인해 3년간 공급이 부족해지기도 한다. 수요와 마찬가지로 정부의 부동산 규제·완화도 영향을 준다. 양도세를 중과하면 매도자들이 매물을 거두고, 분양가를 억누르면 사업 수익성이 줄어들어 신축 공급이 줄어든다. 금리가 높아지면 이자 부담에 매도자들이 늘어나지만, 동시에 신축 사업성이 떨어져 미래의 공급은 줄어들기도 한다. 자세한 내용은 다음 장에서 다루어보겠다.

매도자	신축공급
금리	금리
높은 전세가율	분양 사업성(시행)
양도세 중과·완화	개발 호재, 교통 호재
부동산 가격 상승·하락 전망	부동산 완화·규제 대책

이렇게 수요와 공급이 결정되면 그래프상에 '균형점'이 생긴다고 말했다. 일반적으로 부동산의 가격이라고 이야기하지만, 필자는 '부동산의 가치'라고 이야기한다. 부동산의 가치를 화폐로 환산해야 비로소 가격으로 이야기할 수 있다. 왜냐하면 화폐가치가 날로 변화하기 때문이다. 수요와 공급은 전혀 바뀐 게 없어서 '부동산의 가치(균형점)'는 그대로 있는데, 화폐가치가 50% 하락하면 부동산의 명목가격은 2배가 되어버린다(화폐가치가 떨어지는 전망이 우세하면 수요는 늘고, 매도자는 줄어든다. 모든 게 맞물려져 있지만, 설명을 위해 단순한 사례를 들었다).

금리가 낮아져 시중 유동성이 늘어나면 화폐가치가 떨어지고 부동산의 명목 가격이 오른다. 거꾸로 금리가 올라가면 사람들이 대출을 상환하면서 유동성이 흡수된다. 시중에는 돈이 귀해지면서 화폐가치가 높아지고, 부동산의 명목 가격은 내려간다. 지금까지 설명한 것을 한 줄의 공식으로 표현하면 다음과 같다.

부동산의 가치 = 수요 / 공급
부동산의 가격 = 부동산의 가치 × 유동성(화폐가치)

부동산의 가치는 수요에 정비례하고 공급에 반비례하며, 부동산의 가치는 유동성에 의해서 명목가격으로 표시된다. 그러나 부동산을 수학공식처럼 딱딱 예측할 수는 없다. 절대 불가능하다. 부동산은 부동산은 AI가 매수·매도를 결정하지 않는다. 부동산은 움직이는 생물이고, 사람의 마음이 동요해서 사고파는 것이다. 그럼에도 불구하고 정리하기 쉽게 위와 같이 표현해보았다.

08

수요,
사람들의 광기

　대부분의 재화는 필요하면 구입을 해야 사용할 수 있다. 예를 들어, 스마트폰이 필요하면 대부분은 구입해서 사용한다. 하지만 부동산은 빌릴 수 있다. 그래서 매수하지 않고 전세나 월세를 선택할 수 있다. 수요가 있더라도 매수 수요로 전환되지 않을 수 있다는 뜻이다. 그러면 언제 매수 수요로 전환될까? 간단하다. 집이 필요한데 때마침 가격이 오를 것 같으니 집을 사는 것이다(실수요). 아니, 집이 필요하지 않아도 가격이 오를 것 같으면 매수한다(가수요). 예를 들어 내일부터 휘발유 세금이 2배가 된다고 하면, 기름을 담을 수 있는 모든 통을 갖고 주유소 앞에서 긴 줄을 서는 것과 같다. 당장 필요하지도 않은데 말이다. 부동산은 매수 심리가 굉장히 중요하다. 이것들에 영향을 미치는 것을 실수요자와 투자자로 분리해서 살펴보자.

금리

아파트 상승장이 계속될 때, 많은 사람들이 금리는 부동산의 상승·하락과 상관관계가 없다고 이야기했다. 금리 상승·하락 그래프와 집값 상승·하락 그래프를 놓고 보면 그렇게 보인다. 하지만 상식적으로 금리는 집값 구매 여력에 큰 영향을 미친다. 집값은 똑같이 10억 원인데, 금리가 2배가 오른다고 월급도 2배가 되지는 않는다. 월급에서 이자 부담이 2배가 늘어나기 때문에 구입 여력이 떨어지므로 매수를 포기하는 사람이 늘어난다. 투자자들 입장에서 전세를 주면 되지 않느냐고 반문할 수 있다. 전세도 누군가의 돈이다. 고금리 시기에 그 돈을 은행에 넣으면 더 많은 예금이자를 얻을 수 있고, 요즘 대부분은 전세대출을 받아서 들어오기 때문에 고금리에 아주 큰 영향을 받는다. 하지만 금리가 무조건적인 것은 아니다. 고금리여도 집값이 싸면 매수하고, 저금리여도 집값이 비싸면 매수하지 않는다. 현재 집값이 비싼데, 금리까지 큰 폭으로 오르니 집값에 영향을 미치는 것이다.

소득

평균소득이 늘어나면 주택 구매 여력이 늘어난다. 그래서 아파트 투자를 하는 분들이 PIR지수(Price to Income Ration)로 집값이 연봉의 몇 배냐로 저평가·고평가 여부를 따지기도 한다. 우리나라 또는 특정지역에 일자리가 늘어나고 고소득자가 많아지면 당연히 더 좋은 주거환경에 대한 실수요도 덩달아 늘어난다. 그러나 일반적으로 억 단위 집을 살 때 대출 없이 구입하지는 않는다. 그래서 PIR지수만 봐서는 안 된다. 앞서 금리가 오르면 월급에서 대출이자 부담이 되어 거꾸로 집값이 내린다고 말했다. 그래서 금리와 소득을 종합적으로 구한 것이 한국주택금융공사(HF)의 주택구입부담지수(K-HAI)다.

> K-HAI : 중위소득 가구가 표준대출을 받아 중간가격의 주택을 구입하는 경우의 상환부담을 나타내는 지수
>
> 산식 : 대출상환가능소득 / 중간가구소득 × 100

예를 들어, 서울의 K-HAI지수가 90이라면 서울의 중간소득 가구가 서울지역의 중간가격 주택을 구입할 경우, 소득의 25% 대비 원리금상환으로 얼마나 부담해야 하는지를 지수화시킨 것이다. 쉽게 말해서, 월급 25%에서 주택담보대출 이자의 비중이 얼마나 커지는지를 나타낸 것이므로 크면 클수록 주택구입할 수 있는 수요층이 줄어들게 된다.

다음의 그래프를 보면 저금리, 부동산 바닥일 때는 K-HAI지수가 낮고 고금리, 부동산 꼭지일 때는 K-HAI지수가 높은 것을 볼 수 있다. 대단히 상식적인 이야기다. 소득과 금리는 집값과 분명 상관관계가 있다.

| K-HAI 주택구입부담지수 2022 4Q |

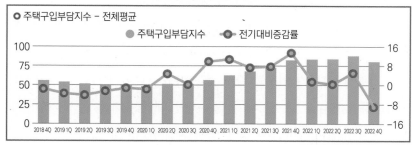

출처 : 주택금융통계시스템

일자리 수요가 늘어나는 경우

혁신도시, 세종특별자치시 등을 만들어서 공무원이나 공공기관 종사자들을 반강제(?)로 이주시킨 적이 있다. 처음에는 서울 통근버스를 운영하다가 어느 순간 축소시켜서 정착시킬 수 있게 했다. 세종시는 2013년 12만 명이던 인구수가, 현재는 38만 5,000명이 넘어가는 전국에서 가장 젊고 출산율이 많은 도시다. 일자리가 이전되면 당연히 젊은 주거 수요가 늘어난다. 이천, 청주의 SK하이닉스, 평택, 천안아산의 삼성 반도체 공장, 울산 현대자동차 등이 좋은 사례다. 반대로 경북 구미시, 전북 군산시처럼 기업이 사라지기도 한다. 일자리 수요는 주거 수요와 밀접한 관계가 있다. 일자리가 본격적으로 늘어나기 전에 기사 발표만으로 가수요(투자 수요)가 늘어나기도 한다. 대표적으로 용인시 원삼면은 SK하이닉스 개발 하나만으로 부동산 수요가 급등했다.

결혼이 늘어나는 경우

실수요자들은 언제 집을 사야겠다고 처음 생각을 할까? 바로, 결혼을 하면서 첫 신혼집을 알아보면서부터다. 보통 첫 신혼집은 전세 또는 월세를 선택하는 경우가 많다. 예산이 부족하거나 청약 가점 때문에 그렇다. 결혼해서 아이를 낳고 어린이집을 거쳐서 유치원에 진학하고, 초등학교에 입학한다. 아무래도 첫째 아이에 모든 것이 맞춰지는데, 첫째 아이가 8살이 되기 전, 초등학교를 입학하기 전에 학군지에 정착하려는 수요가 강하다. 요즘은 유치원 학군도 중요하다. 유치원 친구가 그대로 초등학교까지 이어지기도 하기 때문이다. 연도별 혼인 건수도 이런 식으로 눈여겨보아야 하는데, 문제는 집값이 비싸지면 결혼을 포기하는 청년들이 늘어나고, 코로나로 인해서 이성 간 모임이 어려워지다 보니 자연스레 매년 혼인 건수가 줄어들고 있다. 필자 주변만 봐도 30대 중반이 넘어서도 굳이 결혼을 하지 않는 친구들이 많다.

| 연도별 혼인 건수 |

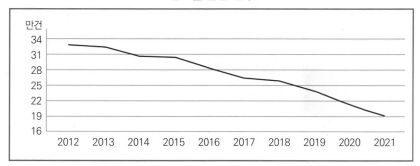

출처 : 통계청

인구수가 아닌 가구수

많은 하락론자들이 인구수가 줄어들기 때문에 집값이 내려간다고 하는데, 정확히 이야기하면 가구수가 영향을 미친다. 집 1개를 필요로 하는 수요자의 단위는 1인이 아니라 1가구이기 때문이다. 2022년 기점으로 우리나라 인구수도 줄어들기 시작했다. 합계 출산율도 매년 하락하고 있는데, 중요한 것은 전체 인구수보다도 '인구 피라미드'다. 인구 피라미드는 연령대별 인구수를 한눈에 볼 수 있는데 혼인, 출산 등으로 집이 필요한 30, 40대의 인구수가 급격하게 줄어드는 것을 알 수 있다. 그나마 결혼을 하면 다행이지만, 요즘은 굳이 결혼하지 않아도 된다고 생각하는 사람들이 많기 때문에 가족 단위 주거지인 아파트에 대한 수요가 줄어들 수도 있다. 동시에 베이비부머 세대들은 무척 많은데, 황혼이혼, 별거 등에 대한 사회인식도 개선되고 있기 때문에 1인 가구는 계속 늘어날 것으로 보인다.

| 인구 피라미드 |

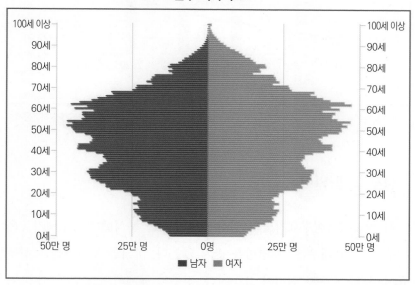

출처 : 통계청

| 연도별 가구수 추이 |

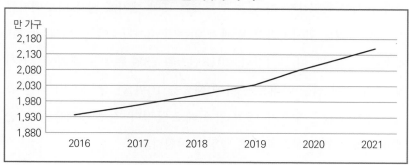

출처 : 통계청

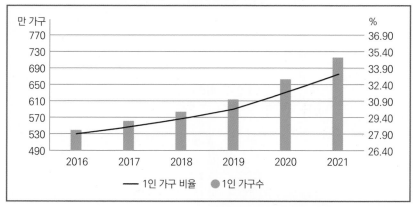

| 연도별 1인 가구수 추이 |

출처 : 통계청

정부 규제·완화

　지금까지는 실수요자들의 입장에서 주택을 분석했다. 1주택자들은 정부 규제에 대부분 큰 영향을 받지 않는다. 하지만 투자자들은 정부 규제·완화에 투자 심리가 요동친다. 정부의 규제책으로 인해 매수 여력이 줄어들기도 한다. 대표적으로 2020년 7월 10일에 발표한 취득세 중과 규제는 최고 13%가 넘는 취득세를 내야 했기에 많은 다주택자들의 투자 심리를 꺾어버리고, 중과가 없는 공시지가 1억 원 이하 아파트에 많은 투자자들이 몰려갔다. 2018년 9월 13일 부동산 대책에, KB시세 15억 원이 넘는 아파트는 아예 대출을 10원 한 장 해주지 않는 규제가 생기자 많은 수요가 15억 원 아래로 몰렸다. 정부 대책은 수요 중에서도 특히 투자 심리에 많은 영향을 미친다.

매수 심리

　필자가 생각할 때 매수는 심리가 80%이고, 이 심리에 영향을 미치는 것들이 앞에서 나열한 것들이다. 유명한 주식 투자자 앙드레 코스톨라니(André Kostolany)는 다음과 같이 말했다.

　"주식 시장에서 바보보다 주식이 많으면 주식을 사야 할 때고, 주식보다 바보가 많으면 주식을 팔아야 할 때이다."

　정확한 말이다. 시장에 거품이 있든 없든, 높은 가격에도 내 물건을 받아줄 매수자(바보)가 있다면 팔 수 있다. 매수 심리가 요동치면 고평가되었음에도 불구하고 매수자가 많다. 문제는 이 심리는 수치화가 어렵다는 것이다. 부동산 공급에 관한 지표는 수치화시키기 편리하다. 입주 물량과 네이버 부동산에 나와 있는 매물의 개수는 통계로 제공된다. 하지만 사람들이 얼마나 사고 싶어하는지, 한 도시의 수요량은 얼마가 적정한지, 수요를 계량화시키기 어렵다. 대략 예전 상승장 때 공급량이 어느 정도 되니 올랐고, 어느 정도 되니 떨어졌다고 수요량을 어림짐작할 뿐이다. 유일하게 지표화되어 있는 것이 KB 매수·매도 심리지표다. 이에 대해서는 별도의 장에서 다루어보려고 한다.

09

공급,
과학적인 투자법

공급·입주 물량만 보면 큰일 난다

지방 부동산에 투자할 때 가장 중요한 것을 딱 하나만 꼽으라면 입주 물량이다. 부산, 대구, 대전, 광주광역시 같은 곳은 입주 물량과 가격이 매우 높은 상관관계를 갖는다. 지방은 실수요에 의해서, 전세가격에 의해 매매가격이 밀어 올라가는 경우가 많기 때문이다. 반면 서울은 전국구를 넘어서 글로벌 투자처다. 서울 시민의 절반은 임차인이고, 절반은 자가에 거주한다. 그 말은 곧, 투자 수요에 의해서 오르내림이 더 크다는 뜻이기도 하다. 서울, 수도권은 입주 물량과 가격의 상관관계가 그리 크지 않다. 왜냐하면 서울과 수도권을 모두 합치면 2,000만 명에 육박하는 메가시티이기 때문에, 움직이거나 멈추는 데 큰 힘이 필요하고 시차가 나타나기 때문이다. 공급에 영향을 미치는 것들을 간단하게 살펴보자.

매도 물량도 중요한 이유

많은 이들이 입주 물량만 체크하지만, 입주 물량이 부족해도 부동산 시장은 하락할 수 있다. 매도 물량이 많으면 그렇다. 매도 물량도 입주 물량이 될 수 있다. 집을 팔고 이사 나가면서 비워주면 사람이 살 수 있는 하나의 집이 된다. 그런데 너무 많은 사람들이 신축 입주 물량만 보는 게 안타깝다. 필자의 부모님이 은퇴하시면서 서울 집을 팔고 경기 외곽으로 가셨다. 그 집에는 다른 가족이 들어갔다. 구축 매도 물량도 분명 공급이다. 이를 체크하는 방법은 아파트 실거래가앱(아실)에서 각 시, 군, 구의 매매·전세·월세의 네이버 매물 개수를 크롤링(Crawling)해서 제공한다. 뒤에서 자세히 다루어보겠다.

입주 물량과 금리

금리가 오르면 수요가 줄어든다. 하지만 동시에 공급도 줄어든다. 2022년 가을, 미국 기준금리가 가파르게 오르자 인천의 모 아파트 시행사는 분양 후 계약까지 모두 진행해놓고 사업을 접었다. 물론 계약자들에게 각각 수천만 원의 계약금을 배액 배상했다. 금리가 높아지면, 자연스럽게 금융·사업비용이 커지는데 수요까지 줄어들어버리니 아예 사업을 접는 게 더 안전하다고 판단했을 것이다. 금리로 인해 공급이 더 많이 줄어들까, 수요가 더 많이 줄어들까? 그것은 각자의 판단에 맡긴다. 필자는 가격이 오르지 않았다면 금리가 올라도 시세차익을 노리는 수요는 많다고 볼 것이고, 가격이 비싸다면 금리가 올라도 분양수익을 노리고 공급이 늘어날 것이라 본다. 하지만 잊지 말자. 아파트는 분양에서 입주까지 3년이라는 시간이 걸린다. 내일 금리가 오른다고 당장 입주량이 줄어들지 않는다. 다음의 그래프를 보면, 2009년 서브프라임 여파로 2011~2012년 입주 물량이 줄어든 것을 볼 수 있다.

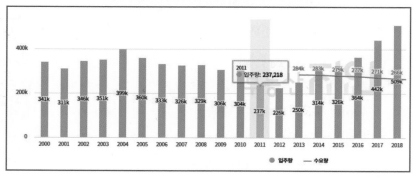

| 서브프라임과 입주 물량의 상관관계 |

출처 : 부동산지인

매도 물량과 금리

기존에 집을 갖고 있던 사람들은 금리가 오르면 고통스럽다. 매달 내는 변동금리 이자가 날로 가파르게 오르고, 전세가격은 가파르게 떨어지기 때문이다. 전세, 매매로 내놔도 당연히 집을 보러오는 사람도 없다. 그게 2022년 겨울 부동산 시장의 모습이다. 금리 인상은 기존 아파트들의 매도 물량을 늘린다. 신축 분양에서 입주까지는 3년이 걸린다. 저금리 시기에 분양한 것들이 한꺼번에 입주가 쏟아지고, 동시에 금리가 올라서 매도 물량이 늘어난다면 공포와 다름없다. 그것이 현재의 대구 시장이다. 아파트와 같은 집합건물은 짓는 데도 오래 걸리고, 입주를 하면 떼거리로 입주하게 된다. 세대수가 많은 아파트는 대부분 장점이 많지만, 초기 입주장 때는 고전할 수 있다.

매도 물량이 중요한 이유에 대해서도 이야기해보자. 주식이든, 부동산이든 항상 저점에서 변곡점을 만들면서 가격이 올라갈 때에는 거래량이 늘어난다. 당연한 이야기다. 누가 사니까 가격이 오르는 것이다. 저가 매물들이 싹 사라지고, 그다음 매물들이 팔려나간다. 그래서 모든 자산 시장은 반등 전에 거래량 증가가 선행된다. 그럼 거래량에 선행하는 지표는 무엇일까? 바로 시장에 나와 있는 매도 물량이다. 주식은 워낙에 거래량이 많고, 거래가 금세 이루어진다. 하지만 부동산은 1,000세대라면 나와 있는 매물은 50개도 안 되는 경우가 많다. 50개 → 30개 → 10개 → 0개와 같은 방식으로 매물의 개수가 줄어드는 것은 무엇을 뜻할까? 매수자는 마음이 급해진다. 그때부터는 가격을 보지 않고 매물만 나오면 덥석 물게 된다. 즉, 누군가 매물을 사고 있거나, 매도자가 매물을 거두고 있는 것이다. 2가지 경우 다 상승의 신호이기 때문에 매물의 개수가 급격히 줄어드는 것을 아실앱을 통해 모니터링해야 한다. 참고로 부동산 거래 실거래신고 기한은 계약일로부터 한 달이고, 상승장에서는 실거래신고를 한 달을 꽉 채워서 늦게 하고, 하락장에서는 실거래 신고를 빠르게 한다(그래야 공인중개사들이 거래하기 편리하기 때문이다.). 통상적으로 거래가 되어도 굳이 매물을 내리지 않으므로 약간의 시차는 있을 수 있다.

원자재 가격

부동산은 무엇으로 짓는가? 기본적으로 땅이 있어야 한다. 철근, 콘크리트이고 내장재들은 석유화학제품과 목재들이 많이 들어간다. 그리고 이것들을 지을 인부들의 인건비도 필요하다. 땅값이 오르고, 건축비가 늘어나면 자연스레 공급이 줄어든다. 2023년 지금이 딱 그렇다. 인플레이션으로 땅값은 비싼데, 우크라이나 전쟁으로 물가는 하늘 높은 줄 모르고 오른다. 고금리에 아파트 하락기이니, 앞으로 입주 물량이 줄어들 수밖에 없다. 거꾸로 이때는 이미 지어진 집들에 대한 가치가 높아진다. 원자재 가격(땅+건축비)만 보았을 때 절대 이 가격에 지을 수 없기 때문이다.

| 건설공사비지수 - 한국건설기술연구원 |

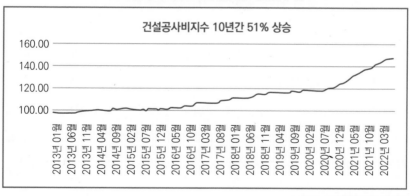

출처 : 한국건설기술연구원

부동산 정책

기존 집주인들의 매도 물량을 조절하는 방법은 '양도소득세'다. 집을 팔면 77%의 세금을 매긴다고 엄포한다. 시장에 있던 매물이 모두 사라지게 되면 매수자들이 급해지고 계단식으로 가격이 오르게 된다. 반면, 양도소득세를 '면제'하거나 '완화'한다면 매도자들이 슬슬 매물을 내놓기 시작한다. 경쟁 매물이 많아지는데 사려는 사람이 없다면, 서로 마음이 급해져서 가격을 내린다. 분양가를 억누르는 '분양가상한제'나 재개발·재건축 사업 절차를 어렵게 만드는 것도 아파트 시행업을 위축시킨다.

이 장에서는 공급이 왜 중요한지와, 공급에 영향을 미치는 것들을 살펴보았다. 다음 장에서는 구체적으로 수요와 공급 지표를 보는 방법을 알아보자.

10

수요와 공급을
보는 법

　개인적인 생각으로 부동산지인과 호갱노노의 등장으로 부동산 투자자들의 속도가 예전과 달라졌다. 스마트폰의 발달로 미국 실리콘밸리뱅크는 36시간 만에 뱅크런에 의한 파산에 이르렀다. 그만큼 스마트폰의 보급이 투자의 속도에도 큰 영향을 미쳤다. 조금이라도 저평가되어 있다고 느껴지면 이미 투자자들이 선진입이 아니라 선선진입한다. 더욱이 카카오톡 부동산 단톡방으로 정보의 교류가 빨라져서 하락도 훨씬 빠르고, 반등도 빠른 요즘이다. 앞서 수요와 공급에 영향을 미치는 요인들을 하나씩 살펴보았다. 머릿속으로는 이해가 되지만, 그래서 지금 수요 공급이 많은지, 적은지 구체적으로 어떻게 알 수 있는지 궁금할 것이다. 이번 장에서는 어디서 확인할 수 있는지 구체적으로 알려드리고자 한다.

구매 여력을 나타내는 K-HAI 지표

한국주택금융공사(HF)에서 발표하는 통계 중 하나인 K-HAI(주택구입부담지수)는 https://houstat.hf.go.kr에서 볼 수 있다. 전체평균, 지역별, 면적별 통계를 엑셀로도 제공한다. 특히 지역별로 볼 수 있어서 그 지역의 주택 가격 거품 정도를 파악하기 쉽다. 왜냐하면 그 지역 소득과 주택담보대출금리를 통해 구입 여력을 중위 주택가격과 비교하기 때문이다. 필자는 투자할 때 K-HAI는 마지막 투자 결정 전 참고만 하는 정도다. 통계보다 더 중요한 것은 심리이기 때문이다. 집값이 거품이 있어도, 집값이 오를 것 같다면 사람들은 매수에 동참한다.

심리 지표

수요는 곧 심리다. 사고자 하는 마음을 어떻게 계량화시킬 수 있을까? 다행히도 KB부동산(https://kbland.kr)에서 매주 매수매도 지표를 발표한다. '메뉴 > KB 통계 > 주간 통계'에 가면 주간 시계열 자료를 엑셀파일로 다운받을 수 있는데, 7번 탭에 있는 '매수자/매도자 동향'이 그것이다. KB부동산 협력 공인중개사에게 매주 물어봐서 매수 문의가 많은지, 매도 문의가 많은지 통계를 낸 것인데 '매수우위지수'가 100을 넘을수록 매수자가 많고, 100보다 작은 경우 매도자가 많다는 것을 의미한다(최소 1~최대 200). 2023년 3월 현재 매수우위지수는 20 정도이니 얼마나 매수 심리가 얼어붙었는지 알 수 있다. 한창 서울이 달아올랐던 2018년 9월에는 매수우위지수가 최고 171까지 치솟았다. 이때는 시장에 매물이 없어서 매수자들이 번호표를 받고 대기하던 때다. 다시 한번 강조한다. 수요는 곧 심리고, 심리는 KB 매수매도 동향으로 체크한다. 아실앱에서 매수매도 동향을 그래프로 시각화해서 보여준다.

| KB 매수매도 동향을 그래프로 표현 |

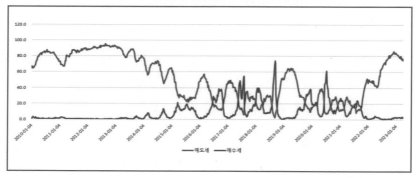

출처 : KB부동산

입주 물량

입주 물량은 아파트 분양공고를 하면 확정된다. 아파트를 짓는 데 통상 2년 6개월 정도 걸리고, 분양공고를 할 때, 입주 예정일을 대략 정하기 때문이다. 그래서 입주 물량은 2년 전에 예측할 수 있고, 부동산지인(https://aptgin.com) 사이트를 이용하면 볼 수 있다. 이 사이트 운영자분께 정말 고맙다는 말을 하고 싶다. 왜냐하면 예전에는 입주 물량을 수기로 구해야 했기 때문이다. 과거에는 입주 물량을 알기 위해 그 지역에 있는 모든 구축 아파트의 연식대로 세대별·평형별로 데이터를 정리했어야 했다. 서울과 경기도를 직접 다 한다면 아마 며칠 밤을 새워도 못했을 텐데, 부동산지인이라는 사이트가 출시되면서 입주 물량을 예쁘게 도식화해서 보여줄 뿐만 아니라 매수매도 동향도 도식화해서 보여준다. '수요/입주' 탭에서 지역을 고르고 '검색' 버튼을 누르면 다음과 같이 기간별 수요/입주량을 보여준다.

| 부동산지인 서울의 수요/입주 그래프 |

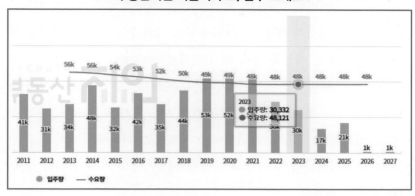

출처 : 부동산지인

그런데 그래프 위에 빨간색 선으로 그어져 있는 수요량은 어떻게 계산된 것일까? 부동산지인의 '자주 묻는 질문'에 보면 2013~2022년은 국토교통부의 계획문서를 보고 했고, 2023년부터는 인공지능으로 학습해서 유추했다고 설명되어 있다. 예전 주먹구구식 투자를 할 때는 통상적으로 수요량은 인구수의 5%로 잡았는데 얼추 비슷한 수치다. 필자는 이 수요량 표시에는 크게 집중하지 않고, 과거 상승장이 왔었던 입주 물량의 그래프를 참고한다. 몇 년간 누적한 입주 물량이 그때와 비슷해진다면 다시 상승할 개연성이 크다고 보기 때문이다. 몇 년인지에 대해서는 지역의 인구수마다 기준을 달리 해야 할 것이다. 인구가 2,000만 명인 곳은 아주 오랫동안 입주 물량이 부족해야 반응이 올 것이고, 인구가 50만 명인 곳은 1년만 입주 물량이 부족해도 반응이 올 수도 있기 때문이다.

매도 물량

예전에는 매도 물량을 체크하는 방법이 없었다. 그 지역의 대장 아파트를 콕 집어놓고 매매·전세·월세 매물의 개수를 주기적으로 기록해 놓아야 했다. 그런데 2020년부터 아실앱 매물증감 탭에서 네이버 부동산에 나와 있는 매물을 통계 내기 시작했다(이분들께도 감사의 인사를 드린다). 예전에는 주먹구구식으로 했던 것이 프롭테크를 통해 훨씬 간편하게 매도 물량을 볼 수 있게 되었다. 앞서 서술한 대로, 매도 물량이 줄어들고 있는 것은 거래량에 선행하는 지표이고, 하락에서 상승으로 전환되는 변곡점이니 입주 물량과 더불어 매도자들의 매도 심리를 알 수 있는 중요한 지표다.

| 아실앱 매물 증감 그래프 |

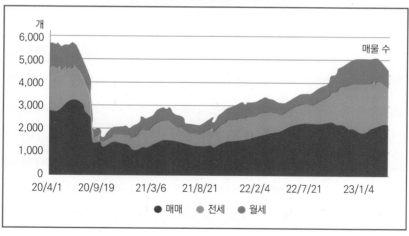

출처 : 아실앱

건축 인허가 물량

그밖에 아파트 인허가 물량도 참고할 수 있다. 통상적으로 건축 인허가를 받으면 1년 이내에 착공해야 하고, 1년 더 연장할 수도 있다. 하지만 착공하고 나서도 분양 취소하는 판에, 인허가 물량은 신뢰도가 떨어져서 참고만 하는 편이다. 인허가 통계는 부동산지인이 가장 잘 정리되어 있고, 국토교통부에서 분기마다 발표한다.

이번 장에서는 수요와 공급을 체크할 수 있는 방법에 대해서 알아보았다. 독자 여러분들도 주기적으로 체크해보길 바란다.

⑪

유동성,
돈의 방향이 중요하다

이번에는 유동성에 영향을 미치는 것들에 대해서 살펴보고, 동시에 어디서 확인할 수 있는지에 대해 살펴보려 한다. 유동성 지표는 워낙에 거대해서 피부로 잘 와닿지 않는다. 그냥 '현금이 얼마나 발행되었구나' 정도로 느낀다. 현금을 많이 찍어낼수록 실물자산인 부동산에 유리하다. 우리나라 기준금리는 전국 어디를 가도 똑같고, 유동성도 똑같이 퍼져야 하지만, 화폐를 2배 찍어냈어도 서울 아파트는 3배가 되고, 충남 공주시의 아파트는 겨우 제자리걸음이다. 부동산에서 화폐가치보다 중요한 것은 돈이 어디를 향하고 있는지를 아는 것이다.

화폐 총발행량

미국 화폐는 미국 중앙은행이, 한국 화폐는 한국 중앙은행이 관리한다. 미국은 달러 패권국으로 조금 특이한 경제구조를 가졌다. 미국의 주요 수출품은 달러다. 코로나로 경제위기가 발생할 것 같자, 2020

년 3월 미국은 정말 무자비하게 화폐를 발행했고 그 여파가 한국 부동산까지 영향을 미쳤다. 주요 통화량 지표로는 M1(협의의 통화)과 M2(광의의 통화)가 있다. M1은 수시입출금 속에 있는 돈을 뜻한다. 쉽게 말해, 사람들이 지금 당장 계좌이체시킬 수 있는 돈의 양이다. M2는 M1에 예금, 적금에 넣은 돈을 합친 양이고, 마음만 먹으면 현금화시킬 수 있는 돈을 의미한다. M2는 인플레이션을 예측하는 데 사용되는 핵심 지표다. M1을 M2로 나눈 것은 사람들의 투자 심리를 뜻하기도 한다. 내가 가진 돈은 M2인데, 당장 투자 등으로 빼둔 돈이 M1이라는 의미다. 원화는 한국은행 홈페이지에서 M1, M2 통계를 볼 수 있고, 달러는 FRED(Federal Reserve Economic Data)에서 확인할 수 있다.

| 미국 M2 지표 − FRED |

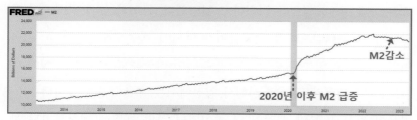

출처 : 아실앱

통화승수

통화승수는 신용창조가 얼마나 활발히 일어나고 있는지에 대한 지표다. 신용창조는 은행이 예금액의 일부만 지급준비금으로 남겨두고 나머지는 대출하는 것을 거듭하면서 발생한다. 한국은행이 100만 원의 화폐를 발행해서 A은행에 공급했을 때, A은행은 10만 원만 남겨놓고 90만 원을 개똥이에게 대출해줬다고 하자(지급 준비율 10%). 개똥이는 이 90

만 원을 더 높은 예금이자를 주는 B저축은행에 넣었을 때, B저축은행은 9만원을 남겨놓고 81만 원을 또 누군가에게 대출해주면, 시중 통화량은 2배 가까이 늘어나게 되는 현상을 '신용창조'라고 한다. 금리가 낮아지면 대출을 쉽게 생각하기 때문에, 통화승수가 높아지고, 지금같이 금리가 높아지면, 대출을 상환해버리기 때문에 시중통화량이 흡수된다.

금리

이 책은 부동산 투자 책이지 주식, 금융 책이 아니다. 앞에서 이야기한 것들은 부동산과 상관관계가 없는 것은 아니지만 피부로 와닿지는 않는다. 하지만 금리는 단연코 부동산과 연관이 깊다. 앞서 금리는 수요와 공급 둘 다 영향을 미친다고 설명했다. 금리가 높아지면 매달 상환해야 할 주택담보대출 원리금이 부담되어 매수세가 줄어들고, 집을 이미 보유하고 있는 집주인도 이자 부담이 막중해 집을 내놓고 싶어 한다. 동시에 집을 공급하는 시행사 입장에서는 대출이자가 늘어나 사업비용이 커지고, 분양 성적이 안 좋아지니 분양 계획을 철회하기도 한다. 그 때문에 현재보다는 미래의 공급에 영향을 미친다. 전세로 사는 임차인들도 대출이자를 내는 게 힘들어 1~2년간 지출이 고정된 월세로 옮겨가고자 한다. 자연스럽게 월세 수요가 늘어나고 전세가격은 빠진다. 2022년 겨울의 부동산 풍경이다. 금리는 이렇게 모든 참여 주체에게 영향을 미치는 중요한 지표다.

그런데 금리와 주택가격의 그래프를 놓고 보면 커다란 상관관계를 찾기 힘들다. 금리가 영향을 미치는 것은 부동산에 거품이 껴 있을 때 거품을 터트리는 역할을 하고, 반대로 주택가격에 거품이 없을 때는 부동산 자체 수요 공급에 의해서 고금리 시기여도 오른다. 쉽게 말해서 주택담보대출 금리가 10%에 육박해도, 대중들이 내년 집값이 20%가 오를 것이라고 생각한다면, 무리해서라도 고금리 대출을 받아서 투자에 나선다. 거꾸로 내년 집값 상승이 불투명한데 고금리라면 부동산 거품을 꺼뜨려버린다. 금리보다 중요한 것은 주택 가격의 거품 유무다. 우리나라 경제력과 가계소득은 제자리인데, 몇 년간 지속해서 올랐다면 주택의 가격 거품을 경계해야 한다.

더 중요한 것은 돈의 방향

사실 유동성에서 가장 중요한 것은 돈의 양이 아니라, 돈의 방향이다. 저수지에서 똑같이 물을 방류해도, 물이 먼저 가는 길은 정해져 있다. 물은 높은 곳에서 낮은 곳으로 순서대로 흐른다. 돈이 들어가는 순서가 정해져 있다는 뜻이다. 돈이라는 녀석은 굉장히 똑똑해서 가장 우량한 자산에서부터 가장 위험성이 큰 순서대로 돈이 흘러 들어간다. 부동산에서 우량한 자산은 시세가 많이 오르고, 환금성이 좋은 물건이다. 대표적으로 서울 강남 3구 아파트가 그렇다. 누구나 갖고 싶어 하기 때문에, 돈이 가장 먼저 흘러 들어간다. 어느 순간 강남 3구가 비싸게 느껴지면 돈은 경기 남부 아파트로 흘러간다. 이런 식으로 전국 팔도 아파트가 모두 오르다 보면 다른 종목으로 유동성이 흘러간다. 상가건물, 빌라, 토지, 상가 등이 그렇다. 그렇게 오르지 않을 것 같았던 3룸 아파텔, 투룸 오피스텔도 2021년이 되어서야 올랐다.

돈의 방향을 정하는 것 중 큰 역할을 하는 것이 세금과 대출 규제다.

아파트 분양권이 전매 제한되자 전매 가능한 아파텔(오피스텔) 분양권이 떴다. 15억 원 아파트의 대출을 규제하자 그 이하 아파트로 실수요가 몰려들었다. 공시지가 1억 원 이하 주택의 취득세를 중과하지 않자, 전국에 있는 공시지가 1억 원 이하 아파트가 들썩였다. 그래서 투자자라면 부동산 세금을 세무사나 세무서 공무원보다 더 잘 알아야 하고, 대출상담사보다 대출을 잘 알아야 한다. 항상 세법 개정안을 원문까지 찾아보며 꼼꼼히 읽어보아야 하고, 은행 대부계 직원들을 가까이 두어야 한다. 남들보다 조금이라도 먼저 돈의 방향을 알아챌 수 있다면 매물을 선점하고, 먼저 빠져나올 수 있다.

12

부동산은 호재보다
'이것'이 우선이다

필자는 유튜브 '후랭이TV' 채널의 애청자다. 투자에 도움이 되는 각종 전문가들이 나와서 피와 살이 되는 정보들을 무료로, 아낌없이 풀어주기 때문이다. 새로운 인사이트도 얻을 겸 다양한 분야를 접하기 좋은데, 어느 날 미술품 전문가가 출연했다(2021년에는 부동산 규제를 피해서 미술품 투자로 눈을 돌리는 분도 꽤 되었다). 그분은 부동산에 있어서는 초보자 같아 보였다. 왜냐하면 "부동산은 호재가 있으면 오르잖아요"라고 이야기했기 때문이다. 부동산은 호재에 투자하면 반드시 물린다. 수요와 공급에 투자해야 한다.

호재 투자하면 망하는 이유

여기서 말하는 호재는 '어디에 ○○기업이 입주한다더라, 어디에 지하철역이 들어설 계획이 있다더라, 어디에 트램이 생긴다더라'라는 식의 이야기다. 이런 호재에 투자하면 필패다. 이유는 그 호재가 실현될 가능성이 매우 낮고, 먼 미래의 일이라면 부동산 상승 사이클에 실현되지 않는다면 아무런 의미가 없기 때문이다. 부동산 하락장이라면 호재 할아비가 와도 매매가격에 영향이 없다. MOU를 체결하거나 계획을 세우는 것은 누구나 할 수 있다. 서류 한번 만들고 언론에 떠들어대면 끝이다. 하지만 착공하는 것은 이야기가 다르다. 설계도면이 나와야 하고 준비된 예산이 있어야 비로소 착공한다. 일단 착공을 하고 돈이 들어가면 기간이 오래 걸리더라도 준공은 한다.

대표적인 예가 충남 계룡시에 지어지려고 했던 IKEA 몰이다. 계룡시는 IKEA가 들어올 부지를 마련해놓고 적극적으로 유치했고, 일대에 아파트와 상가도 멋들어지게 지어놓고 주민들은 부푼 꿈을 안고 입주까지 완료했다. 그러나 2022년 3월, IKEA는 결국 계룡시와의 약속을 어겨 입점이 무산되었다. IKEA가 들어올 줄 알고 주변 상가나 토지에 투자하신 분들은 정말로 상심이 컸을 것이다.

| 계룡시 아파트, 인덕원 아파트 |

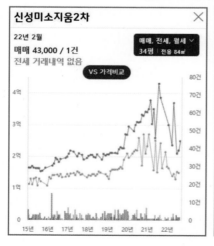

출처 : 아실앱

교통 호재는 어떨까? 여러 지자체에서 노면전차 '트램'에 열을 올렸다. 대전광역시, 위례, 동탄, 부산 등등…. 기술적으로 불가능한 것도 아니고, 지하철보다 비용도 적게 든다. 하지만 트램의 별명은 '상상 속의 동물'이다. 원래 대전 2호선은 2018년 완공 예정이었다. 물론 현재도 착공조차 하지 않았고, 3D 애니메이션으로만 트램을 볼 수 있다. 단 한 곳도 실제 운영하는 곳이 없다. 지도에는 상상 속의 트램정거장을 그려놓고 호재라고 떠들지만, 필자는 그런 것들에 아랑곳하지 않는다. 착공하지 않은 호재는 호재가 아니다(2023년 4월 13일, 위례 트램이 드디어 착공해서 2025년 개통한다고 하지만 그래도 못 믿겠다).

'철도' 하면 또 빼놓을 수 없는 게 GTX-A, B, C노선이다. GTX-A노선은 티스푼 공사가 될지언정 착공은 했기 때문에 개통은 할 것으로 보인다. 그러나 GTX-B, C는 기약이 없다. GTX-C 노선이 생길 것으로 상상하고, 의왕역 예정지에 많은 이들이 투자했다. 2021년 6월 의왕역은 제외되고, 인덕원역이 추가되면서 의왕역에 많은 실망 매물이 나왔다. 그러다가 다시 8월에 의왕역이 포함되었다. 착공되지 않은 '계획'만 갖고 투자하면 이렇게 롤러코스터를 탈 수 있다. GTX-C 인덕원역 호재는 어땠을까? '인덕원마을삼성' 23평 아파트는 2021년 1월 8억 원에 거래되었지만, 호재를 타고 7개월 만에 급등해 10억 5,000만 원에 실거래되었다. 안타깝게도 그 뒤로 가격은 내려가 2022년 11월, 반토막에 가까운 5억 8,000만 원에 거래되었다. 호재에 의해서 급등하고, 그 거품이 사라지면 조정은 필연적이다. 그야말로 롤러코스터다(물론 2022년 11월에는 모든 아파트가 상황이 좋지 못했다. 하지만 평균 대비 훨씬 많이 빠진 수치다).

수요와 공급에 투자하라

여러 번 강조하지만 기본에 충실해야 한다. 가격은 수요와 공급에 의해서 오른다. 부동산의 수요가 늘어나거나 공급이 줄어드는 때에 투자하라. 사실 수요를 예측하는 것도 어렵기에 공급만 보고 투자하는 게 차라리 낫다. 다른 것은 몰라도 공급은 숫자로 계량화가 가능하기 때문이다. 그럼에도 불구하고 호재로 투자하고 싶다면, 착공된 호재에 투자하고, 호재로 급등한 부동산은 피하라. 오버슈팅 후에는 반드시 조정이 온다. 그때 사도 늦지 않다. 비싸게만 사지 않으면 안전한 게 부동산 투자다. 기본에 충실해서 안전한 투자를 하자.

13

전세가격은
언제 오를까?

　2022년 겨울 경제 기사의 화두는 고금리, 아파트 매매·전세가격 폭락이었다. 예상치 못한 가파른 금리 인상으로 전국의 부동산 시장은 흔들렸고, 2020년 가파르게 올랐던 전세가격이 2년 만에 고꾸라져서 역전세난으로 많은 집주인이 힘들어했다. 이번 장에서는 전세가격이 오르고 내리는 때에 대해서 이야기해보려 한다.

전세 수요 증가

　역시나 수요와 공급이다. 수요가 늘어나거나 공급이 줄어드는 때 전세가격이 오른다. 전세는 가수요가 거의 없어서 정직하게 잘 맞는 편이다. 전세 수요가 늘어나는 때는 대표적으로 집값 하락기다. 집을 산다고 하면 부모, 사촌, 직장동료까지 말리던 시기가 있었다. 온통 언론에는 부동산 불패 신화는 깨졌다고 했던 2010~2012년이 그랬다. 결혼해서 어딘가에는 거주해야 하는데, 집값이 내려가면 선택지는 전세·월세 둘 중 하나다. 집값은 내려가고 있기 때문에 아무도 투자하지 않는다. 집을 전세로 주고 다른 집으로 이사해도 되는데, 가지고 있어봐야 세금만 내고 집값이 내려가니 모두가 매도만 하려고 해서 전세 매물은 더더욱 없다. 긴 하락장의 끝에는 이렇게 전세대란이 일어나면서 전세가율이 올라가면서 갭이 줄어들어 투자하기 좋은 환경이 된다. 서울 수도권의 전세가율이 70% 정도면 집을 사야 한다. 요즘은 전세제도가 대출로 인해 금융화되어 있기 때문에 저금리 시기에는 전세가율이 더 높았다. 일시적으로 수요가 늘어날 때 국지적으로 전세가격이 오른다. 반포에 대단지 아파트 재건축을 위해서 이주를 시작하자 주변 아파트, 빌라까지 모든 전세가 씨가 말랐던 적이 있다.

전세 공급 감소

전세 공급이 줄어들 때 전세가격이 오른다. 공급은 신축 입주 물량과 기존 구축의 전세 물량, 이 2가지가 있다고 했다. 신축 입주 물량은 앞에서 살펴본 대로 2년 뒤의 것을 예측할 수 있다. 인구수가 많지 않은 지방광역시가 특히 그렇다. 몇 년간 누적해서 입주 물량이 줄어들면, 전세가율이 90%에 육박하면서 매매가격을 밀어 올려버린다. 전세가율이 높아진다는 것은 투자자들에게 소액 투자의 기회를 주면서 동시에 매매가격 상승 가능성을 보여준다. 그래서 부동산 투자 지역을 고르는 중요한 기준이 전세가율이다.

기존 구축의 전세 물량이 줄어드는 때는 아파트 하락기 때도 있지만, 정부 정책에 의해서 인위적으로 매물이 줄어들기도, 늘어나기도 한다.

대표적으로 2020년 가을에 모두를 경악하게 했던 임대차3법이 있다. 임대차 기간을 2년에서 계약갱신청구권을 사용하면 최대 2년을 더 거주할 수 있고, 이때 임대료는 5%밖에 올리지 못하게 소급해서 법을 적용했다. 그러자 집주인들이 전세 매물을 거두기 시작했다. 예전 사례를 보아, 전세가격이 오를 것이 분명했기 때문에 2년 뒤 미래의 전세가격까지 반영해서 한 번에 가격이 올라버렸다. 몇 개월 뒤 이사를 가야 하지만, 미리 전셋집을 구하는 가수요까지 생겨버렸다.

전세가격은 언제 내릴까?

화폐가치는 늘 떨어지기 때문에, 긴 시간을 놓고 보았을 때 전세가격은 천천히 우상향을 그린다. 투자에서 중요한 것은 '전세가격이 떨어지는 때'를 피하는 것이다. 전세가격에 가장 큰 타격을 입히는 것은 확실하게 '신축 입주 물량(공급)'이라고 말할 수 있다. 혹여 근처에 500세대 신축 아파트가 입주한다고 하면, 주변 아파트 임대차 시장이 마비된다. 잔금을 치를 돈이 없는 수분양자들이 400세대가량 전세로 놓는 경우가 흔하다. 500세대면 다행이지만, 헬리오시티같이 9,510세대가 되는 아파트라면 주변이 아니라, 서울 자체가 몸살을 앓는다. 입주장이 펼쳐지면 새 아파트를 말도 안 되는 가격에 들어갈 수 있다. 실제로 헬리오시티 32평형 전세가 4~5억 원 대에 실거래되었다. 강남 3구 역세권 신축의 아파트 전세가격치고는 충격이다. 더 무서운 것은 2년 뒤에 또 비슷한 전세 물량이 쏟아지는 점이다. 그래서 둔촌동 올림픽파크프레온 입주 때에도 급락이 예상된다.

| 2년 단위로 흔들리는 헬리오시티 전세가격 |

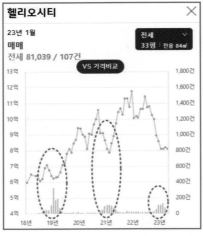

출처 : 아실앱

　　그러므로 주거용 투자를 할 때 앞으로 주변에 입주 물량이 얼마나 있
는지 꼭 체크해야 한다. 지금 당장은 투자금이 많이 안 들어갈 수 있지
만, 2년 뒤 신축 입주가 있다면, 전세가격은 무섭게 내려간다. 내가 가
진 구축 아파트 임차인이 4억 원에 살고 있는데, 옆에 신축 대단지 아
파트가 4억 원이라면 솔깃할 수밖에 없기 때문에 임차인들의 이탈이
일어나고, 구축 아파트 전세가격은 자연스럽게 내려간다. 필자도 청
주에 있는 구축 23평 아파트를 호기롭게 2채나 갭 투자했으나, 1년
뒤 대단지 신축 아파트 32평이 같은 가격의 전세 매물이 나오고, 채당
-6,000만 원 역전세가 나서 한동안 끙끙 앓았던 기억이 있다. 아파트
같은 집합건물의 신축 입주장이 얼마나 무서운지 그때 알았다(거꾸로 공
포장에 질린 급매 매물을 이때 잡으면 좋다).

이번에는 수요 측면에서 전세가격이 언제 내리는지 살펴보자. 전세 수요가 줄어드는 때는 금리의 영향이 크다. 임차인들은 선택지가 많다. 매매·전세·월세 중 합리적인 선택을 하는데, 금리가 오를 전망이 점쳐진다면 2년간 금액을 고정시킬 수 있는 월세를 선호하게 된다. 실제로 필자도 주택가격이 내려갈 것 같고, 금리가 오를 것 같아서 실거주 집을 팔고 2022년 3월에 월세로 갈아탔다(미국에서 금리를 올린다고 겁을 주기는 했지만, 솔직히 이렇게 많이 올릴 줄은 몰랐다). 결과적으로 훌륭한 선택이었다. 그 뒤로 집값은 폭락하고 전세대출 금리가 거의 50% 가까이 올랐다.

우리나라에만 있는 특수한 전세 제도는 사금융의 형태다. 예전에는 은행의 대출을 개인이 받는 것은 꿈도 못 꾸었다고 한다. 그래서 임차인의 현금을 임대인이 빌린 형태가 전세인데, 요즘은 임차인의 현금이 아니라 금융기관의 전세자금대출이다. 그러다 보니 이명박 정부 때만 하더라도 1억 원까지만 해주었던 전세자금 대출한도가, 박근혜 정부 때 3억 원, 현재 7억 원까지 늘어났다. 대부분의 신혼부부는 전세를 살더라도 신축 아파트를 선호하는데, 저금리 시기에 전세자금대출을 받으면 내 돈 20%만 가지고 거주가 가능했다(사실 그 20%도 신용대출인 경우가 많지만). 그러다 보니 전세가에 유동성이 공급되어 예전보다 더 높은 가격이 형성되었다가 고금리 역풍을 맞으니 다시 그 거품이 꺼지고 월세를 선호하게 된 것이다. 더군다나 요즘 들어 각종 언론에서 빌라왕, 전세 사기 등을 대대적으로 다루다 보니 임차인들이 깡통전세 위험이 있는 빌라와 오피스텔은 전세를 꺼리기 시작했다. 언론에 의해서 전세 수요가 월세로 전환된 것이다.

구분	전세가격이 오를 때	전세가격이 내릴 때
수요	아파트 하락장이 지속될 때	고금리, 깡통전세 이슈
공급	신축 입주 물량 등 전세 공급이 줄어들 때	신축 입주 물량(영향 큼)

앞서 설명한 내용을 정리하면 위의 표와 같다. 전세가격도 수요와 공급에 따라 오르고 내릴 수 있다는 점을 꼭 체크하자.

14

월세가격은
언제 오르고, 내릴까?

임차인 입장에서는 전세든, 월세든 집을 빌려 쓰는 것은 똑같다. 그래서 둘 중 자신에게 유리한 것을 선택한다. 외국은 전세가 없고 월세만 있지만, 우리나라는 전세라는 선택지가 있기 때문에 매월 나가는 지출비용을 줄일 수 있다. 그래서 처음 신혼부부 때는 단칸방 월세방에 살다가 돈을 조금씩 모아서 보증금이 더 많이 드는 곳으로 옮기고, 자녀가 생기게 되면 돈을 더 모아서 작은 전셋집으로 가고, 더 많이 모아서 자가를 마련하는 게 우리 부모님 세대의 주거 재테크 방식이었다. 전세라는 제도가 있기 때문에 처음에는 월세 보증금 같은 적은 돈에 눈덩이처럼 살을 붙여서 자가 마련까지 가는 것이다.

하지만 이제는 전세자금을 대출해주기 때문에 풍경이 달라졌다. 필자를 포함한 요즘 세대는 1기 신도시 아파트와 함께 태어난 세대이기 때문에 아파트가 더 익숙하다. 아파트가 아니면 아예 신혼생활을 하고 싶어 하지 않는 친구들도 많다. 3억 원의 전셋집이라면 내 돈 1,000만 원에 신용대출 5,000만 원 받고, 전세대출 2억 4,000만 원을 받는다. 전세자금대출 금리가 2%대로 월등히 저렴했기 때문에 월 이자 부담도 월세보다 적으면서 좋은 집에 살 수 있다. 이자 2.0% 기준 월 40만 원이니 월세 70~80만 원보다 훨씬 저렴하니 선택하지 않을 이유가 없다.

월세가격이 오르는 것은 단순하다. 집값이 비싼 상태에서 금리까지 올라버리면 선택지는 매매·전세·월세 중 월세만 남는다. 매매는 애초에 꿈꿀 수 있는 가격대가 아니고, 그나마 전세가율이 50%밖에 안 되어도, 전세대출이자가 부담되어서 차라리 월세가 더 저렴하다. 임차인 입장에서는 합리적으로 월세를 선택하다 보니 월세 매물이 줄어든다. 그러다 보니 월세 매물이 0개가 된다. 집주인들은 5만 원씩 슬그머니 올려서 매물을 내놓으면 바로바로 계약된다. 그렇게 월세가격이 오르다가 어느 순간 전세대출이자와 매달 나가는 월세가격이 동등해지는 때가 오면 임차인은 다시 고민의 기로에 서게 된다.

'혹시 앞으로 금리가 더 내려갈 가능성이 있지 않을까? 그럼 이자가 월세보다 싸질 텐데'라든가 또는 '정부에서 고정금리로 서민 전세대출 상품을 내놓았네?'라는 식의 고민을 하게 되면서 다시 전세를 선택하게 된다. 그러면서 월세와 전세의 힘겨루기에서 균형을 맞춰가는 것이다. 2021년 여름, 오피스텔 투자를 할 때는 시세차익 투자자가 아무도 없었기 때문에 전세 공급이 없었다. 그래서 전세가율이 100%여도 전세를 내놓자마자 무섭게 계약되었다. 금리가 3%가 채 안 되었기 때문에, 월세보다 압도적으로 저렴했다. 2022년 10월부터 금리가 비정상적으로 높아지고, 오피스텔 투자자들이 늘어나자 전세 매물이 적체되기 시작했다. 동시에 빌라왕 이슈가 일자 오피스텔의 많은 임차인이 전세 대신 월세를 선택했고, 전세 매물은 경쟁적으로 가격을 낮추게 되었다. 반대로 월세 매물은 나오는 족족 거래가 되면서 5만 원씩 오르더니 서울 전역의 원룸 오피스텔 월세가 약 15% 정도 오른 모습을 보여줬다. 수요와 공급에 의해서 자동으로 가격이 조정되는 모습을 눈앞에서 보았다.

오피스텔 전문 채널 '사다리TV'를 운영하면서 많이 달린 비난 댓글 중 하나가 '고금리 시기에는 수익형 상품의 수익성이 악화한다'라는 것이다. 상가라면 그럴 수 있어도, 주거용 오피스텔은 전세도 가능하다. 따라서, 전세 임차인들이 월세로 갈아타기를 하면서 월세 시세가 금리 상승분에 맞춰서 따라 오르는 기현상이 나타났다. 결과적으로 대출 하나 없이 오피스텔을 갖고 있던 집주인들은 월세 수익률이 훨씬 높아지게 되었고, 시중은행 전세대출금리에 맞춰서 오피스텔 월세 수익률도 따라 오르는 재미있는 현상을 목격했다.

나중에 전세대출 금리가 낮아지면 월세가격이 내려갈 가능성도 있지만, 미래 공급량이 많지 않다면 이야기가 달라진다. 아파트든, 오피스텔이든 향후 입주 물량이 줄어든다면 전월세가격은 우상향한다. 반대로, 공급이 많다면 전월세가격은 폭락한다. 임대차가격이 오르내리는 원리는 전세든, 월세든 동일하다. 서울 원룸 오피스텔에 대해서 조금만 더 이야기해보자면, 2023년 가을부터 입주 물량이 거의 없고, 2024년에는 급격하게 줄어든다. 그 이유는 2022년 고금리와 건축비 상승으로 인해 오피스텔 분양을 하지 않았기 때문이다. 입주 물량이 부족해지면 자연스럽게 전월세 시장에서 임대인이 갑인 시장이 된다. 오피스텔만 국한된 이야기가 아니라 많은 다가구주택과 빌라 건축주들이 시장을 떠났기 때문에 1인 가구의 임대료 상승은 불 보듯 뻔한 상황이다.

월세가 오르는 때

· 전세를 선택하는 것보다 월세가 저렴할 때(예 : 고금리)

· 주변에 신축 입주 물량이 없을 때

부동산 투자 실전

오르는 지역만
골라내는 비법

앞에서 많은 내용을 나열했는데, 독자들의 머릿속에는 '그래서 뭐 어디부터 시작하라는 것이지?'라는 생각이 들 것 같아 이번 장을 준비했다. 중고등학교 수학 시간에 '순서도'라는 것을 배운다. 일을 처리하는 알고리즘을 순서대로 화살표로 그려놓은 것이다. 필자가 부동산 투자를 할 때의 순서를 나름대로 정리해보았다.

첫째, 신축 공급이 부족한 지역인가?

앞서 신축 공급은 2~3년 전 것을 미리 알 수 있다고 했다. 공급만큼 확실하게 미래를 예측할 수 있는 계량화된 데이터는 없다. 아파트는 누적 2~3년간의 공급량이 부족해지는지 부동산지인 사이트를 통해서 가장 먼저 본다. 오피스텔은 네이버 부동산에 '오피스텔 분양권'을 필터로 걸고 직접 통계를 내보기도 한다. 다만, 다세대주택은 6개월이면 뚝딱 짓기 때문에 통계를 내기 힘들다.

둘째, 가격이 싼가? 안 올랐는가?

애매한 부분이다. 가격이 싼 지 안 싼지를 어떻게 판단할 수 있을까? 경제주체로서, 사회인으로서 상식적인 판단을 할 필요가 있다. 부산과 대구를 놓고 보면, 부산이 더 인구수와 경제 규모가 큰 도시다. 대구가 부산을 넘어가면 고평가다. 서울 직장인 평균연봉이 300만 원에서 330만 원이 될 때, 서울의 집값은 10억 원에서 20억 원이 되었다면 고평가다. 정확한 수치와 근거로 예측을 하면 좋지만(어차피 정확하게 맞추는 것은 불가능하다), 이런 여러 가지 상식으로 계산을 해보는 것이다. 직장인 월급이 300만 원인데, 금리가 올랐지만 A지역 집값은 하나도 안 올라서 이자 부담이 없고, B지역 집값은 비싸서 이자 부담이 크다면 B지역은 오를 여지가 적다.

사실 필자가 좋아하는 것은 몇 년간 가격이 정체, 보합되어 바닥인 상태다. 내가 사고 나서 계속 정체될 수도 있지만, 바닥인 것을 확신할 수 있다면 절대 손해 보지 않는 투자이기 때문이다. 부동산은 장기적으로는 물가 상승만큼 올라가고, 바닥에만 살 수 있다면 2~3년 오르지 않더라도 기다릴 수 있기 때문이다. 서울 원룸 오피스텔을 여러 채 매입했던 논리가 그렇다. 바닥에 샀고, 월세를 받으면서도 수익률이 충분히 나오는 자산이기에, 워런 버핏(Warren Buffett)이 말하는 '손해 보지 않는 투자', '잃지 않는 투자'를 할 수 있기 때문이다.

셋째, 전세가율, 투자금이 적합한가? 기회비용을 평가한다.

지역마다 평균 전세가율이 다르다. 가령 대전, 대구, 경북은 전세가율이 80%가 넘기도 하지만, 서울이나 부산은 어지간해서는 70%를 잘 넘지 않는다. 그러면 고민에 빠진다. 서울 1채 살 돈이면, 다른 지역 3채를 살 돈이 되기도 한다. 서울이 100%가 오른다고 하더라도 레버리지가 크고 상승률이 50%인 지역 3채가 세후 수익이나 관리는 더 편리할 수도 있다(비싼 것일수록 한꺼번에 많은 전세금을 내어 주어야 하므로). 이 같은 고민은 지역뿐만 아니라 상품 간에도 발생한다. 아파트 1채를 할 돈이면 오피스텔 10채를 갭 투자할 수 있다. 오피스텔이 10% 오르는 것이, 수익률을 산술적으로 계산해보면, 아파트 1채 100% 오르는 것과 같은데, 오피스텔 10%가 오를 가능성이 더 크기 때문이다. 결국에는 기회비용의 문제다.

넷째, 심리가 어떠한가?

필자는 청개구리 같은 투자 성향을 갖고 있어서, 남들이 몰린 곳은 기피한다. 그래서 당장은 매수 심리가 침체되어 있지만, 앞으로 매수 심리가 살아날 곳들을 찾는다. 앞으로 투자 수요가 늘어날 곳을 찾는 것은 참 어려운 일이다. 하지만 세금이나 대출 규제에서 피해가는 상품이 있다면, 투자 수요가 늘어날 것이라고 본다. 대표적인 사례로, 공시지가 3억 원 이하 지방 중소도시 주택은 양도세 중과를 하지 않는 조항이 있었고, 아파텔(오피스텔) 등이 취득세 중과가 없자 매수 수요가 늘어났다. 그래서 정부 부동산 대책이나 세법 개정안이 나오면 재빨리 해석하고 행동에 옮기는 능력이 필요하다.

다섯 번째, 매도는 언제 할 것이며, 보유하고 있는 동안 리스크는?

매수하는 단계에서부터 매도 계획과 세후 수익을 어떻게 낼 것인지 결정되어 있어야 한다. 그리고 보유하고 있는 동안 생길 수 있는 리스크에 미리미리 대비해야 한다. 예를 들어, 전북 전주시의 아파트에 투자한다고 가정하면, 앞으로 3년간 오를 것이라고 보고 2년 뒤에 매도하는 계획을 짠다. 그러면 그 2년 동안 전주시에 어떤 아파트들이 입주하고, 혹시 내가 보유하고 있는 아파트 주변에 빈 땅이 있어서 아파트가 새로 생기지는 않는지, 전주시 아파트의 입주 물량이 늘어나서 2년 뒤 전세·매매가격이 조정될 여지가 있는지까지 모두 고려해야 한다. 또한, 보유하고 있는 동안 내야 할 보유세(재산세와 종합부동산세)까지 계산했을 때 가성비 있는 세금 구간이 2년인지, 4년인지도 계산해본다. 또는 투자자들이 너무 많이 들어간 지역이라면 매도·전세 시기가 겹치므로 2년이 아니라 엇박자를 낼 수 있는 3년 뒤에 매도하는 등의 계획을 세운다.

지금까지 나열한 내용을 한 번만 하고 끝내지 않는다. 머릿속으로 수없이 반복하고 다각도로 투자 예정지역을 평가하고, 모든 것을 검토했을 때 옳다는 판단이 서면 그때부터 투자에 나선다. 그전까지 끊임없이 스스로에게 질문을 던지는 과정을 거친다. '이 돈이면 A지역도 사겠는데?', '아파트 1채 살 돈으로 빌라 5채가 더 안전할 수도 있겠는데?', '여기는 지금 들어가기에는 너무 많이 오르지 않았나?', '여기는 주변에 신축 공급이 예정되어 있지 않나?'와 같은 질문이다.

(16) 상승 하락을
미리 알 수 있는 지표

상승 하락 변곡점을 알 수 있는 몇 가지 지표

투자에 임하기 전에 체크하는 여러 가지 지표가 있는데, 지표만 잘 체크해도 바닥에서 잡을 수 있다. 구체적으로 KB 매수매도 지표(심리), 미분양 또는 청약 경쟁률 지표, 전세가율, 경매 매각률, 매각가율 통계, 매물 통계다. 이 5가지를 체크하면 바닥에서 반등, 또는 꼭지에서 하락하는 변곡점을 맞출 확률을 높여주니 꼭 체크해보길 바란다.

KB 매수매도 지표

KB 매수매도 지표는 매수·매도자들의 심리를 나타낸다고 말했다. 그러면 바닥에서 상승으로 전환되는 모습은 어떨까? 오랫동안 매수자들의 심리가 낮았다가 매수 심리가 움찔움찔하다가 매수·매도의 심리가 교차하는 지점이 있다(팔려는 사람보다 사려는 사람이 많아지는 시점). 바로 그때가 사야 하는 시점이다. 깊은 하락장에서 또는 오랜 상승장에서 매수매도 심리 지표가 바뀐다면 유의 깊게 보아야 한다. KB 매수매도 지표는 KB부동산 데이터에서 볼 수 있고, 아실앱에서 시각화해서 보여준다.

미분양 또는 청약 경쟁률 지표

아파트 분양을 했는데, 청약 경쟁률이 1:1이 안 되면 미분양이다. 일반적으로 청약 경쟁률이 수십 대 일을 자랑하다가 분양가격이 오르고 주변 아파트 가격이 더 저렴해지기 시작해지면 청약 경쟁률이 떨어지기 시작한다. 어느 순간 미분양이 발생하기 시작하면 그때는 이미 늦었다. 그러므로 분양권 투자를 하지 않더라도 청약 경쟁률을 꾸준히 모니터링해야 한다. 100대1이던 것이 50대1, 10대1로 줄어들면 곧 미분양

| 대구 미분양 그래프 |

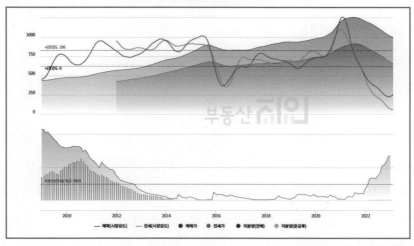

출처 : 부동산지인

이 발생할 수 있기 때문이다. 준공 후 미분양이 발생하면 집값은 하향 곡선을 그린다. 굳이 헌 집을 살 필요가 없다. 새 집이 재고로 쌓여 있기 때문이다. 거꾸로 준공 후 미분양이 급격하게 줄어들기 시작하면서, 상승곡선을 그린다. 분양권과 신축 아파트는 투자 시장에서 가장 먼저 반응하는 재료다.

전세대란이 일어났을 때

오랜 하락이 길어지고 턴 포인트(turn point)가 오기 전 전세대란은 반드시 일어난다. 전세대란이 일어나는 메커니즘은 다음과 같다. 오랫동안 집값이 하락하다 보니 집주인들은 지쳐서 집을 전세 주기보다는 팔고 싶어 한다. 거꾸로 집이 필요한 사람들은 어차피 사보았자 집값이 내려가기만 하니 임차로 들어가고 싶어 하는데, 전세 매물은 가뭄에 콩이 나듯이 나온다. 그러다 보니 수요자들끼리 가격경쟁을 하며 전세대란이 일어난다. 서울의 전세가율이 70%가 넘으면 바닥인지, 아닌지 진지하게 생각해보자.

경매 통계

경매는 실수요자들보다는 투자자들이 90% 이상인 시장이다. 투자 수요에 대한 심리를 수치화시킬 수 있는 수치가 입찰 건수다. 1개가 경매 시장에 나왔을 때, 이것에 대해 몇 명이 응찰했는지에 대한 수치인데, 아쉽게도 경매 통계를 제공하지 않기 때문에 수기로 일일이 다 보아야 한다. 경매 입찰을 하지 않더라도 평소에 경매 물건을 꾸준히 모니터링해야 하는 이유다. 예를 들어, 2018년에 오피스텔이 경매에 나오면 한 자릿수의 응찰자 수였다면, 지금은 20~30명이 응찰하고 낙찰가율도 낮지 않다(최근 분당수지유타워 오피스텔은 125명이 응찰했다). 분명 시장에 나오는 물건은 1개이지만, 수요자, 투자자들이 그만큼 늘어났다는 이야기다. 법원경매정보 사이트(https://www.courtauction.go.kr)의 용도별 매각 통계를 보면 매각율(경매 건수 대비 낙찰 건수 비율), 매각가율(감정가 대비 낙찰가 비율)을 볼 수 있는데, 이것의 그래프를 보면 2021년 이후로 확연히 달라진 것을 알 수 있다.

| 서울 아파트 경매 통계 |

출처 : courtauction.go.kr

마지막으로 덧붙이자면, 이런 지표보다 더 빠르게 반응하는 것은 현장이다. 지표를 확인하고 현장에 달려가면 급매물들은 이미 빠지고 없다. 공인중개사 사무소를 습관적으로 방문하거나 전화해서 현장의 분위기를 비교해보자. 특히 공인중개사가 갑자기 전화를 끊어버리거나 주변이 소란스럽다면 이미 투자자들이 움직였는지도 모른다.

17

2등만 노린다 :
갭 메우기

'갭(gap, 차이) 메우기'라는 말을 누가 처음 썼는지는 몰라도 정말 적절한 표현이라고 생각한다. 아파트 실거래가앱 유거상 공동대표가 "부동산은 비교의 학문"이라는 말을 한 적 있는데, 갭 메우기에 대해서 이보다 더 적합한 설명이 또 있을까 싶다. 부동산을 떠나서, 투자는 무엇이든지 '갭 메우기'가 적용된다.

갭 메우기

갭 메우기란 쉽게 말해서 A와 B라는 지역이 있으면, A지역은 올랐는데, B지역이 안 올랐다면 A지역이 오른 상승률만큼 B지역도 따라서 오른 갭(차이)을 메운다는 뜻이다. 이러한 현상이 벌어지는 것은 수요자들이 조금이라도 저평가된 것을 찾으려는 마음이 있기 때문이다. 이미 오른 지역을 사기에는 부담스럽고, 대체재를 찾다 보니 그 대체재가 오르는 현상이다. 필자도 결혼을 준비하면서 갭 메우기를 경험했다. 신혼집을 구할 예산은 한정되어 있고, A지역으로 신혼집을 정해놓았는데 A지역에서 제일 좋은 30평형 아파트는 예산이 부족하기 때문에, 지하철 노선도를 따라서 더 외곽지역으로 가거나(지역별 갭 메우기), 평형을 줄여야 했다(평형별 갭 메우기). 핵심지로부터 조금 더 외곽으로 빠지다 보면 결국 모두가 다 오르는 것이다.

| 강남과 분당의 갭 메우기 – 상승의 시차가 존재 |

출처 : 아실앱

지역 간 갭 메우기

지역 간 갭 메우기는 1급지와 2급지 사이에서 일어나는 갭 메우기를 뜻한다. 예전부터 강남 3구가 오르면 분당이 따라 올랐다. 그래서 투자가 쉽다. 1급지와 2급지가 어디인지 파악해두었다가 1급지가 오르는 것을 확인하고, 2급지에 가면 바닥에서 잡을 수 있고, 얼마 안 있어 상승하는 것을 목격할 수 있다. 부동산 투자가 주식보다 쉬운 이유다. 대단히 상식적이면서도 예측 가능하다. 여기서 중요한 것은 갭 메우기 방식으로 투자를 하려면 지역별 서열을 아는 것이 중요하다. 한번 생긴 서열은 쉽게 바뀌지 않는다. 한번 공부해두었다면 다른 투자자들보다 먼저 가서 기다릴 수 있다.

지역 내 갭 메우기

지역 내에서도 갭 메우기가 발생한다. 그 지역 엄마들이 모두 쳐다보고 있는 선망의 단지가 있을 것이다. "나 A아파트 살아"라고 하면 부연 설명이 따로 필요 없는 그런 아파트 단지 말이다. 거기가 오르면 그 옆이 짧은 시차를 두고 따라 오른다. 이 짧은 시차들이 모여서 지역 간 갭 메우기가 발생하는 것이다. 그러므로 그 지역 내에서도 아파트 단지 서열을 알고 있다면 투자가 쉬워진다. 대표적으로 나 홀로 아파트는 잘 오르지 않지만, 결국 대세적인 흐름에는 같이 가기 때문에 갭 메우기 투자 방식도 유효하다.

자산 간 갭 메우기

자산 시장 간에도 갭 메우기는 발생한다. 주식 시장이 많이 올랐는데, 실물 시장인 부동산이 저평가되었다고 판단되면 유동성이 옮겨간다. 주식, 채권, 금, 부동산, 비트코인 모두 마찬가지다. 거꾸로 부동산 시장이 안 좋으면, 주식 시장에도 상호 영향을 주고받는다. 예를 들면, 아파트 역전세로 돈을 잠깐 구해야 하면, 갖고 있던 주식을 모두 팔아치워서 현금을 마련한다. 반대로, 코인이 저평가되었다고 판단되면 살고 있던 집을 팔아서 비트코인에 투자하기도 한다.

종목 간 갭 메우기

종목 간에도 갭 메우기가 발생한다. 예를 들면, 아파트가 많이 올랐다면 3룸 빌라나 아파텔이 뒤늦게 따라 오른다. 4인 가족이 집을 사려고 마련해둔 예산은 동일한데, 잠깐 사이에 아파트가 많이 올라버렸다면 3룸 빌라나 아파텔 같은 선택지만 남기 때문이다. 또한, 필자와 같이 편견 없이 투자하는 사람들(?)이 보기에는, 주거라는 본질 가치는 동일하다. 종목의 차이로 천대받는 것은 저평가라고 생각하는 사람들이 늘어날수록 돈이 더 많이 유입된다. 대체재가 무엇인지 아는 게 중요하다.

갭 메우기가 거꾸로 일어난다면

역순으로 발생한다. 하락장이 오면 가장 좋은 것들만 팔리고, 가장 안 좋은 것들은 팔리지 않는다. A급지에 대장 아파트를 살수록 투자금은 많이 들지만 안전한 투자가 가능한 이유다. 주식을 대체해서 투자하던 것이 코인인데, 시장에 위기가 발생하면 코인 시장이 훨씬 많이 빠진다. 아파텔이 아파트를 뒤따라 올랐지만, 아파트 시장에 위기가 오면 아파텔이 훨씬 많이 빠진다. 그래서 환금성을 중요하게 생각하는 필자는 지역 간 갭 메우기 투자를 하더라도, 그 지역 내에서 대장 아파트를 하는 게 좋다고 생각한다. 그래도 대장 아파트는 급매가격이라면 위기 상황에서도 매도가 되기 때문이다.

18

당신이 끝물에
물리는 이유

사람의 심리에 대해서

인간지표라는 말이 있다. 무주택을 고수하던 친구가 집을 사면 '끝물'이라는 신호다. 예전 말로는 '주식 객장에 아이를 둘러업고 온 아기 엄마가 등장하면 끝물'이라는 다소 성차별적인 이야기도 있다. 이번에는 사람의 심리에 관해서 이야기해보려 한다. 뜬구름 잡는 이야기일 수도 있으나 결국 매수·매도를 결심하게 되는 것은 사람의 마음이다. IT 기술의 발달로 주식 시장 매수·매도는 컴퓨터가 하기도 하지만, 부동산은 순전히 사람이 결정하기 때문이다.

필자는 부동산 시장이 심리가 지배하는 영향이 굉장히 크다고 생각한다. 본질 가치 대비 고평가되어 있어도 다음 매수자가 있으면 실거래가 되고, 본질 가치 대비 저평가되어 있어도 매수자가 없다면 급매여도 팔리지 않는다. 브라운스톤(우석) 작가의 《부의 본능》에 부동산 심리에 대해 잘 정리되어 있다.

무리 짓는 본능

인간은 무리 짓는 본능이 있다. 대중 속에 함께 있으면 안전하고 편안함을 느낀다. 혼자 가는 길은 불안하고 무섭다. 그래서 투자에서 이 본능을 이겨내기 힘들다. 지하철 열차에서 방송이 나온다 "내리실 문은 오른쪽입니다." 하지만 2명만 왼쪽 문으로 줄을 서도 많은 사람들이 왼쪽으로 줄을 따라 선다. 2명이나 그렇게 했기 때문에 그게 합리적으로 맞을 것이라고 믿기 때문이다. 네이버 스마트스토어에서 물건을 구입할 때 어떤 상품을 선택할지 고민이 되면 '리뷰 개수'를 보고 구매한다. 그냥 사람들이 많이 샀으니, 내가 모르는 어떤 좋은 게 있다고 생각한다. 하지만 무리 짓는 본능으로는 절대 싸게 사서 비싸게 팔 수 없다. 왜냐하면 남들이 들어가서 이미 비싼 가격에 지불하고, 팔려고 하니 너도나도 매물을 내놓아 팔리지 않기 때문이다. 비싼 꼭지에 물리는 사람들의 특성이다. 거꾸로 부동산 투자가 가능한 이유는, 대부분의 투자자들이 무리 짓는 본능이 있기 때문에 조용할 때 싸게 사고, 소란스러울 때 비싸게 팔면 쉽게 팔고 나올 수 있기 때문이다.

무리 짓는 본능을 이용한 마케팅 기법은 분양 시장에서도 존재하다. 일부러 모델하우스에 직원들, 가족, 지인을 동원해 가짜로 줄을 세운다. 모델하우스가 북적북적하고 줄이 있으니 일반인들은 '와, 여기는 사람들한테 인기가 좋네. 꼭 청약을 넣어야겠다'라는 마음이 들게 된다. 비슷하게, 네이버(스마트스토어)에도 가짜로 리뷰 작업을 몇 개 해둔다. 그러면 구매자들은 자신이 먼저 용감하게 사는 게 아니라, 이미 앞서서 구매한 사람이 있기 때문에 안심하고 구매 버튼을 누른다. 무리 짓는 본능을 이용해 매수하는 게 안전하다는 마음을 심어준 것이다.

'사촌이 땅을 사면 배 아프다'라는 속담

이것도 무리 짓는 본능과 유사하다. 옆집 개똥이 엄마가 분양권 단타로 하루아침에 3,000만 원을 벌었다고 한다. 나보다 잘난 게 없어 보이는데, 돈을 벌었다고 하면 도저히 참을 수 없다. 무엇인지 자세히는 알아보지 않고, 묻지 마 투자에 나선다. 유튜브나 인스타그램에서 '이렇게 돈을 벌었어요'라는 식의 자랑하는 게시글을 보게 된다. '나도 할 수 있을 거 같은데'라는 생각이 번쩍 든다. 남들은 쉽게 돈을 벌고 있는데 나만 소외되었다는 생각이 들어 주식, 코인 투자에 뒤늦게 들어갔다가 꼭 끝물에 물린다. 투자라는 것은 가치를 객관적으로 평가해야지, 감정적으로 임해서는 안 된다.

한정판에 더 목매는 심리

사람들이 벚꽃 축제를 좋아하는 이유는 벚꽃이 화려하게 꽃을 피우는 시기가 일주일 정도밖에 안 되기 때문이다. 이는 부동산뿐만 아니라, 물건을 판매하는 마케팅 기법 중 하나다. 늘 살 수 있었던 것인데 갑자기 살 수 없어지게 된다고 하면 없던 수요가 갑자기 생긴다. 정부에서 갑자기 다주택자 양도세 중과를 발표한다. 매도자들이 시장에서 자취를 감추자 매물이 모두 사라졌다. 가뭄에 콩 나듯이 매물이 나오면 매수자들은 정확한 가치 평가는 하지 않고 일단 호가에 매수한다. 이번이 아니면 또 이 가격에는 영원히 못 살 것 같다는 비이성적인 판단이 앞서기 때문이다.

분양에서도 '회사보유분'이라는 이름으로 물건을 판매한다. 원래는 완판된 단지인데, 몇 개 호실이 취소가 나서 '회사보유분'으로 갖고 있던 물건을 특별히 당신에게만 원가에 판매한다고 한다. 상식적으로 생각해보자. 왜 생판 처음 보는 남한테 혜택을 주겠는가. 당신에게 '한정판'이라는 마음이 들게 해서 계약을 시키려는 것이다.

확증편향

확증편향은 어떠한 생각에 꽂히면 그게 계속 옳다고 생각이 들어서 그것을 더욱 합리화시키는 심리를 말한다. 예를 들어, A지역이 좋다고 어렴풋하게 생각해서, 네이버에 검색해보니 여러 가지 호재거리가 쏟아진다. '역시 내 생각이 맞았네'라는 생각으로 매수에 동참하게 되는 것을 말한다. 필자도 인간이기에 확증편향을 항상 경계하려 한다. 자료를 찾다 보면 계속 그 매물과 사랑에 빠지는 실수를 하기 때문이다.

필자가 자주 하는 확증편향 중 하나가 경매로 나오는 물건과 사랑에 빠지는 것이다. 경매로 나왔기 때문에 더 좋아 보이고, 꼭 내가 가지고 싶다는 마음이 생긴다. 굳이 일반 매매로 편하게 사도 되는 것을 '경매로 사면 이런저런 장점이 있다'라는 말도 안 되는 생각으로 합리화시키기도 한다. 실제 받는 스트레스에 비하면 아주 미미한 장점인데 말이다. 결국 투자할 때 보아야 할 것들은 등한시하면서 경매 나올 물건이 더 좋아 보이는 확증편향에 빠진다. 낙찰받고 모든 과정을 끝내고 나면 '내가 뭐에 홀렸나?'라는 생각에 현타가 온다.

나만 운이 대단히 좋을 것이라는 착각

50대1이면 높은 경쟁률일까, 아닐까? 2% 정도 해당하는 굉장히 낮은 확률이다. 그런데 청약 경쟁률은 100대1이 넘는 경우가 많음에도 불구하고 '나는 굉장히 운이 좋을 것이다'라는 생각으로 계속 청약을 한다. 100세대 모집에 100대1이면 1만 명이 응모한 것이고, 나머지 9,900명은 탈락한다. 그럼 다음 청약 경쟁률은 99대1이 되는 것이다. 확률적으로 1%나 1.01%나 안 되는 것은 매한가지다. 그런데도 그들은 '나는 청약을 해서 당첨이 되어 수억 원의 프리미엄을 일확천금으로 잡을 테니, 집을 사면 안 된다'라고 고집을 피운다.

청약뿐만 아니라 갭 투자에서도 그렇다. 자신은 수익을 쉽게 낼 수 있을 거란 생각, 자기 생각이 무조건 맞고 예측대로 흘러갈 것이라는 자만심은 나중에 위기를 불러온다. 절대 자만하지 말고 시장을 100% 예측할 수 있다고 생각하지 않는 것이 좋다. 필자도 러시아와 우크라이나가 전쟁할 줄 몰랐고, 미국이 기준금리를 이렇게 올릴 줄 몰랐다. 설령 대단히 실력이 좋더라도 외부요인에 의해서 무너질 수 있으므로 대응할 수 있는 자금을 아껴놔야 한다.

본전 생각

때로는 손실을 보는 게 합리적인 결정일 때도 있다. 그러나 사람들은 손실을 겪는 것을 극도로 싫어한다. 최소한 본전(내가 산 금액)에 팔려고 한다. 5,000원으로 50대 50 확률인 게임을 한다고 하자. 당신이 지면 5,000원을 잃고 이기면, 2만 원을 준다고 하자. 확률상 당신은 평균

7,500원을 벌게끔 되어 있다. 하지만 대부분 손실이 두려워서 참여하지 않을 것이다. 인간에게 손절(損切)은 손(手)을 자르는 것과 같은 고통과 같다고 한다. 그래서 손실을 인정하기 싫어서 주식, 코인 투자에서 물타기(매수 평단가를 낮추는 행위)를 시도한다. 그때 손절하고 나왔다면 적당히 잃고 말았을 텐데, 손실을 확정 짓기 싫어서 추가 손실을 만들고 만다.

  부동산 투자에서도 마찬가지다. A라는 지역에 꼭지에 물렸는데 30%가 하락했다고 하자. 평범한 사람이라면 -30% 가격에 매도하는 것을 절대 하지 못한다. '내가 산 게 얼만데…. 지금 팔면 손실을 확정 짓는 거잖아…'와 같은 심리다. 만약 필자였다면 이성적으로 생각해서 얼른 처분하고 그 투자금으로 다른 지역이나 경매 단타로 30% 단기성 차익을 올릴 것 같다. 일반적으로 단기성 차익을 올려도 양도세가 77%이기 때문에 2년 안에 되파는 일은 거의 없다. 하지만 양도소득세는 과세기간 내 모든 양도차익과 손해를 합산하기 때문에, 내가 잃은 만큼 다른 쪽에서 벌면 세금을 한 푼도 안 내도 된다. 손실을 인정하고 재빠르게 다른 곳에서 수익을 내면 되지만, 본전 생각에 십몇 년을 갖고 있다가 팔기도 한다. 그 십몇 년 동안 마음고생도 기회비용으로 넣어야 할 것이다. 하다못해 세금이 77%라도 앞으로 -30%가 떨어질 것 같다면 팔아야 하지만, 사람들은 세금을 아까워하다가 매도 시기를 놓쳐 억대의 손실을 내기도 한다.

| 언제 파는 게 합리적인 것일까? - 해운대 자이1차 |

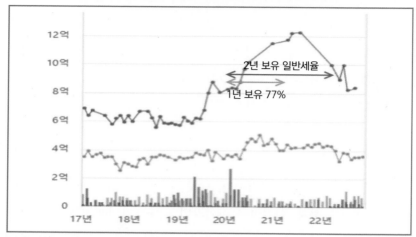

2020년 매수 - 2021년 매도 - 3억 원 차익, 77% 세율

2020년 매수 - 2022년 매도 - 본전(매도 안 됨), 일반 세율

출처 : 아파트실거래가앱

30대와 60대의 투자처는
달라야 한다

필자는 부동산의 종류를 나누는 것을 별로 좋아하지 않는다. 왜냐하면 종목에 대한 편견이 생길 수 있기 때문이다. 예를 들어 '구분상가는 수익형 부동산이니, 시세차익보다는 수익률이 중요하지'라고 생각하다가 수익률만 좇는 잘못된 투자를 할 수도 있고, 한 상품을 수익형 70%, 차익형 30% 정도 감안하고 투자할 수도 있는데, 무 자르듯 구분해버리면 너무 치우친 투자를 하기 때문이다. 그래도 자기 상황에 맞는 투자를 할 수 있게 시세차익형과 수익형의 차이를 알아보자.

롤러코스터 시세차익형 부동산

먼저 시세차익형에 대해서 알아보자. 이름 그대로 시세차익을 목적으로 투자하는 부동산들인데, 아파트, 상가건물, 토지 투자 등이 있다. 한창 직장을 다닐 20~40대 투자자에게 적합한 방식이다. 왜냐하면 월급이 직장에서 나오기 때문에 굳이 생활비를 부동산에서 얻을 필요가 없기 때문이다. 대체로 시세차익형 부동산에서는 매달 현금흐름이 나오지 않는다. 상가건물에서 월세가 나오지 않느냐 반문할 수 있지만, 입지 좋은 곳 상가건물을 대출 끼고 매입하면 월세 수입을 받아서 대출이자 내기도 버겁다. 고금리도 문제지만 입지가 좋은 곳은 건물가격이 높은데, 임대료는 건물가격과 비례하지 않는다. 아파트도 마찬가지다.

대표적인 시세차익형 상품인 아파트는 전세로 투자한 경우, 시세차익을 노린 투자 방식이다. 전세로 보유하고 있으면 투자금이 들어가는 것은 물론이고, 보일러, 수도 등이 고장 나면 수리비, 그리고 재산세, 종합부동산세 등이 발생해서 오히려 돈 먹는 하마다. 그럼에도 사람들이 아파트 갭 투자(전세 투자)에 열광하는 이유는 레버리지를 활용하면 투자금의 10배까지 버는 경우도 많기 때문이다. 몇 년을 꾹 참고 갖고 있으면 달콤한 열매를 얻을 수 있다. 그래서 돈이 없는 투자자들이 초기에 자산을 빠르게 불리기 좋다. 상승장에는 이만한 투자처가 없다. 하지만 가장 중요한 것은 시기를 잘 만나야 한다.

시세차익형 상품의 특징은, 급등이 가능하면 급락도 가능하다는 것인데, 실수로 끝물에 물리게 되면 투자금을 날리는 정도가 아니라, 갖고 있던 여윳돈을 투입해야 하는 상황도 생긴다. 예를 들면 매매가 5억 원짜리를 전세 4억 원에 임차를 맞추고, 1억 원을 투자했다고 가정하자. 10억 원이 되었다면, 수익률 400%지만, 이게 꼭지여서 3억 원으로 추락하게 되고, 전세가격도 2억 원이 되었다면, 앉은 자리에서 2억 원을 손해 본 것이다. 버티면 되지 않느냐라고 묻는다면 어찌 되었든 다음 전세 임차인을 맞추기 위해서는 2억 원을 어디선가 구해와야 한다. 정말로 이런 일들이 발생할 수 있는지 궁금할 텐데, 지난 5년 사이 5억 원짜리 아파트가 15억 원이 된 곳도 많고, 2022년 겨울에는 -40~50% 하락한 곳도 많다. 레버리지 시세차익형 투자는 양날의 검이다.

|11억 원 → 5억 2,000만 원으로 실거래된 동탄역시범우남퍼스트빌 전용59 |

2022.11 평균 6억 5,750 (5건)

최고

최저

실거래 68건 / 회전율 19%

거래량

2021.01   2022.01   2023.01

출처 : 호갱노노

또 다른 위험성은 현금흐름이 나오지 않아서 흑자도산 할 수 있다는 것이다. 운이 좋게 투자한 아파트들이 많이 올랐다고 하더라도 팔기 전까지는 생활비 등을 충당할 수 없기 때문에, 신용카드 대금 몇백만 원을 못 막아서 보유하고 있는 부동산에 전체 압류가 들어오게 된다. 분명히 모든 자산을 정리하면 부자가 되어야 하는데, 부동산이라는 게 환금성이 떨어지는 상품이다 보니 갑자기 목돈이 필요한 시점에 자금흐름이 막히면 흑자도산도 가능하다. 특히나 시세차익형 상품들은 투자 분위기에 환금성도 좌지우지되기 때문에 더욱 조심스럽다.

안정성에 초점, 수익형 상품

수익형 상품은 시세차익형과 대체로 반대되는 경우가 많다. 월 현금흐름이 없는 60대 은퇴자나 전업 투자자에게 필요한 부동산이다. 고정지출이 있는데, 목돈을 쌓아놓고 빼서 쓰는 것보다는, 목돈으로 부동산에 투자하고 그 부동산에서 매월 현금흐름을 얻는 것이 인플레이션 관점에서 장기적으로 더 낫기 때문이다. 대표적인 상품으로 구분상가, 다세대주택(빌라), 오피스텔, 다가구주택 등이 있다. 대출을 받고, 월세 임차인을 들이는 것인데 금리 인상기에는 상대적으로 메리트가 떨어지기도 하지만, 주거용 상품이라면 전세대출 금리도 같이 오르기에 월세도 덩달아 올라가기도 한다.

수익형 상품이 가진 문제는 대체로 시세차익이 나지 않기도 하고, 오히려 더 떨어질 수도 있다는 것이다. 예를 들어, 1억 5,000만 원에 산 오피스텔이 매달 60만 원씩 월세를 받아서 2년간 1,440만 원의 수입이 생겼지만, 매매가격이 1억 2,000만 원으로 떨어진 경우가 그렇다. 앞에서 벌고 뒤에서 깨진다는 말이 이에 해당한다. 실제로 필자가 수익형 투자를 해보니, 시세차익형 부동산에 대한 상대적 박탈감이 힘들었다. 옆 동네 아파트는 2배가 올랐는데, 내가 가진 빌라는 월 20만 원씩 현금흐름을 주지만, 시세는 그대로라면 손해 본 것은 없지만 괜히 손해 본 것 같은 느낌이 든다. 왜냐하면 빌라를 구입할 투자금에 조금 더 보태면 아파트 전세 투자도 가능했기 때문이다. 아파트 상승장에서 느끼는 소외감과 박탈감은 이루 말할 수 없다.

하지만 아파트 하락장에는 이만한 투자처가 없다. 수익형 부동산의 특징은 현금흐름이 나오기 때문에 이른바 '존버(버티는 투자)'가 가능하다. 당장 오르지 않아도, 매달 수익이 나오기 때문에 오를 때까지 버틸 수 있는 체력이 뒷받침된다. 대출받아 월세 투자를 한 경우라면 더욱이 월세 보증금만 내어줄 약간의 돈만 대비해두면 갭 투자와 비교했을 때 파산 위험성이 없다.

필자는 2020년부터 아파트를 팔고 수익형 부동산으로 조금씩 포트폴리오를 분산시켜놓았는데, 아파트 상승장은 2022년까지 지속되었기 때문에 후회를 하기도 했다. 누군가는 단타로 수천을 버는데, 구분상가에 투자금은 많이 들어갔는데 월 현금흐름은 30만 원 정도 생기는 것에 불과했기 때문이다. 하지만 이제는 이야기가 달라졌다. 전세 갭 투자를 한 사람들은 시세 하락과 역전세 위험에 노출되어 있고, 수익은 적지만 안전성 있게 수익형 월세 투자를 한 사람들을 도리어 부러워하고 있다. 수익형 부동산이 아파트처럼 급등하지는 않겠지만, 오를 때까지 버틸 수 있는 월세가 나오기에 안전한 투자를 이어갈 수 있기 때문이다.

구분 짓는 편견

앞에서도 이야기했듯이, 수익형과 시세차익형을 구분 짓는 것을 좋아하지 않는다. 시세차익형도 수익형으로 할 수도 있고, 반대로도 가능하다. 예를 들면 지방 중소도시의 낡은 아파트는 월세 수익률로 따졌을 때 6%가 되기도 하는데, 운이 좋으면 시세차익도 가능하다. 반대로, 다가구주택도 시세차익형으로 투자가 가능한데, 대출받아서 월세 투자하는 것은 무조건적인 편견이다. 서울 역세권 작은 다가구주택을 10억 원에 매수해서, 대출 50%, 후순위 전세 30%, 내 투자금 20%로 놓고, 나머지 월세 호실에 대해서 에어비앤비나 단기 임대를 돌리면서 시세 차익이 날 때까지 버티는 것도 투자 방법 중 하나다. 왜냐하면 다가구 주택은 결국 땅을 사는 것이고, 땅은 시세차익형 투자이기 때문이다.

비슷한 사례로 원룸 오피스텔 투자가 있다. 필자는 원룸 오피스텔 공급량이 줄어드는 것과 인플레이션 반영이 안 되었다는 것에 주목했다. 원룸 오피스텔의 월세 시세가 오른다면 수익률이 좋아져서 매매가격도 덩달아 오를 것이다. 실제로 월세가 15% 넘게 오르고 있다. 그렇다면 매매가격도 발맞추어 오를 것이라 생각해 미래의 시세차익을 노리고 전세 갭 투자를 할 수도 있다. 수익형이든, 시세차익형이든 수익을 내는 투자를 하는 것이 정답이다.

상가냐, 아파트냐

이번에는 주거용 부동산과 상업용 부동산의 특징을 비교해서 설명해 보고자 한다. 필자는 양쪽 모두 겪었기 때문에 객관적으로 장단점을 비교할 수 있을 것 같다.

손이 많이 가는 주거용 부동산

주거용 부동산은 감가가 빠르다. 우리나라의 아파트 초기 시절에는 정말 콘크리트 골조만 지어주고 도배, 장판, 싱크대 모두 입주자가 알아서 해야 했다고 한다. 그러나 요즘의 모델하우스에 가보면 5성급 호텔보다 더 좋게 옵션을 제공하고, 여기에 빌트인 수납가구들까지 제공하다 보니 입주자는 살림만 들고 오면 된다. 그러니 요즘 주거용 부동산의 수요자들의 눈높이에는 어지간한 것은 다 갖춰져 있어야 한다. 아파트를 예로 들면, 시스템에어컨, 신발장에 더 나아가서 펜트리룸, 싱크대는 기본이고 식기세척기와 빌트인 된 오븐, 비데와 욕조가 갖춰진 화장실

등이 있다. 원룸이나 오피스텔은 여기서 더 나아가서 세탁기를 제공하는데, 이것도 부족해서 요즘은 의류 건조기나 스타일러 등을 제공한다. 이런 것들의 문제는 낡는다는 것이다. 싱크대도 10년이면 물에 퉁퉁 불어서 무너지는 경우도 있고, 가전제품들은 어지간해서는 10년의 세월을 못 이기고, 도배, 장판, 마루도 10년 정도면 교체해주어야 한다.

냉수·온수를 쓰는 곳에는 누수가 있다. 우리나라의 주거용 부동산의 공통적인 특징은 '온돌난방 방식'이라고 할 수 있다. 온돌난방 방식은 우리나라에서 굉장히 흔하고 당연한 것이지만, 외국에서는 고급 건축 기술 중 하나라고 한다. 주거용 부동산에는 당연하게 바닥난방이 되어야 하고, 그러다 보니 처음 건축할 때부터 난방 배관을 시공한다. 보일러는 10년 정도 쓰면 교체해주어야 한다. 상업용 부동산에서 흔하지 않은 누수가 자주 발생하는 이유가 여기에 있다. 주거용 부동산은 물을 쓰는 곳이 다양하다. 주방 부엌, 화장실, 베란다와 더불어서 온 집 안의 바닥에 난방·온수 배관이 깔려 있다 보니 아파트나 오피스텔은 20년, 빌라는 10년 정도 지나면 누수가 생긴다. 누수는 석고보드, 도배지, 그리고 가구까지 망가뜨린다. 누수가 생기면 아랫집 피해를 물어주어야만 하는 것뿐만 아니라 누수 탐지 전문가 비용을 또 생각해야 한다. 돈으로 해결되면 그나마 간단한데, 누수 탐지를 하고 못 찾을 수도 있다고 생각하면 밤잠을 설치게 된다. 이렇게 주거용 투자의 단점은 관리해주어야 할 가전, 가구들이 많다 보니 요구사항도 많고, 감가된다는 것이다. 장부상 수익률은 분명 8%인데, 세탁기가 고장 나거나 보일러를 교체해주게 되면 실제 수익률은 4%로 떨어지기도 한다.

수요가 많으나, 그만큼 잦은 입·퇴실

주거용 부동산의 확실한 장점은 '필수재'라는 것이다. 최고급 펜트하우스든, 허름한 컨테이너 창고, 비닐하우스든 현대인이라면 어딘가에는 거주한다. 필수재이다 보니 수요가 참 많다. 상업용 부동산과 큰 차이점이다. 그래서 가격을 낮추면 누군가는 입주한다는 장점이 있다. 누군가 쉽게 들어온다는 것은 내 부동산에서 쉽게 나갈 수도 있다는 뜻이기도 하다. 사람이 빈번하게 나가고 들어오면 공실이 발생할 수 있고, 새로 고쳐주어야 할 것도 많고, 또 중개수수료도 지불해야 되어서 수익률을 또 갉아먹기도 한다.

심한 규제

주거용 부동산의 장점인 '국민 필수재'가 때로는 단점이 되기도 한다. 정부에서는 주택에 대한 투기 규제가 심하다. 대표적으로 취득세, 종합부동산세, 양도세가 있다. 다주택자는 취득 시 현행 13%까지 내기도 하고, 종합부동산세도 상업용에 비해 주거용은 훨씬 엄격하고 무거운 편이다(상업용은 종합부동산세 공제액이 공시지가 80억 원이다). 양도소득세도 주거용은 단기세율 77%로 중과할 때 비주택 부동산은 전혀 영향이 없었다. 주거용 부동산은 정부 정책에 규제를 많이 받지만, 상업용 부동산은 거의 규제를 받지 않는다는 장점이 있다. 그래서 자산 규모가 커지면 상업용 부동산으로 넘어가야 하는 이유가 여기에 있다. 부자들은 상업용 부동산을 더 선호한다. 괜히 아파트를 사고팔고 해보아야 세무조사의 타깃이 되기 때문이다.

관리가 편한 상업용 부동산

　상업용 부동산은 주거용 부동산과 반대되는 것이 많다. 다 지은 신축 상가를 본 적이 있는가? 정말 시멘트째로 공급해준다. 비바람만 막을 수 있을 정도로 새시를 달아놓고, 천장부터 바닥, 벽까지 회색빛 시멘트다. 주거용 부동산의 경우 천장은 석고보드로, 바닥은 최소한 장판, 벽은 합지로 도배해주는 것과 비교하면 매우 다르다. 그것은 새로 들어올 상가 임차인이 중개사무소일지, 꽃집일지, 음식점일지, 카페일지에 따라서 상가의 구조, 인테리어가 천차만별이기 때문이다. 카페 사장님은 개방감 있고 트렌디한 노출 천장을 좋아하고, 중개사무소 사무실로 쓸 사장님은 깔끔한 텍스 마감 천장을 좋아한다. 그러다 보니 상업용 부동산은 빈 깡통째로 공급해줘도 아무런 불만이 없다. 어차피 임차인들이 자기 업종에 맞춰 새로 꾸미고 들어오기 때문이다.

　주거용 부동산과는 다르게 기본으로 공급해주는 게 없기 때문에, 감가될 만한 것도 없다. 기껏 해보아야 공용화장실과 새시 정도만 감가되지만, 전자제품이나 가구가 아니기 때문에 20년은 끄떡없다. 그리고 상가는 대부분 바닥난방 방식이 아니다. 요즘은 천장형 시스템 냉난방기를 사용하고 이마저도 임차인들이 알아서 설치한다. 상가도 물을 쓰기 때문에 누수가 발생할 수 있지만, 난방 배관을 설치하는 것이 아니고 요즘은 노출천장 인테리어(천장에 배관이 훤히 드러나는)도 많이 하기 때문에, 누수의 원인을 잡기도 훨씬 수월하다. 결과적으로 장부상 수익률이 주거용 부동산보다 낮을 수 있어도, 실제 수익률일 가능성이 크다.

또 다른 차이점은 상업용 부동산은 수요가 아주 많지 않다. 잘되는 곳만 수요가 많고, 외곽은 가격을 아무리 낮춰도 들어오지 않는다. 그도 그럴 것이 임차인이 한번 들어갈 때 인테리어를 몇천만 원을 들여서 하고 들어오고, 그 인테리어비용을 회수하려면 최소한 5년은 장사할 마음으로 들어오는데, 입지 좋은 월세 100만 원, 입지 안 좋은 월세 70만 원이 있다면, 70만 원을 더 쓰더라도 입지 좋은 곳을 택할 확률이 높다. 그래서 주거용 부동산과 달리 부익부 빈익빈이다. 좋은 상권은 입주 대기가 있지만, 안 좋은 상권은 돈을 주고 모셔오려고 해도 오지 않는다. 임차인들조차도 환금성을 고려하지 않을 수 없는데, 권리금을 주고 나오는 것도 고려하고 있기 때문에 가격이 약간 더 비싸도 좋은 입지를 더 선호한다. 덕분에 한번 시설비를 많이 들여서 들어온 임차인들은 어지간해서는 월세를 밀리지 않는다. 실수로 월세를 밀렸다가 명도소송을 당하면 자기가 들인 시설비를 홀라당 날려 먹을 수 있기 때문이다. 그리고 시설비를 많이 투자할수록 오래 있을 가능성이 크다. 임차인도 시설 권리금을 회수하고 싶기 때문에 다음 임차인을 알아서 구해온다. 스터디카페나, 고시원, 병원 같은 인테리어 비용이 많이 드는 임차인이 들어오면 적어도 5년간은 공실 걱정은 없다고 봐도 무방하다.

편견 없이 투자하자

마찬가지로 주거용과 상업용을 구분 짓는 편견으로 투자하지 않았으면 좋겠다는 생각이 든다. 요즘은 주택규제가 심해지다 보니 주택을 상가로 개조하기도 한다. 다음 사진은 석촌역에 있는 피자 가게다. 원래는 단독주택이던 것을 2층짜리 레스토랑으로 꾸며서 빈티지한 느낌을 잘 살려냈다. 또한, 대로변 반지하 빌라가 깔끔한 옷가게나 카페로 변신하기도 하고, 단독주택 전체를 사옥으로 개조하기도 한다. 고시원도 주거용이지만, 사실은 근린생활시설(상가)에 짓는다. 바닥난방이 안 되는 오래되고 저렴한 오피스텔도 리모델링을 통해 바닥난방을 하고 주거용으로 사용하는 세대도 있다. 그래서 필자는 주거용·상업용 부동산으로 구분 짓기보다는 유연한 사고로 부동산을 바라보려고 노력한다.

| 단독주택을 레스토랑으로 개조한 사례 – 석촌역 피자힙 |

PART
04

아파트

21

아파트는 '이것'이
제일 중요하다

아파트 투자는 때가 중요하다

본격적으로 아파트 투자 이야기를 해보려고 한다. 우리나라 사람들이 좋아하는 단지형 아파트가 우리나라에 자리를 잡은 지는 반세기 정도밖에 되지 않는다. 처음에는 그렇게 선호하지 않았다가 실제 거주자들의 호평과 투기 열풍에 함께 국민들이 사랑하는 자산으로 자리를 잡았다. 햇빛과 통풍, 그리고 학군을 중요하게 여기는 우리나라 사람들에게 고층 아파트는 성공한 중산층의 상징과도 같다.

아파트는 다른 부동산 종목에 비해서 변동성이 큰 편이다. 그 이유 중 하나가 아파트는 가수요가 굉장히 많다. 정확히 말하면 실수요조차도 가격이 오를 것을 기대하면서 굉장히 꼼꼼하게 고른다. 그래서 가격에 거품이 끼고, 본질 가치 대비 사람들의 투자 심리, 매수 심리에 의해서 영향을 많이 받는다. 오를 때는 무섭게 오르고, 떨어질 때는 무섭게 떨어진다. 이를 잘 알기 때문에 정부에서도 아파트에 대한 규제가 가장 심하다. 예를 들면, 15억 원 초과 아파트에 대해서만 대출을 금지한다든가, 아파트의 주택임대사업자만 강제로 말소시켜버린다. 반대로 규제를 완화할 때는 너무 과하게 완화해버려서 시장이 순식간에 반등해버리기도 한다.

아파트는 집합건축물이다. 집합건축물의 장점은 시세 파악이 쉬워서 대출도 쉽고, 대중 속에서 안전하게 투자할 수 있다. 옆집 개똥이네가 얼마에 팔렸다면 내 집도 그 정도겠거니 어림짐작해버리고 더 비싼 가격에 내놓는다. 집합건축물의 또 다른 특징은 짓는 데 3년 정도 걸린다는 것이다. 그래서 수요가 부족할 때 즉시 공급이 어렵고, 수요가 많을 것이라 예상하고 너도나도 짓기 시작했는데, 막상 입주가 시작되니 수요가 전부 사라져서 투자자들이 애를 먹기도 한다. 예를 들면, 1,957세

| 개포동 래미안블레스티지 전세가격 – 2년 단위로 요동친다 |

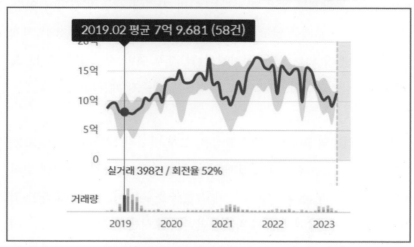

출처 : 호갱노노

대 개포 레미안블레스티지 34평의 전세가격이 2019년 2월에는 7~8억 원가량 했다. 대단지가 입주하다 보니 경쟁적으로 전세가격을 내려서 그렇다. 2년 뒤에는 5억 원이 오른 12~13억 원에 거래된다. 그리고 2023년 3월 말 9억 5,000만 원으로 다시 내려앉았다. 인근 개포자이 프레지던스(3,375세대)가 현재 입주를 하고 있기 때문이다. 집합건축물은 장점도 많지만, 일시에 많은 공급은 한정된 수요를 넘겨버리기 때문에 변동성을 더욱 크게 만든다.

부동산 전문가 중에는 입지를 중요하다고 이야기하는 사람이 많지만, 필자가 볼 때 아파트 투자에서 가장 중요한 것은 '때', 그러니깐 '언제 사고파느냐'가 훨씬 중요하다. 아파트의 입지와 주변 여건, 환경은 쉽게 바뀌지 않는다. 그럼에도 가격은 널뛰기한다. 입지가 좋은 아파트를 찾는 방법은 굉장히 쉽다. 호갱노노 어플에 왕관 아이콘이 있는 대장 아파트를 보거나, 평당가가 인근 아파트보다 훨씬 비싼 아파트를 고르면 된다. 놀랍게도 좋은 아파트는 이미 가격에 전부 반영되어 있다. 남들이 모르는 호재를 알고 있다가 투자하면 모를까(사실 이런 식의 투자 방법은 사기당하기 딱 좋다), 같은 시기에 실질 가치 대비 저평가된 아파트를 찾는 것은 불가능하다. 가격이 모든 것을 말해주기 때문이다.

똑같은 입지의 아파트 주변 환경은 크게 바뀌지 않는다. 학군, 교통, 환경, 상권이 모두 같더라도 언제 사느냐에 따라서 누구는 저점에 잡아 3배가 오르고, 누군가는 영끌을 하고 눈물을 흘린다. 실거주자라면 입지가 중요할 수 있겠으나, 투자자라면 입지보다는 들어가고 나가는 시기에 더 집중을 해야 한다. 진입 타이밍이 정해졌으면 그 동네에서 평단가가 가장 비싼 아파트를 사면 된다. 그리고 모두가 사려고 안달났을 때 팔고 나오면 된다. 그래서 아파트 투자는 초보자도 성공할 확률이 높다. 토지, 빌라, 상가 투자와 달리 규격화되어 있기 때문에 상품을 고르는 것은 너무나 쉽다. 몇 미터 도로에 접했는지, 유동인구의 동선은 어떤지, 토지의 용도지역은 무엇인지는 몰라도 된다. 아파트 투자는 이렇게 쉬운데, 동시에 타이밍을 잡는 것은 거의 신의 영역이기 때문에 굉장히 어렵다.

아파트 투자는 먹을 게 많다. 사고파는 것은 쉽고 단지를 고르기도 쉽다. 때만 잘 맞추면 된다. 그게 어려워서 사람들이 강의도 듣고, 유튜브도 보고 책도 보는 것일 것이다. 변동성이 크기 때문에 저점에 사서 허리에만 팔아도 많이 남는다. 앞에서도 언급했지만 다음과 같은 과정을 계속 반복한다.

> (1) 신축 공급이 부족한 지역인가?
> (2) 가격이 안 올랐는가? 저렴한가?
> (3) 전세가율이 높은가? (투자금, 기회비용 평가)
> (4) 실수요와 투자 심리는 어떤가?

서울 아파트를 예시로 들면, 2013년이 서울 아파트 하락장의 끝이었다. 이때부터 상승으로 전환되기 시작했는데, 조금 오른 2015년에 투자하는 게 투자자 관점에서 옳다. 왜냐하면 2013년의 전세가율은 60%대 초반이었다면, 2015년의 전세가율은 70~80%이기 때문에, 2013년에 2채 살 돈으로, 2015년에 3채 살 수 있으므로 수익률 관점에서 훨씬 뛰어나다. 그래서 아파트 투자는 때가 더 중요하다는 것이다. 2013

년에 다른 곳에 투자해서 돈을 더 불려서 2015년에 서울에 투자했다면 어떨까?

| 해운대 동부올림픽과 잠실 리센츠 그래프 |

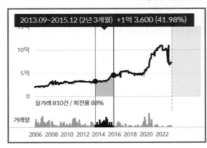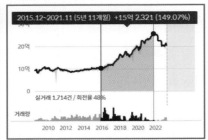

출처 : 호갱노노

더 구체적으로 이야기하면, 2013년에 3억 2,000만 원 정도 하던 부산 해운대구 동부올림픽 32평 아파트를 1억 원 갭에 사서 2015년 말에 5억 6,000만 원에 팔아서 40% 상승을 맛보고, 그 돈으로 잠실 리센츠를 사서 2021년 가을에 팔았다면 투자금 1억 원이 17억 원이 된다. 물론 이것은 사후적인 해석이지만, 부산 투자자 중 이런 분이 실제로 있었다. 부산에서 2013년에 부동산 투자의 맛을 보고 덜 오른 서울로 수익금을 옮기고 나서, 각종 정부 규제로 결국 팔지 못해서 가지고 있었더니 그 서울 아파트가 2배가 넘게 오른 경우다. 요약하면, 아파트는 집합건축물이기에 변동성이 크지만, 타이밍만 잘 맞추면 초보자도 목돈을 벌 수 있다. 하지만 역설적이게도 가장 어려운 것은 사고파는 타이밍을 아는 것이다.

22

아파트 투자는
엄마가 잘한다

아파트는 학군이 중요하다

집을 선택할 때 여자와 남자 중 누구의 의견이 더 중요할까? 여자, 엄마의 목소리가 제일 중요하다. 통상적으로 남자들은 8시에 출근해서 7시나 되어야 집에 들어온다. 집에 머무는 시간이 하루에 절반 정도밖에 되지 않는다. (요즘에는 워킹맘들도 많지만) 엄마와 아이들은 대부분의 시간을 집에서 머물기 때문에 직장이 멀더라도 아빠만 길에서 고생하면 된다. 그래서 분양 모델하우스나 신축 구조를 보게 되면 여성이 좋아할 만한 요소가 많다는 것을 알 수 있다.

엄마들이 중요하게 생각하는 것이 뭘까? 브랜드, 역세권, 신축, 평지, 대단지? 요즘은 많은 것들을 온라인에서 대체할 수 있다. 마트가 멀어도 쿠팡이나 컬리에서 주문하면 다음 날 바로 배송이 오고, 맛있는 음식은 배달시켜 먹으면 된다. 그러나 자녀 양육과 교육만큼은 대체 불가능한 부분이기 때문에 아파트 투자에서 아주 중요하다. 여기서 말하는 교육은 고3 수능의 그런 교육을 이야기하는 것이 아니다. 자녀가 바른 인성을 갖고 삐뚤어지지 않게 자랄 수 있고 공부를 하는 게 자연스러운 모습인 면학 분위기를 이야기한다. 인간은 무리 짓는 본능이 있다고 이야기했다. 주변 친구 대부분이 시험 기간에 공부하면, 시험 기간에 놀아주는 친구도 없으니 나도 그냥 공부를 해야 할 것 같다. 반대로, 친구들이 방과 후에 주로 노래방에 가고 담배를 피우면, 나도 모르게 그런 생활이 자연스러워진다.

필자가 말하는 학군지란, 학원가가 아니라 순한 아이들이 모여 있어 자연스럽게 공부를 하게 되는 면학 분위기를 말한다. 국·영·수 전국 1등을 바라는 것이 아니라 학교폭력의 위험성이 없고 인성교육과 예의범절을 갖춘 면학 분위기를 말한다. 그런 아이들이 자라서 나중에 사회생활을 할 때, 주변 친구들이 판검사, 의사, 공무원, 성공한 사업가라도 되면 그에 맞춰서 뭐라도 되지 않을까 싶다.

구체적인 사례를 들어서 이야기해보면, 대전 서구 둔산동에 있는 크로바 아파트가 극단적으로 비교가 된다. 크로바아파트는 대전에서 모르는 사람들이 없는 의사, 판검사, 기업가들이 모여 사는 아파트다. 쉽게 말해 대전 1등 아파트다. 입지가 뛰어난 것도 있지만 한밭초등학교 학군 자체도 뛰어나고, 둔산동 학원가를 옆에 끼고 있어서 완벽에 가까운 아파트다. 같은 초등학교 학군을 공유하는 목련아파트가 바로 밑에 있고, 그 밑에 탄방동 한가람아파트가 바로 맞닿아 있다. 크로바아파트와 한가람아파트를 비교하는 것은 다소 억울(?)할 수가 있을 것 같아서 목련아파트와 한가람아파트를 비교해보려고 한다.

| 한밭초 통학구역 – 목련, 한가람아파트 |

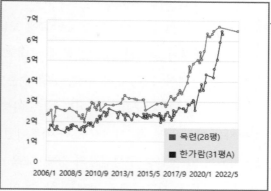

출처 : 아실앱

　두 아파트는 맞닿아 있기 때문에 입지적으로 다른 점을 찾기 힘들다. 목련아파트 28평형(전용 76㎡)의 2017년 초 가격은 2억 원 후반이었다가 2021년 7월 6억 7,000만 원에 실거래되었다. 한가람아파트 30평형(전용 84㎡)의 2017년 초 가격은 2억 원 중반이었다가 2021년 7월 5억 4,500만 원에 실거래되었다. 오히려 작은 면적의 목련아파트가 더 비싸고 상승률이나, 상승 순서를 보았을 때도 앞선다. 똑같은 시기에 비슷한 입지에 투자했는데, 왜 이런 결과가 나왔을까? 바로 배정되는 초등학교가 다르기 때문이다. 목련아파트는 크로바아파트와 같은 초등학교인 '한밭초등학교'로 배정받고, 한가람아파트는 '탄방초등학교'로 배정받는다. 초등학교를 어디로 배정받는지는 교육부에서 운영하는 학구도 안내 서비스(https://schoolzone.emac.kr)를 보면 정확하게 알 수 있다. 탄방초등학교는 주변 다가구주택, 오피스텔, 아파트가 혼재된 복잡한 학군인 반면에 한밭초등학교는 크로바, 목련, 한마루아파트로 구성된 균질한 학군이다.

누군가에게는 조금 불편한 이야기가 될 수 있지만, 솔직한 이야기를
해보려고 한다. 필자도 자녀를 초등학교에 보낸다면 우수한 학군이 아
니라 가정 형편이 필자와 비슷한 곳에 보내고 싶다. 자녀 친구의 부모
주거 수준, 경제적 수준, 교육 수준, 직업 수준도 나와 비슷했으면 좋겠
다. 그래야 자녀가 친구를 사귀어도 예측 가능한 범위일 것이다. 그래
서 필자는 학군을 볼 때 '아파트'로만 이루어졌는지를 따진다. 아파트는
규격화되어 있는 만큼 구성원들의 경제·교육 수준도 비슷할 확률이 높
다. 거꾸로 롯데 시그니엘에 공짜로 살 수 있게 해준다고 해도 필자는
가고 싶지 않을 것 같다. 내가 거기에 어울리는 경제적 수준이 아니라고
생각하고, 내 자녀들도 어울리기 힘들 것이라고 생각하기 때문이다.

초·중·고 학군 중에서 가장 중요한 것은 초등학교 학군이다. 왜냐하
면 중·고등학교 배정 방식은 거주지와 100% 일치하지 않지만, 나이가
어린 초등학생들은 물리적 거리에 민감하기 때문에 거주지와 100% 일
치한다. 쉽게 말해 중·고등학교는 학교 근처에 살지 않아도 배정받을
수 있지만, 초등학교는 꼭 그곳에 살아야지만 배정받을 수 있다. 초등
학교에 100% 배정받을 수 있는 보장을 해주기 때문에 그것들이 집값
에 반영될 수밖에 없다. 초등학교는 한번 배정받으면 6년을 다녀야 한
다. 중·고등학교와는 다르게 긴 시간 동안 수요자들을 묶어놓는 효과
가 있다.

그러고 나서 초등학교 학생들이 많이 가는 중학교의 학군을 본다. 중

학교의 학군을 객관화시킬 수 있는 수치는 '특목고를 한 해에 몇 명' 보내느냐다. 거꾸로 살펴보는 방식도 투자에 유효하다. 특목고를 많이 보내는 중학교를 찾은 뒤에, 그 중학교에 많이 오는 초등학교를 찾은 뒤에 그 초등학교를 배정받는 아파트에 투자하는 방식이다. 재미있는 이야기를 해보자면, 초등학교 1학년 학생 대비 6학년 학생들의 비율이 높은 초등학교는 좋은 학군일 가능성이 크다. 좋은 중학교를 배정받기 위해 6학년 때 좋은 초등학교로 전학을 가는 학부모가 많기 때문이다. 앞에서 사례로 든 한밭초등학교가 그렇다.

학원가에 관해서도 이야기해보자. 학원가는 워킹맘에게는 단비와 같은 존재다. 퇴근은 6~7시인데 자녀들의 하교 시간은 3시이므로 다른 짓 못 하게 학원 뺑뺑이(?)라도 돌려야 한다. 기왕 시간을 때울 것이라면 학원 선택지라도 많은 곳에 보내는 게 낫지 않겠는가? 그래서 필자는 학원가를 2가지로 나눈다. 정말 너무 똑똑해서 최상위 학생들이 다니는 대치동 학원가, 목동, 중계, 대구 범어동, 대전 둔산동, 광주 봉선동이 그렇다. 그 외에 아이들을 묶어두는 용도인 생활밀접형(?) 학원가다. 폴리어학원이 대표적인 예다. 좋다, 나쁘다의 판단을 떠나서 태권도학원을 보내더라도 선택지가 여러 군데인 곳에 투자한다. 학원이 많을수록 자녀 교육이 편한 것은 사실이다. 학군은 온라인 시대에도 100% 대체가 안 되므로 집값이 비싼 경우가 대다수다. 그러므로 아파트 투자에 있어서 학군을 최우선으로 고려해야 한다.

23

수익률 720% 투자 사례 :
학군이 이 정도 가격 차이를 낸다고?

필자가 초보 시절 멋모르고 투자했지만, 학군지에 투자해서 나름 성
공한 사례라서 예시로 들어보려고 한다. 의사 결정하는 과정을 잘 따라
오기를 바란다.

2018년 초, 대전 아파트에 투자해야겠다는 결심이 서서 막 출시된
호갱노노 앱을 켜서 아파트들을 살펴보던 중이었다. 필자가 내거는 조
건은 다음과 같았다.

> 전세가율 80%, 전용 85㎡ 미만, 소형단지는 제외, 초등학교를 품은 아파트

당시에는 대전 중에서도 잘나가는 지역(둔산동, 도안신도시)만 올랐던 시
기였고, 노은역 인근 열매마을 아파트는 겨우 10% 미만 오른 상태여서
투자를 결심했다.

열매마을은 2002년에 월드컵경기장을 지으면서 조성된 신도시다. 신도시답게 바둑판식으로 되어 있고, 가운데는 노은역 상권과 지하철역이 있는 전형적인 모습이었다. 이 중에서도 학군에 집중했는데, 노은초등학교가 가장 선호되는 초등학교이고, 특목고 입시 결과가 가장 좋은 중학교가 노은중학교다. 노은초등학교, 노은중학교, 노은고등학교가 나란히 있는 모습이 인상적이어서 투자를 결정하게 되었다. 노은중학교를 많이 오는 비중은 당연히 인근에 있는 노은초등학교일 것이고, 노은초등학교를 배정받는 아파트는 열매마을 8, 9, 10단지다.

| 열매마을 7, 8, 9, 10단지 |

열매마을 8단지 - 대장아파트

열매마을 8단지는 이 신도시 전체의 대장아파트 역할을 하는 곳이다. 지하철, 상권, 교육 여건도 가장 좋은 데다가 단지 자체도 관리가 잘

되어 있기 때문이다(거의 유일하게 지하 주차장과 아파트 세대가 연결되어 있는데, 이 점에서 열매마을 9단지에 투자한 것이 조금 후회될 정도). 쉽게 말해 모든 노은지구 엄마들이 열매마을 8단지 가격을 쳐다보고 있다고 보면 된다. 열매마을 8단지는 대형평수로만 이루어져 있고, 허태정 전 대전광역시장님이 거주할 정도로 노은지구에서는 그래도 좀 여유 있는 사람들이 모여 사는 곳이다. 그러다 보니 자연스럽게 우수한 학군에도 영향을 준 것 같다.

열매마을 10단지 - 공무원 임대아파트

열매마을 10단지는 전 세대 공무원 임대아파트 25평형으로 이루어진 단지다. 100% 공무원으로 이루어진 곳이고, 큰 평형이 없다. 역시 공무원들이 많은 단지라서 실제로 가보면 아이들이 많고, 자녀 2명인 세대도 많다. 그리고 공무원과 교사분들의 자녀라서 굉장히 예의와 인성이 바른 아이들이 많다고 느껴졌다. 문제는 집이 25평형이라 너무 좁다 보니 자녀들이 커감에 따라 이사를 가야 할 필요가 있는데, 공무원들에게 열매마을 8단지는 가격대가 비싸기에 노은초등학교 학군 중에 갈 만한 곳은 그럼 열매마을 9단지만 남는다. 자녀 교우관계가 이미 노은초등학교로 형성되어 있기 때문에 이 외에 선택하기란 쉽지 않다.

열매마을 9단지 - 중간에 있는 아파트

모든 평형이 35평대로 이루어진 열매마을 9단지로 이사 오는 대다수의 분들이 열매마을 10단지 거주민이다. 필자는 투자가 계기가 되어서 실제로 거주까지 해보았는데, 아파트 자체에 공무원과 교사분들이 많이 거주했다. 열매마을 10단지는 미취학아동, 초등학생의 비율이 높다면, 열매마을 9단지는 초등학교 고학년부터 중학생까지 다양하게 거주하고 있었다. 노은초등학교 학군은 자연스럽게 공무원, 여유 있는 열매마을 8단지, 그 중간인 열매마을 9단지 자녀들로 이루어졌기 때문에 온순하고 경제적으로 부족함이 없는 아이들이 많았다. 재미있는 것은 열매마을 10단지에서 돈을 모아 9단지로 넘어가고, 9단지에서 돈이 좀 모이면 다시 열매마을 8단지로 넘어간다는 것이다. 아마 더 큰 평형과 좋은 입지에 대한 욕구 때문인 것 같다.

열매마을 7단지 - 다른 초등학교 학군

열매마을 9단지 맞은 편에는 열매마을 7단지가 있는데, 상지초등학교 학군이다. 연식도 비슷하고 집의 구조도 비슷한데 열매마을 7단지와 9단지의 가격 차이와 상승률은 엄청나다. 사실 입지적으로 보면 열매마을 7단지가 상권과 지하철역이 더 가까움에도 불구하고 도로 하나를 두고 더 저렴하다는 것을 보면, 학군 이외에는 설명이 어렵다. 안정적인 급여 생활이 가능한 공무원들이 노은초등학교 학군인 열매마을 9단지를 더 많이 선택했기 때문에 더 많이 올랐다고 볼 수 있다.

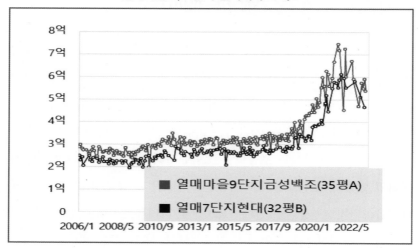

| 열매마을 7, 9단지 실거래가 그래프 |

■ 열매마을9단지금성백조(35평A)
■ 열매7단지현대(32평B)

출처 : 아실앱

　그만큼 아파트 투자에 있어서 가장 중요한 것을 꼽으라면 자신 있게 '학군'이라도 대답할 수 있다. 수도권은 교통도 중요하겠지만, 그래도 학군이 가장 우선순위라는 생각에는 변함없다. 아빠의 직장이 멀면, 아빠만 출퇴근길에 고생하면 되지만, 아이들과 엄마가 행복한 아파트가 더 가격이 오를 여지가 많기 때문이다. 필자는 2018년 봄, 5,000만 원 갭으로 투자했고, 2022년 여름에 매도했다. 운이 좋게 투자를 시작했던 때 대전 대세 상승장에 올라탔기 때문에 큰 수익을 낼 수 있었지만, 부와 행운은 실행하는 사람의 몫이라는 것도 이 투자를 통해서 배울 수 있었다.

아파트 투자 공식

아파트 투자 공식

부동산은 어디 하나 같은 곳이 없다. 동네마다, 단지마다 조건이 조금씩 다르다. 획일화된 아파트조차도 세대마다 조금씩 다른 조건을 가졌다. 모든 일에 공식이나 알고리즘이 있다면 어려움이 없을 것이다. 그래서 이번 장에서는 아파트 투자 공식에 관해서 이야기해보려고 한다. 솔직히 말하면 이미 가격에 모든 것들이 다 반영되어 있다. 아파트 조경이 더 잘 관리되어 입주민의 만족도가 높다면, 그런 것들이 알게 모르게 전부 다 반영되어 있다. 그래서 가장 비싼 아파트 단지를 사면, 그게 가장 좋은 단지일 가능성이 크다. 하지만 경제주체들은 조금이나마 합리적인 결정을 내리기 위해 많이 노력하기에 아파트 고르는 공식을 알려드리려 한다.

브역대평신초

부산의 모 부동산 카페에서 흔하게 하는 암송(?) 같은 공식인데, 나름 합리적이라고 생각해서 필자의 생각을 조금 넣어서 해설해보려 한다. 중요한 순서대로 알아보자.

> 브랜드, 역세권, 대단지, 평지, 신축, 초품아

초품아(초등학교 품은 아파트)

초품아의 중요성은 이루 말할 수 없다. 자기 덩치만 한 책가방을 메고 등교하는 초등학교 1학년을 보면 더욱 그렇다. 초등학교를 품은 아파트 단지는 '아이들의 안전' 때문에 중요하다. 초등학교 저학년 남자 아이들은 도로를 살펴보지 않고 무작정 뛰어간다. 초품아가 아니라면 골목골목을 지나서 등하교해야 해서 항상 위험에 노출되어 있다. 그래서 부모가 한동안은 등하교를 같이해야 한다. 필자는 실제로 초품아 아파트에 살았는데, 경비아저씨와 학교 관계자들이 모두 나와서 등하교 지도를 하는 모습이 인상적이었다. 맞벌이 부부에게 등하교를 자녀 스스로 해결할 수 있는 것만큼 고마운 것도 없다. 초품아 아파트의 또 다른 장점은 학군이다. 앞서 이야기한 것처럼 비슷한 가정 수준의 자녀들이 같은 학교에 다니고, 친구들도 항상 놀이터에 같이 있기 때문에 친구들을 사귀기에도 좋다. 필자는 아파트 투자 단지를 고를 때 초등학교 위치와 학구도부터 찾아본다.

대단지

　1998년식 2,000세대와 2005년식 300세대 아파트가 있다면 어떤 게 더 투자에 적합할까? 필자는 자신 있게 대단지 아파트를 선택할 것이다. 대단지가 갖는 장점은 이루 말할 수 없다. 일단 환금성이 뛰어나다는 점이다. 잠실에 있는 엘리트 단지들은 환금성이 뛰어나다(잠실 엘스, 리센츠, 트리지움). 조금이라도 급매가 거래되면 바로 기사화되고, 급매를 찾는 매수자들로 넘쳐난다. 기사가 뜨지 않더라도 대기수요가 많다. 바로 그 단지에 사는 임차인들이 대기수요다. 연식보다 대단지가 중요한 이유는 환금성 하나만으로 충분하다. 부동산 자산의 치명적인 약점이 환금성인데, 이를 완벽하게 보완해주는 요인이다.

　또 다른 강점은 입주민들의 힘이 강력하다는 것이다. 단군 이래 최대 재건축이라고 불리는 둔촌주공(올림픽파크포레온)의 분양 성적이 저조할까 봐 정부에서는 분양권 중도금대출 금액 제한까지 풀어버렸다. 1만 세대에 가까운 아파트 분양 시장이 미분양이 나게 되면 부동산 시장이 급랭할 가능성이 있기 때문이다. 대단지에서 나오는 여론은 지자체장이나 국회의원들도 무시하지 못하기 때문에 입주민들의 눈치를 안 볼 수 없다. 그 외에도 부지 자체가 커서 갖는 이점이나 커뮤니티 시설이 활성화되었다는 점, 관리비가 저렴하다는 점이 있지만, 앞의 2개가 갖는 장점에 비하면 미미하다.

역세권, 직주근접

의외로 필자가 뒤늦게 고려하는 것이 직주근접이다. 오피스텔에 투자할 때는 역세권 350m를 굉장히 중요하게 생각하지만, 아파트 투자에서는 그렇지 않다. 역세권인 것보다 중요한 게 학군이라고 앞서 언급했다. 아빠가 출근길 도보 이동시간이 5분 더 걸릴지언정 초품아가 더 중요하다. 아파트는 철저히 여성, 아동, 가족 중심적으로 생각해야 한다. 하지만 아예 역이 없는 것은 좀 곤란하다. 마을버스를 타고 한참을 가야 지하철역이 나온다면 매수가 망설여지는 것은 사실이다. 서울은 자가용으로 이동하기에는 교통체증이 심하고, 주차도 어렵다. 더군다나 지하철은 날씨와 상관없이 '정시성'을 보장해주기 때문에 아주 중요한 대중교통 수단이다. 필자가 직주근접을 이유로 개인적으로 좋아하는 지하철 노선은 2, 9호선과 신분당선이다.

부산과 대구에서도 지하철은 마찬가지로 중요한데, 아무래도 서울보다는 중요성이 떨어진다. 대전과 광주에서는 지하철이 거의 무용지물(?)이다. 필자도 서울에서 대전으로 내려오면서 대전 지하철을 몇 년간 이용해본 것이 손에 꼽는다. 그 이유는 대전과 광주는 공통으로 1개 노선밖에 없다. 지하철역도 많이 없고, 지하철을 타고 갈 수 있는 곳도 별로 없기 때문에 자가용 이용 비율이 압도적으로 높다. 다만, 앞으로 광주나 대전도 2개 호선이 되면, 역세권이 중요해질 것이다.

지하철 교통 호재를 노리고 투자하는 사람도 많다. 수요와 공급이 가장 기본이지만, 착공된 호재는 진짜 호재라고 본다. 단, 무작정 인터넷

기사나 블로그만 보고 투자하는 것은 절대 금물이다. 철도가 어떻게 계획되고 착공되어서 준공까지 이루어지는지 그 전 과정을 국토교통부 공무원 못지않게 정확하게 알고 있어야 한다. 다행히도 우리나라 전국 철도의 공정을 자세하게 설명하는 홈페이지가 있다. 철도 덕후(?)들이 만든 곳으로 '미래철도DB(http://frdb2.ivyro.net)'에 가면 철도가 어떻게 지어지고, 현재 전국 노선은 얼마만큼 진행되고 있는지 굉장히 자세하게 나와 있다. 일반인들은 복선전철 단선전철의 차이를 모르지만, 철도 동호회인들이 작성한 것이기에 이런 것들이 아주 자세히 나와 있다. 그래서 교통 호재를 노리고 투자할 때, 부동산 카페나 블로그에 휘둘리지 않고 담담하게 팩트를 체크하기 좋은 곳이다.

신축 + 지상에 차 없는 아파트

새것을 싫어하는 사람은 없다. 새 자동차의 새로운 옵션이 좋듯이 새 아파트도 대부분 더 좋다. 예전에 지은 집들이 더 튼튼하고 하자가 없다는 말은 신축에 한번 살아보면 동의하기 어려울 것이다. 필자가 신축 아파트에서 가장 부러운 것은 지상에 차가 안 다니는 것과 주차 대수, 지하 주차장이 엘리베이터로 연결된 것이다. 구축 아파트 내부 인테리어는 돈을 들이면 얼마든지 호텔처럼 할 수 있다. 하지만 주차 대수라던가 주차 방식은 리모델링 단지가 아니고서는 바꾸기 힘들다. 그래서 신축이 부럽다. 하지만 신축도 언젠가는 구축이 된다. 그러나 입지는 낡지 않는다. 입지가 우선이다.

지상에 차가 안 다니는 것도 결국 아이의 안전과 직결된다. 필자도 자녀가 킥보드나 자전거라도 타면, 아파트 주차장에 풀어놓기 겁이 난다. 너무 빨리 달려 사고라도 날까 봐 걱정되고, 행여나 비싼 고급외제차를 긁을까 봐 겁이 나서 매번 따라다녀야 한다. 하지만 지상에 차가 다니지 않는다면, 말 그대로 킥보드와 자전거를 마음껏 탈 수 있다. 결혼하기 전에는 보이지 않던 부분이다. 상대적으로 자녀가 있는 기혼자들이 아파트 투자에 유리한 이유가 수요자의 입장을 잘 알기 때문이다. 아파트는 이렇게 자녀를 키우는 엄마의 마음으로 골라야 한다.

4세 이하 영유아는 감기에 수시로 걸리는데, 감기라도 걸리면 등원을 중지하고 간병을 해야 한다. 맞벌이 부부라면 연차를 내야 할 것이다. 지하 주차장이 바로 연결되었다면 4세 이하 자녀를 키우기 너무 편리하고, 비 오는 날에도 너무 좋다. 추운 겨울날이나 비 오는 날, 자녀에게 다시 외투를 입히고 집에 와서 벗기는 수고스러움을 덜 수도 있고 감기도 덜 걸릴 것으로 생각한다. 비가 오는 날 차에서 내릴 때, 잠든 아이를 안고 한 손에 우산을 들고 올라가본 경험이 있는 사람이라면 누구나 공감할 것이다. 구축 아파트에서 유모차를 한번 밀어본 사람은 얼마나 불편한지 잘 안다. 집에서 유모차를 태워서 이동하고, 지하 주차장 입구에서 접은 뒤 계단에서는 손으로 들고 가고, 지하 주차장에서 도로 펼쳐야 한다. 하지만 신축 아파트라면 바퀴로 한 번에 이동할 수 있다. 필자가 바라는 신축은 딱 이 정도다. 2010년 이후 아파트만 하더라도 대부분 이 정도는 갖춰져 있다.

평지

'브역대평신초'라는 공식을 필자가 처음 접한 곳은 부산 부동산 카페다. 부산(釜山)은 지역명에서 알 수 있듯이, 산 같은 언덕이 많은 도시다. 그러다 보니 평지에 대한 가치를 더 쳐주는 것 같다. 필자의 친척분이 대전에 오래 살다가 부산으로 이사를 갔는데, 대전이 평지라서 매우 살기 좋았다고 이야기한 것이 기억난다. 평지는 산소와 같은 존재다. 있을 때는 그 존재를 모르다가, 없으면 너무 불편하다. 유모차나 휠체어를 밀 때 평지에서는 아무런 불편함이 없지만, 조금이라도 경사진 곳에 들어서면 힘이 든다. 아이들이 킥보드, 자전거를 탈 때 내리막이라면 자동차와 사고의 위험도 크다. 앞으로는 노인 세대가 늘어 전동휠체어를 타고 다니는 사람들이 많아질 것이기에 평지의 중요성은 더욱 커질 것 같다. 그리고 개인적으로 투자하기에도 평지가 낫다고 보는 이유가 나중에 재개발·재건축을 하더라도 토목비용이 달라지기 때문이다. 행여나 암석이라도 발견되면 토목비용이 증가해 고스란히 사업비의 증대로 이어질 것이라고 보기 때문에 잠실같이 드넓은 매립지, 평지를 개인적으로 선호한다.

브랜드

필자가 가장 마지막으로 따지는 게 브랜드다. 아무래도 남성 투자자라서 그런 것도 있는 것 같다. 가격만 괜찮으면 되었지, 브랜드가 뭔 소용이냐는 생각이다. 하지만 잊지 말자. 아파트는 여자가 고른다. 실제로 부동산 카페나 주변 지인들의 생각을 물어보면 '브랜드'는 신뢰도에서 큰 믿음을 준다. 그 브랜드가 주는 이미지, 느낌, 디자인, 신뢰도가 있다. 같은 건설사 안에서도 보급형·하이엔드형 브랜드로 나뉘기 때문이다. 그래서 '브랜드아파트'에 산다는 자부심을 입주민들이 갖게 한다. 재미있는 것은 지역마다 선호하는 브랜드가 다르다는 것이다. 서울은 래미안, 부산은 롯데캐슬, 대전/전라권은 아이파크를 선호한다.

하지만 필자는 이 모든 것들이 마케팅인 것을 알기 때문에 별로 신경 쓰지는 않는다. 설계는 어차피 조합이나 시행사에서 하고 건설사만 대기업 건설사인 것뿐이다. 동대문 시장에서 질 좋은 옷을 사서 상표 갈이, 태그(tag) 갈이를 하고 백화점에서 팔면 사람들이 더 비싼 값을 지불하는 것과 같은 원리다. 어차피 브랜드아파트라고 해서, 대기업 직원들이 짓는 것이 아니고 하청의 재하청을 통해서 외국인 노동자들이 짓는 것이 현실이다. 결국 난생처음 보는 건설사나, 현대건설에서 지으나 똑같은 노동자가 짓는다는 이야기다. 기왕이면 다홍치마라고, 비브랜드보다는 브랜드가 낫지만, 투자의 필수 조건은 아니라고 생각한다.

정리

지금까지 언급한 내용을 순서대로 정리하면 '초품아 = 대단지 > 역세권 > 신축 > 평지 > 브랜드'순으로 중요하다. 대단지와 초품아는 둘 다 중요하고, 고민이 되는 부분이다. 그만큼 이 2개가 갖는 매력은 강력하다. 대단지이기에 환금성이 좋으면서, 동시에 초품아라서 매수 대기도 있기 때문이다. 가장 좋은 것은 대단지이면서 초품아를 사면 되지만, 그런 것은 이미 비싸다는 단점(?)이 있다. 좋은 만큼 이미 가격에 반영되었다는 뜻이다. 그래서 필자가 강조하는 것이 아파트는 타이밍이 더 중요하고, 어떤 단지를 살지 모르겠다면 평당가격이 가장 비싼 아파트에 투자하라는 것이다. 그렇지만, 그중에서도 고민된다면 앞에서 이야기한 것과 같은 순서대로 아파트 단지를 줄 세워 골라보자.

25

용의 꼬리보다는
뱀의 머리

우리는 살면서 수많은 선택의 갈림길에 선다. 예를 들면, 소나타 최상위 트림과 그랜저 깡통 옵션이랑 가격이 비슷하다. 그렇게 "소나타 풀옵션에 몇백만 원만 더 보태면 그랜저 최하위 트림이잖아?"라는 고민은 무한루프의 굴레에 갇힌다. 1급지 C급 아파트와 2급지 A급 아파트 중 어떤 곳에 투자해야 할까? 예를 들면, 강남구 꼴등 나 홀로 아파트(용의 꼬리)와 강동구 1등 신축 대단지 대장아파트(뱀의 머리)의 가격이 똑같다면 어떤 것을 선택해야 할까? 투자에서만큼은 뱀의 머리가 낫다고 생각한다. 이유는 수익률보다는 환금성이 중요하기 때문이다. 덜 먹어도 좋으니 팔고 싶을 때 팔리는 아파트가 더 좋다. 왜 뱀의 머리가 더 환금성이 좋다는 것일까?

주변을 못 떠나는 심리

그 전에 설명해야 할 대중심리가 있다. 일반인들은 대개 자기가 살던 곳을 쉽사리 떠나거나 시야를 외부에 두지 못하는 성향이 있다. 예를 들어, 상경해서 처음 자리 잡은 곳이 대학교 근처인 관악구 신림동이라고 하면, 학교를 졸업하고 취업을 했음에도 불구하고 (신림동에 살 이유가 없는데도) 그곳에 쭉 거주하려고 한다. 여러 가지 이유가 있겠지만, 새로운 곳으로 떠나는 것에 대한 두려움도 있고, 인간은 본래 정착하려는 성향이 있기 때문이다. 그래서 《부의 본능》에서는 첫 신혼집이 작더라도, 좋은 동네에서 시작하는 것이 좋다고 말하는데, 실제 경험을 해본 필자도 100% 동감한다.

차라리 1인 가구들은 그래도 짐도 별로 없고, 마음만 먹으면 가볍게 떠날 수 있는데, 아이가 있는 가정은 이야기가 다르다. 정착하려는 인간 심리를 떠나서, 자녀 교육을 위해서도 떠나지 못한다. 아이가 어린이집에라도 들어가면 그때부터 친구가 생긴다. 어린이집 친구와 친해져서 친구 부모와 육아 동지도 되고, 주말이면 같이 키즈카페라도 놀러 간다. 자녀들이 커감에 따라 이런 것들이 더욱 심해지고, 혹여라도 초등학교를 입학하게 된다면 그 뒤로는 거의 그 동네에 살 가능성이 커진다. 어느 유치원이 좋고, 어느 학원이 안 좋은지에 대한 정보를 이미 습득했는데, 새로운 곳으로 이사 가면 모든 것을 다시 시작해야 하기 때문이다. 자녀 입장에서도 점점 성장할수록 교우관계가 인생에서 차지하는 비중이 높아지기 때문에 함부로 이사 가기가 어려워진다. 사춘기 자녀라면 더더욱 그렇다.

뱀의 머리가 더 좋은 이유

희소성이 곧 높은 프리미엄을 만들어낸다. 인간은 가지지 못한 것에 대한 굉장한 소유욕을 갖고 있다. 다이아몬드와 돌멩이는 똑같은 광물이다. 하지만 다이아몬드는 희소하고, 돌멩이는 흔하다. 그래서 투명한 돌멩이인 다이아몬드에 비싼 값을 지불한다. 아파트 투자에서도 마찬가지다. 2급지에서도 그 동네에서 제일 부유한 사람들이 모여 사는 A아파트가 있다고 하자. 그러면 A아파트 자체가 하나의 브랜드가 된다. "나 A 아파트 살아"라고 이야기하면 더 이상 긴말이 필요 없는 것처럼 말이다. 대개 그런 아파트는 늘 수요자가 있다. 동네 수준보다 가격이 비싼 아파트지만, "이 가격에만 근접하면 진짜로 사야지"라고 생각하는 희소성에 대한 대기 수요가 있다. 사실 그 돈이면 더 상급지 다른 아파트도 살 수 있지만, 앞서 설명한 '살던 곳을 못 떠나는 심리'가 있기 때문에, 어차피 그 동네 사람들은 다른 곳 시세는 신경 쓰지 않는다. 자녀 학군이나 생활환경은 그대로 두고, 내 거주지만 업그레이드할 수 있기 때문이다.

2급지 A급(뱀의 머리)은 더 늦게 오르고, 더 적게 오를 수 있다. 하지만 환금성에서는 1급지 C급(용의 꼬리)보다 더 뛰어나다. 실제로 필자가 사는 지역의 아파트 가격이 급락하자 가장 먼저 체크했던 게 필자 동네의 A급 아파트였다(참고로 이 아파트는 서울 30평대 아파트 중위가격과 똑같다). 동네 지인들을 만나면 그 아파트 가격이 늘 입에 오르내린다. 그만큼 동네 사람들의 관심사인데, 같은 동네 C급 아파트는 시세가 얼마인지조차 모른다. 관심이 없어 조회해보지 않았기 때문이다. 거꾸로 A급 아파트는 늘 시세 확인을 하기 때문에 여차해서 급매가 나오면 매수자가 붙어 거래가 되기도 했다.

실제 사례로 비교해보자. 서울 강동구 암사동의 명덕초등학교에 보내는 아파트는 고덕래미안힐스테이트2단지(A급)와 강동롯데캐슬퍼스트(B급) 강동현대홈타운(C급)이 있다. 호갱노노 앱은 '거래회전율' 정보를 제공하는데, 30평대 기준, 고덕래미안힐스테이트는 7.2%, 강동롯데캐슬퍼스트는 5.9%, 강동현태홈타운은 5.2%의 거래회전율을 보여준다. 세대수 대비 거래량 비율을 보여준 것인데, 환금성도 선호도 순서대로 좋을 것을 볼 수 있다. 실제로 고덕래미안힐스테이트는 동네에서 '고래힐'이라는 하나의 브랜드가 되어 있다(1급지 C급 아파트와 2급지 A급 아파트를 비교하고 싶은데, 과거 15억 원 대출 규제나 토지거래허가제 등으로 인해 동일선상에서 비교가 어려운 점이 있다). 2022년 11~12월에 거래절벽이었던 것을 감

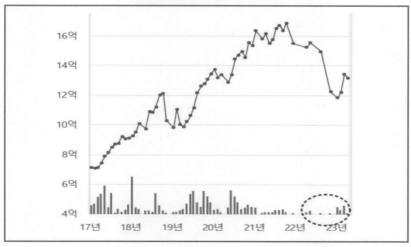

| 고덕래미안힐스테이트 거래량 |

출처 : 아파트실거래가앱

안해도 실거래가 여러 건 일어난 것을 보면 그 동네 대장아파트는 가격만 낮추면 대기수요가 있다는 것을 사례로도 알 수 있다.

위기에 강한 부동산

필자는 환금성을 가장 중요하게 생각한다고 책 전반에 걸쳐서 여러 번 강조한다. 환금성이 좋은 부동산이 곧 위기에 강한 부동산이라고 생각한다. 수익률은 더 낮을 수 있어도 위기에 강한 부동산을 매입해야 한다. 거래가 힘들 때, 급매로라도 팔리는 자산이 좋은 자산이다. 갭을 좁혀서 장부상 수익률은 높일 수 있을지 몰라도, 팔리지 않으면 흑자도산의 위험성이 있다. 똑같은 아파트라는 종목을 선택하더라도 뱀의 머리를 선택하면 조금 더 안전한 투자가 가능하다.

수익률 640% 투자 사례 :
소액 투자의 정석

2019년 말 필자는 전북 전주시 아파트에 투자했다. 굉장히 외로운 투자를 했는데 결론적으로 괜찮은 수익을 내고 나왔던 경험을 독자 여러분께 공유하고자 한다. 전체 과정을 보면서 앞에서 이야기한 내용을 복습할 수 있다. 넓은 범위에서 점점 대상을 좁히는 과정도 눈여겨보길 바란다.

전주에 왜 투자했는가?

전주시에 투자한 이유는 간단했다. 첫째, 입주 물량이 부족했고, 둘째, 현재 가격이 많이 오르지 않았고, 셋째, 매매가는 장기간 보합 상태였으나 전세가격은 지속해서 올라 전세가율이 굉장히 높아서 소액 투자가 가능한 상태였기 때문이다. 입주 물량부터 살펴보자. 전주시의 입주 물량은 다음 그래프와 같이 당장은 많아도, 2020년을 기점으로 입주 물량이 확연히 줄어드는 것이 굉장히 매력적인 부분이었다. 당시 통계는 없지만, 전세 매물이 적은 것도 갭 투자하기 매우 좋은 환경이었다. 필자가 중요하게 생각하는 것은 합리적인 가격이다. 윗급 도시인 대전이 오르고, 비슷한 인구수 청주가 상승하는 것을 보고 전주의 가격이 저렴하다고 느껴졌다. 장기간 보합과 하락을 거치면서 바닥이라는 확신이 들었고, 바닥에만 잡을 수 있다면 큰 리스크가 없었다.

┃ 전주시 매매·전세와 입주 물량 그래프 ┃

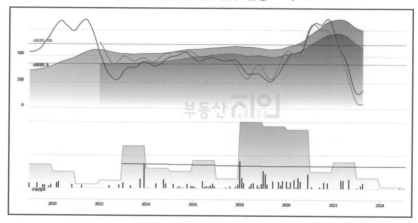

출처 : 부동산지인

어디에 투자할 것인가

전주는 크게 덕진구와 완산구로 나뉘어져 있다. 핫한 지역은 에코신도시와 혁신도시, 그리고 바둑판식으로 되어 1기 신도시 느낌이 나는 서신동, 중화산동 지역이 있다. 에코와 혁신 중에 필자는 혁신도시를 더 좋게 보았다. 그 이유는 입주가 마무리되었고, 혁신도시 일자리와 함께 도시가 형성되었고, 고등학교 학군까지 잘 구성되어 있기 때문이다. 집값은 에코가 더 높았지만, 미래성은 혁신도시가 더 좋다고 보았다. 제1투자 지역으로 혁신도시를 택했고, 제2투자 지역을 물색했다.

전주시의 학원가는 중화산동이 으뜸이다. 지방일수록 직주근접보다 학군이 더 중요한데, 지하철이 없고 교통체증이 심하지 않은 전주시도 그럴 것이라고 보았다. 자녀교육은 대체가 안 되지만, 교통체증은 아빠가 길에서 30분만 더 고생하면 된다. 전주의 부자들이 모여 사는 아파트는 서부신시가지 아이파크지만, 학군으로 따지면 한들초등학교가 더 낫다고 보았다. 한들초-서신중-특목고로 이어지고, 많은 학원이 한들초와 서신중 사이에 위치했기 때문이다. 학원가를 알고 싶다면 '수학학원'이 많은 곳을 찾자(왜냐하면 상위권에 진입하려면 수학이 뒷받침되어야 하기 때문이다).

| 서신중 - 한들초 사이에 위치한 '수학학원' 검색 |

출처 : 네이버지도

어떤 아파트에 투자할 것인가

한들초등학교 학구도 내 아파트는 코오롱하늘채와 현대에코르가 있다. 똑같은 전용 84m^2 기준으로 코오롱하늘채가 가격이 더 비쌌다. 처음에는 이해가 가지 않았는데, 현대에코르는 우리나라 사람들이 선호하는 정남향, 판상형 아파트가 아니었다. 사실 더 큰 이유는 코오롱하늘채가 갖는 '희소성'에 있다. 코오롱하늘채는 대형평수와 30평형으로 이루어진, 그래도 좀 여유 있는 사람들이 거주하는 곳이기 때문이다. 중화산동 코오롱하늘채 자체가 전주에서는 하나의 브랜드이다. 그래서 환금성을 위해 에코르보다는 코오롱하늘채를 선택했고, 실제로 매도할 때도 그래서 쉽게 팔렸다고 생각한다. 매도자가 일시적 1가구 2주택 비과세 때문에 내놓는다는 사정을 알고서는, 며칠 내로 잔금을 치르는 조건으로 엄청나게 많이 깎아서 매수했다. 매도자는 거부할 수 없다. 이 매물을 그 가격에 팔지 않으면, 세금이 수천만 원이 부과될 수 있기 때문에 깎아서라도 파는 게 낫기 때문이다. 세금을 잘 알아야 상대방의 패까지 읽을 수 있다.

2019년 가을, 30살쯤 되어 보이는 젊은 외지인이 갭 투자를 하러 전주시에 오니 전주시 공인중개사들은 의심의 눈초리로 "여기에 도대체 왜 투자하는 거냐? 무슨 호재라도 있냐?"고 물었다. 공급이 적고 가격이 싼 게 제일 큰 호재다. 실제로 사고 나서 1년간은 에코, 혁신도시 위주로 오르고 구축아파트는 잠잠했다. 갭 메우기는 시간이 걸린다. 에코, 혁신이 다 오르자 그다음은 서신동, 중화산동의 구축 아파트로 투자자들이 유입되었다. 2020년 말 가격이 많이 오르자 정부에서는 거의 전국의 모든 지역을 조정지역으로 묶었는데, 전주시도 예외는 아니었다. 조정지역에 묶이자 양도세 중과에 매도세가 오히려 더 줄어들어서 매물량이 급격히 줄어들었다.

| 코오롱하늘채 매매 − 전세 그래프 |

2019.11~2021.11 (2년)
매매 +50.53% / 전세 +18.7%

출처 : 호갱노노

2021년 여름, 코오롱하늘채의 매도 물량이 0개인 것을 확인하고 매물을 내놨다. 필자가 가장 좋아하는 것은 이렇게 독점적인 지위에서 투자하는 것이다. 매수할 수 있는 매물은 널려 있고, 전세를 내놓는 사람도 나밖에 없고, 매도자도 나밖에 없다면 수익률은 낮을지언정 투자 난이도가 내려간다. 당연히 얼마 지나지 않아 매수자가 나타나서 원하는 가격에 매도할 수 있었다. 소액으로 투자해서 꽤 괜찮은 수익을 냈던 사례다.

2022년 봄, 많은 전주 시민 또는 젊은 투자자들이 유튜브 채널을 통해 연락을 줬다. 전주시 입주 물량이 앞으로도 적은 것 같아서 투자하려는데 내 의견을 구하는 내용이었다(필자는 혁신도시 아파트도 갖고 있다). 필자는 "No"라고 솔직하게 이야기했다. 5~6월에 대단지 신축 두 군데가 입주를 동시에 하고 있기에 지금 투자하면 전세를 못 맞출 가능성도 크고, 덩달아서 매매가격도 급락할 가능성이 크다고 생각했다. 그보다도 더 중요한 것은 매매가격이 많이 올랐다는 사실이 부담스러웠다. 입주 물량만 적다고 투자에 나서는 것은 위험하다. 가격에 선반영되었을 수도 있기 때문이다. 긴 하락이 지속되어 오르지 않은 자산이 사실 가장 안전하다는 사실을 잊어서는 안 된다. 단, 입주 물량이 마무리되고 나면 전세가격은 오를 여지가 커서 실거주자는 고려해봄 직하다.

세금을 조금이라도 아는 독자라면 '조정지역이라면 다주택자는 양도세 중과일 텐데 어떻게 팔았지?'라는 생각이 들 것이다. 투자자는 세무사보다, 세무 공무원보다 세금을 더 잘 알아야 한다. 조정지역 양도세 중과의 예외 규정이 있는데, 광역시가 아닌, 중소도시이면서 공시가격이 3억 원이 넘지 않는 아파트는 양도세 중과 예외였다. 그래서 에코, 혁신도시에 투자했던 투자자들은 공시가 3억 원이 넘어서 빠져나오지 못했고, 필자는 일반세율로 빠져나올 수 있었다. '소득세법 시행령 167조의3 제1항 제1호' 조문을 모르는 공무원, 공인중개사, 세무사가 많아서 매번 설명하느라 애먹었다.

> 1. 수도권 및 광역시·특별자치시(광역시에 소속된 군, '지방자치법' 제3조 제3항·제4항에 따른 읍·면 및 '세종특별자치시 설치 등에 관한 특별법' 제6조 제3항에 따른 읍·면에 해당하는 지역을 제외한다) 외의 지역에 소재하는 주택으로서 해당 주택 및 이에 부수되는 토지의 기준시가의 합계액이 해당 주택 또는 그 밖의 주택의 양도 당시 3억 원을 초과하지 않는 주택

세무사와 세무 공무원은 세법 전문가이고 그들을 따라갈 수 없다. 하지만 부동산 투자자로서 부동산 세금에 관한 뉴스나 세법 개정안은 꼭 챙겨보고, 유튜브, 서적 등으로 세금 관련 내용을 놓치지 않으려고 노력한다. 투자는 아는 만큼 보인다.

필자가 앞서 이야기한 학군, 대단지, 브랜드, 뱀의 머리와 같은 이야기들이 잘 녹아 있는 투자 사례라서 살펴보았다. 에코신도시, 혁신도시에 밀려 조용한 상승세를 보였지만, 화려해야지만 훌륭한 것은 아니다. 소액으로 큰 수익을 안겨준 투자 사례다.

PART
05

아파트 파생상품

27

아파트도 주식 선물처럼
할 수 있다

현물 같은 기초상품에서 줄기처럼 빠져나온 것을 파생상품이라고 한
다. 이름이 어려워서 그렇지, 예전부터 늘 있던 투자 방식이다. 선물(先
物) 투자가 파생상품 중 하나인데, 미래의 상품가격을 예측해서 미리 가
격을 매기는 방식의 투자 상품이다. 아파트에도 선물 투자 방식이 있는
데, 재개발, 재건축, 분양권이다.

밭떼기

과일 도매인을 하는 지인이 있다. 과일 도매인들은 밭떼기라는 방식
으로 과일을 사 온다. 특정 농가를 지정해서, 그 밭에서 나오는 수확물
에 미리 계약금을 지불해서 선점하는 방식이다. 그해가 흉작일지, 풍작
일지는 알 수 없는 불확실성이 있다. 운이 없으면 태풍이 불어와서 하
나도 수확을 못 할 수도 있다. 이럴 때는 계약금을 포기해버리고, 과수
원은 그냥 밭을 갈아버린다(청산과 같다). 풍작일 때는 계약금보다 훨씬

많은 수익이 나기도 한다. 여기서 머리를 좀 더 굴려보자. 1,000만 원의 계약금으로 A라는 밭을 찜해놨는데, 그해 과일값이 폭등하고 마침 풍년이라서, 2,000만 원이라는 추가 수익이 생길 것 같다. A 밭에서 수확할 권리를 계약금 포함 2,000만 원에 사고파는 것은 어떨까? 이것이 선물 투자 방식이다.

인천의 미두취인소

근대화된 선물 투자 방식은 일제강점기에도 있었다. 일제에 의해 설립된 인천의 미두취인소는 오늘날의 증권거래소와 비슷한 역할을 했다. 몇 개월 뒤의 쌀의 가격이 오를 것을 예측해 미리 선점할 권리를 사고파는 곳이었다. 10%도 안 되는 보증금으로 쌀을 선점할 수 있어 신흥 부자가 많이 탄생했다고 한다. 만약 쌀 가격이 폭락해버리면 10%의 보증금을 포기해버린다. 실제로 거래되는 것은 미두취인소에서 발행한

| 인천 미두취인소 풍경 |

문서가 전부다. 어찌 보면 우리나라 최초의 증권거래소라고 볼 수 있겠다.

　재미있는 것은 인간의 투기 심리가 지금이나 그때나 전혀 변하지 않았다는 것이다. 미두취인소의 90%는 조선사람이었고, 미두 중매점 종업원 출신인 '반복창'이라는 사람은 1920년 자본금 500원으로 한 해 40만 원(수익률 8,100%)을 벌어들였다고 한다. 당시 1석은 30원 정도이니 자본금 500원도 적은 돈은 아니었다. 당시 40만 원은 조선 땅 10대 부자 안에 속할 정도라니 벼락부자가 된 셈이다. 부자 곁에는 미녀가 있는 것은 그때나 지금이나 똑같다. 반복창은 후에 김후홍이라는 조선 제일의 미녀와 결혼했다고 한다. 반복창의 성공신화가 언론에 보도되자 대중들은 부푼 꿈을 안고 미두취인소에 갔지만 90%가 돈을 잃었다고 한다. 이후 반복창마저도 예측이 틀려, 모든 재산을 탕진하고 사기죄로 구속되었고, 이혼을 당하기도 한다. 결국 30세에 중풍이 오고 정신이상으로 비참하게 살다가 40세에 세상을 떠났다고 한다. 투기 대상과 시기가 다를 뿐이지, 비트코인으로 크게 한탕 해보려는 요즘 세태와 크게 다르지 않다고 느낀다. IT 기술이 아무리 발전해도 인간의 본성, 심리는 변하지 않았기에 자산 시장의 고평가·저평가를 만들어낸다. 그래서 투자자는 그 안에서 수익을 낼 수 있다.

아파트계의 선물 시장

　재개발·재건축·분양권 투자의 공통점은 '새 아파트가 될 것이라는 기대감'에 투자를 한다는 것이다. 매매 대상은 낡고 썩은 빌라이거나

40년 된 아파트지만, 새 아파트가 되면 갖게 되는 가치와 이루어질 확률이 곱해져서 가격이 결정된다.

> 거래 가격 = 미래의 새 아파트 가격 × (재개발 / 재건축될 확률)

예를 들어, 대치동에 있는 신축 아파트, 래미안대치팰리스는 30억 원이다. 40년이 넘어 녹물이 나오는 은마아파트는 22억 원쯤 하는데, 래미안대치팰리스와 은마아파트 사이에 있는 2000년식 대치삼성 1차아파트는 21억 원쯤에 거래된다. 우리나라의 아파트는 재건축 기대감에 낡을수록 가격이 올라간다. 22억 원짜리가 재건축되어 30억 원이 될 거라는 기대감이 녹아 있기 때문이다. 반면에 재건축될 가능성이 거의 없는 대치삼성 1차아파트는 제값 그대로다. 대치삼성 1차아파트의 실거주가치인 전세가격은 10억 원 정도 하니 전세가율은 47%다. 은마아파트의 전세가격은 4억 5,000만 원 정도 한다. 이를 통해 은마아파트의 원래 가치를 역산해보면 9억 5,000만 원 정도 하는 것을 알 수 있다.

> 대치삼성 1차아파트 전세가율 = 10억 원(전세가격) / 21억 원(매매가격) = 47%(전세가율)
> 은마아파트의 매매가격 = 4억 5,000만 원(전세가격) / 47%(전세가율)
> = 9억 5,000만 원(매매가격)

단순하게 산술적으로 계산해보자. 새 아파트가 30억 원 정도 하니, 대치동 은마아파트의 현재 가격인 22억 원으로 나누면, 시장에서 은마아파트가 재건축될 확률을 73% 정도로 평가하고 있다는 것을 알 수 있다. 재건축 완화 뉴스가 뜨면 확률이 올라가서 매매가격이 올라가고,

반대의 경우 내려간다. 역산해서 구한 은마아파트의 실제 가치는 9억 5,000만 원 정도지만, 신축이 될 거라는 기대치가 12억 5,000만 원이라는 프리미엄으로 얹혀서 거래되고 있다.

재개발 시장도 위와 비슷하다. 은마아파트가 아니라 은마빌라라고 가정하자. 빌라의 실가치가 2억 원 정도 했다면, 아마 14억 5,000만 원에 거래가 되었을 것이다. 재개발과 재건축을 일대일로 비교하기는 어렵지만, 서초 방배5구역의 프리미엄이 10~15억 원 사이를 왔다 갔다 하는 것을 보면 어느 정도 신빙성이 있다. 분양권은 이미 지어질 것은 기정사실화된 채로 분양가의 10% 계약금만 갖고 미래의 집값을 선점할 수 있어서 레버리지가 상당히 큰 상품이다. 한번 당첨되면 로또 당첨금과 비슷한 차익을 낼 수 있으니 로또청약이라 부를 만하다.

재건축·재개발·분양권. 이 3가지 아파트 파생상품은 한 가지 공통점을 갖고 있는데, 수요자들 대부분이 실거주자하지 않고 투기성이 아주 강한 투자 상품이라는 것이다. 투자자 100%로 이루어진 시장이다 보니 변동성도 아주 커서 하이 리스크, 하이 리턴 상품이다.

28

재건축 투자,
아파트는 아파트다

재건축 투자는 낡은 아파트를 부수고 새 아파트를 만드는 것이다. 앞에서는 단순 산술적으로 재건축 아파트를 분석했는데, 실제로는 대지지분과 용적률, 사업성을 따져보아야 한다. 재건축 투자의 원리와 장단점을 알아보자.

재건축 투자 원리

재건축 투자는 낡은 아파트가 가진 대지지분을 쪼개어서 신규 분양 세대로부터 받은 분양대금을 건축비로 사용해 새 아파트를 만드는 게 핵심이다. 먼저 용적률을 알아야 한다. 용적률이란, 땅을 몇 배까지 활용할 수 있는지 국가와 지자체에서 정한 것이라고 이해하면 쉽다. 예를 들어, 100평인 땅의 용적률이 250%라면 건축면적 250평까지 쌓아 올릴 수 있다. 34평 신축 아파트를 짓는 데 필요한 대지지분은 공급면적을 용적률로 나누면 구할 수 있다. 용적률을 250%라고 가정하면 다음과 같다.

신축 34평 아파트의 요구 대지지분 = 34평 / 250% = 13.6평

신축 34평 아파트를 짓는 데 대지지분 13.6평이 필요한 것을 알 수 있다. 그렇다면 대지지분이 27.2평인 낡은 아파트를 재건축한다면 내가 가진 절반의 대지지분을 내어주면서 한 채를 분양자에게 팔면, 건축비를 충당하면서 동시에 34평 새 아파트를 얻을 수 있다. 재건축 사업성은 결국 분양가격을 높일수록 좋아지는데, 집값이 오르면 분양가격이 높아도 완판된다. 그래서 추가 분담금이니 뭐니 하면서 비상대책위가 생기기도 한다. 결국에는 재건축 투자도 토지의 가치와 관련 있다. 강남구 아파트를 15억 원에 분양하면 너무나 쉽게 완판이 되지만, 강북구에서 15억 원에 분양하면 미달 경쟁률이 될 가능성이 크다.

재건축 투자가 가진 장점

재건축 투자의 모든 원리를 이 책에서 기술하는 것은 부적합하니, 장점과 단점 위주로 알아보고 투자 성향이 맞다면 자세하게 공부해보길 바란다. 재건축 투자는 재개발 투자에 비해 안전한 것이 장점이라고 생각한다. 재개발 투자는 지자체 조례도 복잡하고, 권리기준 산정일에 따라서 입주권이 나오기도 하고 안 나오기도 하는데, 공인중개사들조차 가끔 실수해서 조합원 자격이 없는 소위 '물딱지'에 투자하기도 한다. 그에 비해 아파트는 그런 것이 덜하기 때문에 초보자가 해도 실수할 확률이 낮다.

그리고 결국에는 아파트에 투자하는 것이기 때문에 장점이 많다. 첫 번째로, 시세 파악이 쉽다. 재개발지역은 물건마다 대지지분이 각양각색이고 물건 규모에 따라서 프리미엄도 조금씩 다른 반면, 아파트는 규격화되어 있다. 재개발은 정보의 비대칭성이 크지만, 아파트 투자는 실거래가와 호가가 모두 공개되어 있어 바가지를 쓸 일은 없다. 게다가 KB시세라는 것이 뒷받침되므로 대출도 훨씬 수월하다. 두 번째로, 재건축 아파트는 재건축이 안 되어도 아파트다. 대표적으로 대치동 은마아파트는 재건축 조합이 설립되었다가 해산까지 되었다. 하지만 아파트는 여전히 아파트다. 낡았을 뿐이지, 낡은 빌라나 무허가 주택보다는 훨씬 살기 좋다. 대치동 같이 입지도 좋은 곳이라면 거주 수요는 있다.

그리고 국가나 지자체 입장에서도 낡은 아파트를 그대로 흉물처럼 방치하기는 어렵다. 행여나 그냥 방치했다가 건물이 무너져서 대형 인명사고가 난다면, 재건축을 못 하게 막은 책임을 피하기 힘들 것이다. 국가는 토지를 효율적으로 이용할 의무가 있다. 그렇다고 아파트를 부수고 그 넓은 부지에 빌라를 지을 리는 없지 않은가? 결국 아파트는 재건축이 안 되어도 아파트고, 다시 태어나도 아파트다.

재건축 투자가 가진 단점

재건축은 재개발에 비교하면 우수한 점이 많지만, 일반 아파트 갭 투자와 비교하면 단점이 많다. 재건축은 크게 한 방 먹는 것이라면, 아파트 갭 투자는 잽을 여러 번 날려서 수익을 내는 것과 같다. 은마아파트의 전세가격은 4억 5,000만 원인데, 매매가격은 22억 원이다. 대출 없이 투자한다면 17억 5,000만 원이 필요하다. 새 아파트가 되더라도 30

억 원 정도 한다면, 17억 5,000만 원을 놓고 8억 원을 버는 것이니 수익률은 현저하게 낮아진다. 반면에 전세가율 70%의 갭 투자를 했는데 집값이 30%만 올라도 투자금 대비 수익률은 100%에 달한다. 당연히 대출 없이 전세를 줬기 때문에 이자 납부도 없고, 상대적으로 소액으로 투자가 가능하다.

재건축 수익률 : 투자금 17억 5,000만 원 + 전세가 4억 5,000만 원
→ 8억 원 상승 시 45%
갭 투자 수익률 : 투자금 6억 6,000만 원 + 전세가 15억 4,000만 원
→ 8억 원 상승 시 121%

실제로 재건축 아파트를 투자할 때는 선순위 대출을 최대한 받고, 후순위로 전세를 놓아서 투자금을 줄인다. 그런데 그 선순위 대출의 이자는 무엇으로 충당해야 할까? 월세가 나오는 것도 아닌데 신축이 될 것이라는 기대감에 매달 수백만 원의 이자를 납부해야 한다. 2022년 말, 27억 원짜리 은마아파트에 24억 원의 LTV 88% 대출을 내고, 이자를 감당하지 못해 실제로 경매에 나온 사례가 있다. 채권자가 대부업체라 매달 이자만 2,000만 원씩 나갔을테니 그 공포감은 이루 말할 수 없다.

재건축의 또 다른 단점은 정부 규제의 주 타깃이 된다는 점이다. 주택이고, 투기성이 강한 종목이기 때문에 정부에서 주택가격이 오르면 가장 먼저 꺼내는 카드가 재건축 관련 규제다. 대표적으로 분양가 상한제, 재건축 초과이익환수(재초환) 등이 있다. 새 집은 30억 원이지만 분양가 상한제로 10억 원으로 억누른다면, 조합원이 가져가야 할 수익 20억 원을 청약당첨자가 가져간다. 그래서 조합은 후분양제나, 일대일

재건축으로 맞수를 놓는다(대표적인 사례로 용산 첼리투스가 있다).

그리고 아파트는 결국 주택이기 때문에 재개발보다 불리하기도 하다. 재개발은 빌라뿐만 아니라 토지나 상가 같은 비주택으로 새 아파트를 받을 수 있다. 취득세 중과, 대출 규제, 양도세, 종합부동산세 규제를 교묘하게 피해가면서 새 아파트 투자를 할 수 있는 장점이 있는 반면, 재건축 아파트 투자는 그렇지 못하다.

재미있는 것은, 각자 자기에게 맞는 투자 방식이 있다는 것이다. 재건축 아파트로 처음에 발을 들인 사람은 재건축만 하고, 재개발만 하던 사람은 재개발만 한다. 필자는 갭 투자로 첫발을 디뎌서인지 소액으로 할 수 있는 갭 투자가 성향에 더 맞다. 투자의 정답은 수익이다. 자신이 수익을 잘 낼 수 있는 분야에 투자하면 그만이다.

29

재개발 투자,
하는 만큼 돈 번다

　재개발 투자는 아파트계의 종합격투기 같은 종목이다. 재개발 절차
나 법령에 관해서 알아야 할 것도 많고, 재개발 구역 내 빌라, 토지, 건
물 등 어떤 것으로도 투자할 수도 있고, 그에 따라 적용받는 세금도 다
르다. 본인의 취향에 따라서 난이도도 정할 수 있다. 구역 지정 전에 들
어가면 극악 난이도지만 높은 수익을 낼 수 있고, 관리처분인가 이후
들어가면 쉬운 난이도지만 안정적으로 수익을 낼 수 있다. 재개발 투자
가 무엇인지와 장단점에 대해 알아보자.

　재개발은 낡은 동네를 싹 밀고 아파트로 짓는 것이다. 땅이 부족한
서울에서는 재개발 말고는 새로운 아파트가 들어설 땅이 없다. 낡은
동네는 주로 다세대주택, 단독주택, 무허가주택, 상가건물, 도로 등으
로 이루어져 있다. 재개발은 주로 지자체가 구역을 지정하면 자체적으
로 조합을 구성해서 진행된다. 관련 근거는 '도시 및 주거환경정비법(이
하 도정법)'에 있고, 지자체마다 별도 조례가 근거가 된다. 조례에서 정한

기준에 따라서 누군가는 현금으로 청산당하고, 누군가는 새 아파트를 입주할 수 있는 권리(입주권)를 받는다. 이 과정에서 수많은 반대 세력도 생기고 영화와 드라마 같은 인생사(?)가 펼쳐진다.

| 재개발 5단계 |

재개발은 크게 5개 단계로 나뉘는데, 자기 투자 성향에 맞춰서 난이도를 조절해가면서 투자할 수 있다. 모든 투자가 그렇듯 불확실성이라는 리스크가 제거될수록 가격은 뛰어 오른다. 반대로 이야기하면 불확실성을 안고 초기에 투자한다면 정말 크게 먹을 수도 있다. 구역 지정, 조합설립인가, 사업시행인가, 관리처분인가, 일반분양으로 나눌 수 있다. 구역 지정은 지자체에서 정한 노후도와 평가 기준에 따라 지정한다. 2021년만 하더라도 공시지가 1억 원 이하 빌라 재개발 투자가 극에 달해서 구역 지정도 전에 무지성으로 투자하는 투자자들이 많았다. 꼭 구역 지정이 되지 않더라도 기대감이라든가 시장 분위기에 따라서 투자 수익을 거둘 수 있다. 조합설립인가는 토지 등 소유자의 75% 이상과 토지 면적 50% 이상 토지 소유자의 동의를 얻어 조합 설립을 인가받는 과정을 말한다. 조합장이라는 자리는 수백억 원을 쥐락펴락하는 높은 감투의 자리이므로 이권 다툼도 강하다. 필자가 볼 때는 조합 설립만 되어도 작은 산을 하나 넘었다고 생각하기에 이때 투자하는 것도 적당한 리스크에 적당한 수익을 낼 수 있다고 생각한다.

사업시행인가는 조합이 어떤 시공자와 손잡을 것이고, 이 재개발 구역에 어떤 규모의 주택을 지을 것이며 어떤 대책이 있는지에 관한 내용을 담은 사업계획서를 지자체에 인가받는 것을 말한다. 안전, 환경, 교통, 교육 등 여러 가지 영향 평가를 한다. 이 과정에서도 건설사와 비리 결탁 등으로 인해 조합장이 교체되기도 한다. 관리처분인가는 조합원들의 자산을 감정평가하고 분담금은 얼마인지 통지하는 단계다. 마찬가지로 조합원들은 자신의 자산을 제대로 감정받지 못하거나 막심한 분담금으로 비상대책위원회가 설립되기도 한다(가끔 조합장과의 친분으로 감정평가액이 달라지기도 한다). 하지만 이 관리처분인가 단계만 넘으면 이주 철거, 조합원 동호수 추첨, 착공, 일반분양의 절차만 남아 있다. 사실상 모든 리스크가 해소되었기 때문에 투자금도 많이 들지만, 조금만 기다리면 안전하게 새 아파트의 로얄동, 로얄층을 받을 수 있는 단계다.

하지만 관리처분인가에도 리스크는 존재한다. 장위10구역의 사례를 빼놓을 수 없다. 사랑제일교회의 전광훈 목사는 당초 158억 원에 합의했다가 파기하고, 명도 집행 대상이지만 알 박기를 하며 버텼다. 사실상 모든 리스크가 사라진거나 다름없는 관리처분인가 이후에도 교인들을 동원해 알 박기를 하며 재개발 사업을 지연시켰다. 6번의 강제철거에도 명도에 실패했다. 조합 입장에서는 주택 시장은 침체되어가고, 금리는 높아지고 있는데 시간이 지연되고 있으니, 500억 원을 줘서라도 합의를 해서 내보내는 게 낫다고 판단해 2022년 9월에 합의하고 만다. 500억 원이라는 비용은 고스란히 조합원 650명에게 부담된다. 재개발 사업에는 이렇게 생각지도 못한 별별 리스크가 생긴다.

재개발 투자의 특징

재개발 투자는 공부해야 할 게 많다. 도정법과 지자체 조례를 꿰뚫고 있어야 하고, 입주권을 받을 수 있는 자격이 되는지 꼼꼼하게 따져보아야 한다. 자칫 공인중개사도 실수를 하기 때문에 투자자가 스스로 챙겨야 한다. 때로는 대지지분이 없어도 무허가주택으로 입주권이 나오기도 한다. 여러 가지 방식의 투자도 가능한데, 예를 들어 재개발 구역 내 있는 도로 지분이나 과소 토지를 모아 모아서 $90\,m^2$를 넘기면 입주권을 받을 수도 있다. 방 쪼개기, 지분 쪼개기 등 다양한 수법들이 많으나 이 책에서 다루기는 부적합하다. 공부해야 할 게 많다는 것은 진입장벽을 만들기 때문에 노력하면 추가 수익을 낼 수 있다는 것을 뜻한다. 남들이 생각하지 못하는 기상천외한 투자로 무에서 유를 만들어낼 수도 있다.

비주택으로 아파트 입주권을 받는 것도 가능하다. 지금 같이 주택의 취득세가 무거울 때는 도로나, 상가건물, 나대지가 빛이 난다. 취득세가 4.6%이기 때문이다. 그리고 관리처분인가 이후 건물을 전부 다 밀어버린 멸실 상태가 되면, 그것 또한 나대지로 보고 취득세 4.6%를 적용받는다. 종합부동산세 또한 마찬가지다. 분명 아파트에 대한 투자임에도 불구하고 비주택 투자의 세법을 적용받으니 변종 같은 녀석이다. 또한 양도소득세에서도 입주권을 취득한 지 2년 이상 보유 후 양도하는 경우 일반세율(6~45%)을 적용받는다. 분양권은 60%의 세율을 적용받는 것에 비하면 굉장한 혜택이라고 볼 수 있다. 이렇듯 재개발은 부동산계의 종합격투기 같은 종목이라, 초보자에게는 어려울 수 있어도, 고수들은 큰 수익을 내기도 한다.

양날의 검,
분양권 투자

분양권 투자는 아파트계의 선물 투자다. 계약금 10%로 나머지 90%를 뒤흔드는 하이 리스크, 하이 리턴 투자 방식이다. 때에 따라서 10배에 가까운 수익률을 내기도 한다. 분양권 프리미엄 가격의 등락에 대중들의 관심이 집중되고, 시장 상황에 따라 급등과 급락을 반복한다.

분양권은 이름 그대로 새 아파트를 분양받은 권리다. 재개발이나 재건축은 조합으로부터 '입주권'을 받지만, 일반분양을 해서 탄생하는 권리는 '분양권'이다. 2가지 모두 결과는 새 아파트이지만 어떻게 만들어졌느냐에 따라서 세금도 다르고, 취득 방법도 다르다. 그리고 이 분양권을 사고파는 것을 '전매' 행위라고 부른다. 분양권을 전매해주는 데 '웃돈'이 붙는데, 분양권 가격의 차이를 '프리미엄'이라고 이야기한다.

분양권 투자 방식

　분양권은 일반분양을 통해 탄생한다고 했다. 따라서 처음에는 청약통장을 통해 높은 가점을 가진 당첨자들에게 돌아간다. 이 당첨자들은 분양대금의 10%를 지급하며 정당계약을 하면서 '분양계약서'를 받는다. 이후에는 중도금대출을 실행하면서 분양계약자 명의로 은행대출이 실행되어 조합과 시공사에게 공사대금이 납부되는 형태. 사실상 명의만 빌려줄 뿐, 통장에서 돈이 나가지는 않는다. 그리고 준공되면 나머지 30% 잔금을 치르면서 입주한다. 이때 잔금을 치를 여력이 없는 수분양자들은 분양권을 헐값에 던지거나, 전세 임차인을 구해서 전세보증금으로 잔금을 치르기도 한다. 분양권은 이렇게 '분양계약서' 서류와 계약금 10%와 프리미엄만 왔다 갔다 하면서 미래의 아파트가 거래되니 주식 시장의 선물 투자 방식과 유사하다.

　미분양 난 아파트의 분양권을 투자하는 것을 '줍줍'이라고 표현한다. 주택 시장이 달아오르기 전, 지방 아파트의 분양권을 계약금 3,000만 원으로 '줍줍' 해두었다가 1~2년 뒤 분양 시장이 달아오르면 1~2억 원의 차익을 붙여서 매도하는 형식의 투자가 흔했다. 거꾸로 마이너스피(minus Premium)가 되기도 한다. 2023년 4월, 현재 대구의 분양권은 계약금 10%를 넘긴 마이너스 프리미엄 매물이 지천에 널려 있다. 예를 들어 분양가가 4억5,000만 원인 서대구KTX 영무예다음아파트는 -7,000만 원 마이너스피가 붙어 있다. 이 말인즉슨 매도자가 계약금 10%를 날리는 것은 물론이고 2,500만 원의 웃돈까지 매수자한테 줄 테니 제발 분양권 좀 가져가 달라는 것이다. 선물 투자와 비슷하다

더니, 왜 청산당하지 않고, 돈을 더 주는 것일까?

양날의 검, 레버리지

그 이유는 중도금대출 때문이다. 분양권은 10%의 높은 레버리지를 사용하기 때문에 하이 리턴도 가능하지만, 양날의 검이기도 하다. 중도금대출을 은행에서 실행하면 당장 내 돈이 나가지 않기 때문에, 공짜(?)인 것 같다. 하지만 부동산 계약은 '중도금'이 지불되면 일방적으로 계약을 파기할 수 없다. 수분양자는 잔금을 납부할 의무가 있는 것이다. 만약 잔금을 납부하지 않는다면 어떻게 될까? 중도금대출을 실행해준 은행에서는 수분양자에게 상환 요구를 하게 되고, 일정 기한을 넘기면 '연체'가 되어서 신용불량자가 된다. 분양권만 청산하면 되는 것이 아니라, 사회적으로 파산하게 되는 것이다. 앞에서 예를 든 서대구KTX 영무예다음아파트의 매매 가격은 4억 5,000만 원, 전세가격은 1억 8,000만 원이다. 전세 임차인을 구하더라도 추가로 2억 2,500만 원이 있어야 90% 잔금을 치를 수 있다. 문제는 다주택자라면 취득세만 추가로 5,500만 원가량 들어간다. 그럴 바에는 2,500만 원을 날리는 게 더 현명한 선택일지도 모른다. 독자 여러분은 레버리지가 얼마나 무서운지 알고 투자하시기 바란다.

그런데도 투자자들이 몰리는 것은 분양권은 거래가 굉장히 쉽기 때문이다. 등기된 자산이 아니고, 분양계약서상의 권리만 주고받는 것이기 때문에 '취득세'도 없고, 당연히 '종합부동산세'도 없다. 거래비용은 약간의 중개수수료와 계약금 10%와 프리미엄(웃돈)만 있으면 되고, 복잡한 등기 이전 과정도 없고, 분양사에 가서 도장만 몇 번 찍으면 된다. 거래비용이 낮다 보니 환금성도 좋은 편이라서 초보자가 투자해도 소액으로 큰 목돈을 만질 수 있는 투자처다(그래서 초보자들이 꼭 끝물에 물리기도 한다). 취득세 중과 때문에 투자처를 잃은 다주택자들의 틈새시장 중 하나가 취득세 없는 분양권이다. 그러자 지난 정부는 수도권과 지방 광역시의 아파트 분양권 전매를 아예 금지시켜버렸고, 전북 전주시, 경남 양산시와 같은 중소도시만 가능했다. 최근에 이 규제가 풀려서 서울, 광역시 분양권도 거래가 가능해졌다.

분양권 투자의 단점

계약금 10%로 몇억 원을 벌어들일 수 있다니 솔깃하다. 하지만 정부에서는 이러한 투기 세력을 차단하기 위해 높은 양도세율을 부과한다. 현재 보유기간 1년 미만 분양권은 77%, 1년 이상은 66%를 부과한다(지방세 포함). 예전에는 주택과 같은 세율을 적용받았으나 시장에서 가장 투기성이 강한 상품이기 때문에, 가장 강력한 규제가 들어간다. 참고로, 2022년 12월 21일, 분양 및 주택 입주권의 1년 미만 양도세율은 45%, 1년 이상인 경우에는 일반주택과 동일하게 일반세율(6~45%)을 적용한다는 발표가 나왔다. 언제 적용될지 미지수이지만, 점차 완화되는 추세다.

세금이 너무 무겁다 보니 불법의 유혹이 앞선다. 매도자 우위인 시장에서는 '다운계약서'를 쓰는 것을 종용한다. 다운계약서란, 실거래된 금액보다 계약서상 금액을 훨씬 낮추는 것을 말한다. 그렇게 하는 이유는 앞에서 말한 양도소득세를 내지 않기 위해서다. 예를 들어, 3억 5,000만 원의 분양가격의 분양권이 실제로 4억 5,000만 원에 거래되었지만, 3억 6,000만 원에 거래된 것으로 계약서상에 쓰게 되면 매도자가 내야 할 세금은 단순 계산할 때 7,700만 원에서 770만 원으로 줄어든다. 상승장일 때는 다운계약이 아니면 거래가 안 되니 매수자가 울며 겨자 먹기로 하는 경우가 다반사다. 다운계약이 단속될 경우, 과태료와 세금을 내야 하나 매수인, 매도인, 공인중개사만 입을 맞추면 걸리지 않을 것이라는 안일한 생각 때문에 쉽게 유혹에 빠진다.

필자는 분양권 투자가 그래서 잘 맞지 않았다. 불법적인 것은 어떤 식으로든 나중에 꼭 탈이 나기 마련이다. 지금같이 불황기에는 매수자가 복수(?)한다. 1억 원이나 주고 산 분양권의 프리미엄이 사라져버리면 자진신고를 해서 매도자와 공인중개사에게 과태료와 가산세를 내게 만든다. 매수자 본인은 취득가액이라도 높여 놓아야 나중에 팔 때 양도세를 줄일 수 있기 때문이다. 비슷한 것 중 하나가 전매제한 기간 중 거래하는 '불법전매'인데, 불법전매를 했다면 다시 소유권을 원복해달라고 요청하는 수도 있다. 켕기는 게 있다면 꼭 나중에 탈이 난다. 투자는 100m 달리기가 아니다. 짧게는 30년, 길게는 80년을 해야 할 수도 있는 마라톤이다. 불법 분양권 투자로 쌓은 자금으로 나중에 수십억 원짜리 건물이라도 산다면 국세청 입장에서는 자금의 출처를 물을 수도 있다.

사실 필자가 볼 때 분양권 투자의 가장 큰 단점은 아파트 입주는 한 번에 몰아서 한다는 것이다. 살 때는 프리미엄이 많이 올라 좋았으나 시장이 침체되면, 마이너스피에도 거래가 되지 않는다. 결국 장렬하게 입주장을 맞이하게 되는데, 작게는 300세대, 많게는 9,000세대가 한 번에 잔금을 치러야 해서 전세 임차인이 갑자기 땅에서 솟아오르는 것이 아니기 때문에 구하기 어렵다. 결국 집주인들끼리 경쟁적으로 가격을 낮추게 되면서 초기에 전세를 헐값에 주게 된다. 2023년 3월에 입주한 3,000여 세대 개포자이프레지던스의 전용 $84m^2$의 전세가격은 9억 5,000만 원에 실거래되었다. 임차인 입장에서는 전세 매물이 널려 있어 헐값에 새 아파트를 들어갈 수 있어서 좋지만, 임대인 입장에서는 여기저기서 돈을 구하느라 공포에 가깝다.

분양권 투자는 소액으로 고수익 대박을 칠 수 있는 종목이지만, 한편으로는 쪽박을 치거나 큰 손해를 볼 수도 있는 상품이다. 각종 규제도 심하고, 불법의 유혹도 심하니 독자분들은 조심스럽게 투자를 결정하셨으면 좋겠다.

PART
06

아파트 투자의 미래

지금 아파트 시장은
어디쯤 와 있을까?

지금까지는 이론적인 이야기, 과거 사례로만 이야기해보았다. 하지만 과거 사례로만 공부하면 이미 늦다. 그래서 요즘의 이야기를 해보려한다. 지난 2022년 가을부터 2023년 1월까지는 아파트 투자자들의 침체기였다.

아파트 시장 이상 기류

필자는 2021년 말부터 아파트는 투자 대상으로 고려하지 않고 있다. 이유는 간단한데, 취득세 규제도 있지만, 아파트가 고평가였기 때문이다. 평균적인 직장인, 우리나라 경제 수준을 보았을 때 아파트가 비쌌다. 반면에 빌라, 오피스텔, 다가구주택 같은 자산은 상대적으로 덜 올랐기에, 아파트가 다른 자산군 대비 고평가라고 생각했다. 영원히 오르는 자산은 없다. 2008년에 그랬듯이 언젠가는 고점을 찍고 내려올 것으로 생각했다.

수요가 사라졌다

2022년 봄부터 거래량이 없어지기 시작했는데, 그 이유를 금리 인상으로 보고 있다. 금리가 높더라도 시세차익(기대수익률)이 더 크다면 사람들은 투자를 감행한다. 하지만 기대수익도 높지 않은데, 높은 이자를 지불할 사람들은 투자자가 아닌 실거주자밖에 없다(취득세도 한몫한다). 그런데 아파트 가격의 70%를 대출해준다고 해도 그 이자를 일반 직장인 월급으로 감당하기 어렵다. 예를 들어, 아파트 가격이 15억 원이라고 하면 5억 원 정도를 내 자금, 나머지 10억 원을 3%대의 대출로 30년 만기 원리금 균등분할 상환을 한다고 하자.

15억 원 = 5억 원 자금 + 10억 원 대출 (30년 만기, 원리금균등분할상환)
금리 3%일 때 : 월 4,216,040원 (이자 250만 원, 원금 170만 원)
금리 6%일 때 : 월 5,995,505원 (이자 500만 원, 원금 100만 원)

월 421만 원을 상환해야 하는데 금리가 6%대로 치솟으면 월 600만 원을 납부해야 한다. 아파트가 꼭지라는 느낌도 강한데, 월 600만 원을 내고 실거주를 마련할 용자가 있을까? 기준금리니, GDP니 너무 어렵게 접근하지 않고, 이렇게 일반인 상식적인 수준에서 접근해도 비싸다는 것을 알 수 있다. 애초에 금리가 오르기 전부터 아파트 가격이 너무 비싸서 실수요자들이 많이 사라진 판국에 고금리라는 악재까지 겹쳤다.

2022년 초부터 미국 연방준비위원회의 제롬 파월(Jerome Powell) 의장은 물가를 잡기 위해 금리 인상을 단행할 것이라고 겁을 줬다. 늘 겁을 많이 주기 때문에 큰소리치는 줄로만 알았다. 그러다가 여름부터 0.75%p씩 살인적으로 기준금리를 높이다 보니 연초에 0.25%이었던 기준금리는 2022년 말에는 4.50%가 되었다. 더욱 무서웠던 것은 금리 인상의 끝이 어디인지 모르는 것이다. 그러다 보니 기준금리 인상이 매수자 심리 측면에서 아주 큰 영향을 주었고, 기존 보유자 입장에서도 대출이자로 인해 매도할 만한 압박을 많이 주었다. 수요가 사라진 제일 큰 이유는 상식을 넘어선 금액과 금리 인상 때문이라고 볼 수 있다.

| 미국 기준금리 추이 |

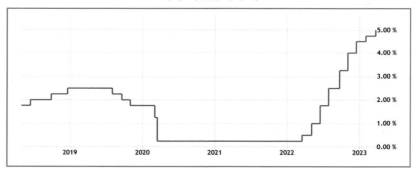

출처 : FRED

수요를 제외하더라도 시중에 돈이 없어졌다는 느낌을 많이 받았다. 체감하는 것이라서 어떻게 수치화시켜서 표현을 해야 할지 모르겠지만, 부동산 거래가 둔화되고, 사람들이 소비를 줄였다. 대표적으로, 길었던 신차 대기가 사라지고, 명품 브랜드 오픈런이 없어졌다. 우연히 신용카드 회사 콜센터 직원과 대화를 나눴는데, 2022년 12월부터 카드 연체율이 급증되고 있어서 많은 분들이 힘들어하고 있다고 한다. 주변 지인들이 고금리에 신용대출을 상환하는 모습과 지역 농협에서 대출을 중단하고 5~6%대 예금 금리 모집하는 것을 보고 내심 큰일 났다고 생각했다. 특판 예금 가입을 위해 노인들이 은행에 줄을 서는 모습을 보면서 유동성이 흡수되고 있다고 체감했다. 시중에 돈이 얼마나 없으면, 토스 뱅크에서는 선이자 지급 예금 상품을 출시했다. 1억 원을 맡기면 1년 동안 받을 이자를 먼저, 즉시 지급하는 것이다(은행은 합법적인 폰지 사기다). 하다못해 자녀 어린이집 식판 설거지 업체에서 뜬금없는 문자를 받았다. "식판 설거지 비용 1년 치 일시납 결제하면 10% 할인." 1금융권인 토스 뱅크도 힘든데, 고금리에 자영업자들은 얼마나 힘들지 이해가 간다.

자본주의는 신용 창출, 신용 팽창으로 먹고사는 사회다. 그러나 영원히 팽창할 수 없다. 대출로 시작한 파티는 반드시 버블이 끼기 마련이며, 이런 버블을 터트리고 가야 다음 파티를 시작할 수 있다. 이렇게 버블이 꺼져가는 과정에서 누군가는 파산하고 힘든 과정을 겪어야 한다. 어쩔 수 없다. 자본주의 시장의 순기능이다. 미국 실리콘밸리은행(SVB)도 파산하고, 스위스 크레디트스위스(CS) 같은 굵직한 세계 은행들이 휘청거리고 있다. 그렇게 시중에 풀렸던 그 많던 돈들이 다 사라져버렸다. 고금리로 인해 있던 대출도 상환해버리면서 유동성이 전부 흡수된 것이다. 그러니 아파트 살 돈은커녕, 카드 대금과 매달 나가는 대출이자 막기에도 급급한 것이다.

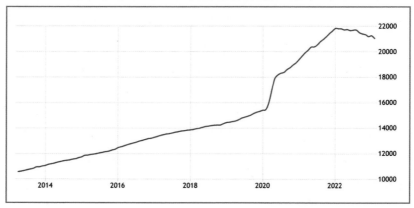

| 미국 M2(통화공급량) 추이 – 코로나로 풀린 유동성이 회수되고 있다 |

출처 : FRED

공급이 늘어났다

윤석열 정부가 들어서면서 취임 전부터 했던 것이 다주택자 양도소득세 중과 완화다. 예전에는 3주택자가 조정지역 내 주택을 팔면 +20%p 추가 과세가 되었다. 당연히 그 세율을 내고 파는 사람은 없었다. 투자자들은 영리하다. 다주택은 영원해도, 정권은 영원하지 않다는 것을 알고 있기 때문에 버텼다. 아슬아슬한 표 차로 정권이 바뀌고 윤석열 정부는 표심에 부응하듯 양도소득세 중과를 없애버렸다. 필자는 이것을 악재로 보았는데, 기존에는 주택을 파는 사람이 1주택자 10명이었다면, 다주택자 양도세 완화가 되면서 매도 대기자들이 튀어나오면서 100명이 된 셈이다. 그러다 보니 매도자들이 마음이 급해진다. 빨리 팔고 싶은 사람은 제일 낮은 가격에 내놓고, 그것을 본 다른 매도자들도 경쟁적으로 가격을 내린다. 문제는 고금리로 수요자가 사라졌는데, 매도자들끼리 경쟁을 하다 보니 가격이 훅훅 내려간다. 가격이 무한정 내려가다 보면 어느 순간 전세가격에 도달한다. 그때부터는 매도자들도 '이 가격에는 안 팔고 전세를 주고 말지'라는 생각이 들 것이다. 그러나 전세 시장은 더 싸늘했다.

시중에 돈이 없다고 했던 이야기를 기억하는가? 전세 시장도 마찬가지였다. 사실 아파트 전세가격을 떠받치고 있었던 것은 전세대출이었다. 신혼부부들은 전세대출을 받으면 전세금의 10%만 갖고 번듯한 아파트에서 신혼집을 얻을 수 있었다. 저금리 시기에는 전세대출 금리가 2%대였기 때문에 아무도 월세를 찾지 않았다. 2022년 10월부터 전세 수요가 사라지기 시작했는데, 금리가 너무 높아지다 보니 전세대출 이자보다 월세가 더 싼 지경에 이르렀다. 월세는 임대차보호법이 있어서 한 번에 5%까지밖에 인상하지 못하는데, 변동금리인 전세대출 이자는 어디까지 치솟을지 모르기 때문에 사람들은 월세 매물만 찾았다. 필자만 하더라도 2022년 봄에 월셋집으로 옮겨가고, 실거주집을 팔아버렸다. 금리 인상과 고점에 대한 인식이 만들어낸 결과다. 결국 금리가 올라간 만큼 비례해서 전세가격도 폭락했고, 집주인들은 전세금을 내줄 여력이 없어서 매도 매물로 내놓기 시작했다. 집값 하락을 저지하던 '전세' 저지선이 무너져가면서 급매가 속출했다.

급매에 급급매

매도도 힘든 상황인데 기존에 있던 임차인이 나간다고 경우는 더욱 큰일이다. 2020년 임대차 3법으로 전세가격이 폭등하면서 전세가격을 높게 맞춘 투자자들이 많다. 현재 전세시세가 2년 전 시세보다 낮다 보니 역전세를 대비할 자금이 부족한 투자자들도 매도행렬에 동참해서 보니 급매에 급급매 물건들이 많아졌다. 최고가 대비 40~50% 정도 빠진 가격에 실거래되었다. 송파구 대장아파트, 잠실엘스는 뷰와 향에 따라서 가격은 많이 차이가 나지만 단순 계산으로 -30%가량 떨어졌다. 2021년 10월, 27억 원에 실거래(한강뷰)되었으나 2023년 1월, 18억 7,000만 원에 실거래(저층)되었다. 서울 강남 3구의 신축이 이 정도니 인천이나 동탄신도시 쪽은 더 심각하다. 강한 힘을 주어서 쇠사슬을 양쪽에서 당기면 '약한 고리'부터 부서진다.

-40%의 법칙

필자가 개인적으로 가진 생각인데, 대부분의 자산군은 -40% 정도 내려오면 한 번은 반등한다. 과거 서울 아파트 시장도 그랬고, 비트코인이나 주식 쪽도 그렇다. 다만 반등 후 우상향한다는 이야기는 아니고 비트코인이나 주식은 휴지 조각이 될 수도 있다. 어찌되었든, 싸다고 느껴지는 사람들이 하나둘 생기면서 반등한다. 더욱이 부동산은 전세 가격이라는 실거주 가치가 있기 때문에 최고가격 대비 -40% 정도 내려오게 되면 실거주자는 매수를 고려해봐도 된다고 생각했다. 2023년 1월, 경기도권 아파트의 호가가 정말 -40~50%가량 내려왔다.

2023년 1월쯤 되니 미국 기준금리가 계속 오를지언정, 시중은행 금리라든가 COFIX 금리는 내려가기 시작했다. 즉, 실제 은행에서 돈을 빌릴 때의 실질 금리는 내려가고 있었다. 시장 참여자들이 '이제는 금리가 고점이구나'라는 인식을 가지게 되었다. 정부에서도 발맞추어

DSR을 보지 않는, 4%대 고정금리 '보금자리론'을 출시했고, 한국은행도 기준금리를 동결했다. 시중은행 전세대출은 5%인데, 고정금리 주택담보대출이 4%라니 실수요자들이 움직이기에 충분한 요인이 되었다. 그래서 설날을 전후로 시장이 반등했다. 정확하게 이야기하면 급매가 모두 소진되었다. 매수자는 예전에 실거래된 급매가격에 사고 싶고, 매도자는 이제 급매가 없고 시장이 반등하는 것 같으니 급매보다는 비싸게 팔고 싶다. 이 글을 쓰고 있는 2023년 4월을 기준으로 다시 매수와 매도자 간의 줄다리기가 시작되었다. 하지만 여전히 수도권 아파트 시장에 대해서는 부정적이다. 덩어리가 큰 실물자산인 부동산은 방향이 한번 정해지면 오랫동안 지속되는 경향이 있기 때문이다. 매수 심리 회복을 위해서는 오랜 시간이 필요할 것으로 보인다.

수도권 아파트
시장의 미래

그래서 앞으로 어떻게 될지에 대해 가장 궁금할 것이다. 결론부터 이
야기하면 몇 년간은 긴 하락의 터널 속으로 들어갈 것이라고 본다. 중
장기적으로 보았을 때 긴 터널이며, 그 안에서 작은 진폭들이 있을 수

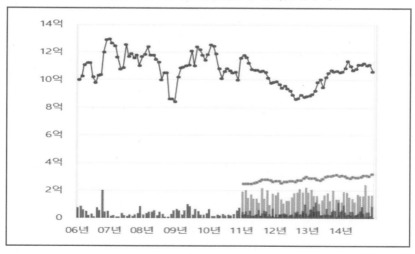

| 2006년~2014년 잠실주공5단지 매매,전세 추이 |

출처 : 아실앱

있다. 2023년 4월 현재 그 진폭 안에 있다는 생각이 든다. 그러나 대세적인 방향성을 보았을 때는 과거 2008년부터 2013년과 같이 대세 하락이라고 생각한다.

데드캣 바운스

고양이는 원래 높은 데서 떨어져도 착지를 잘하는 동물이다. 죽은 고양이는 당연히 착지를 못 하지만, 무게에 의해서 반동으로 살짝 튀어오른다. 그걸 주식 시장에서 '데드캣 바운스(deadcat bounce)'라고 부른다. 지금의 아파트 시장이 반등한 것이 필자는 데드캣 바운스라고 생각한다. 쉽게 말해 일시적 반등이며, 전반적으로 하락하다가 보합할 것이라고 본다. 과거 잠실주공5단지를 살펴보면 서브프라임의 영향으로 2008년 한 해에만 30%가량 하락했다가, 2009년 한 해에는 다시 30% 회복했다. 그 뒤로 2013년까지 내리 하락하면서 2016년이나 되어서야 전고점을 회복한다. 만약 2008년 바닥에 사서 2009년에 팔았다면 30~40%의 세전 수익이 났을 것이고, 2009년에 사서 2013년에 매도했다면, -30%의 손실을 보았을 것이다.

그래도 반등하니 그 안에서 수익을 내면 되지 않느냐고 생각하는 독자들이 있을 것이다. 결론적으로 쉽지 않은 투자 방식이다. 첫째는 바닥을 잡아야 하고, 둘째는 꼭지를 알아야 한다. 게다가 보통 전세는 2년 주기인데, 내가 생각한 절묘한 매도 시기에 마침 임차인이 만기여야 매도가 수월할 것이다. 그리고 양도세의 일반세율은 2년 주기이기 때문에(앞으로 어떻게 될지 모르겠지만), 10억 원을 벌었을지언정 77%의 세금을 내고 팔 용기는 없을 것이다. 결국 '1년만 더 갖고 있어 보자' 하다가 의도치 않게 다시 하락이 찾아오니 못 팔아서 장기 보유하게 된다. 설령 법인으로 단타를 노린다고 해도 애초에 매수·매도 타이밍을 완벽하게 잡는다는 것은 신내림을 받은 무당도 쉽지 않을 것이다.

수도권 하락 요인

여러 가지 근거가 있겠지만 가장 큰 이유는 심리다. −40, −50%로 내려가는 호가를 한번 본 수요자들은 예전처럼 섣불리 매수행렬에 동참하기 어렵다. 한번 꺾인 매수 심리는 본질 가치 이하로 떨어져도 좀처럼 회복하기 어렵다. 필자 주변 지인들만 하더라도 매섭게 하락하는 부동산 시장을 보고, 부동산 투자에 대한 관심이 많이 떨어졌다. 대중심리라는 게 그렇게 무섭다. 인간은 대중 속에 속해 있고 싶어 한다. 친구, 부모, 형제가 "아파트는 이제 끝났어"라고 이야기하면 '잘 모르니깐 그냥 사지 말아야지'라고 생각한다. 본인 스스로 논리적으로 생각해서 대중과 반대되는 행동을 하는 것은 훈련된 전업 투자자나 가능하다. 데이터나 근거도 없이 너무 두루뭉술하게 이야기하는 것 같아 독자들에게 죄송한 마음이 들어서 지난 상승장과 하락장의 기사 헤드라인을 가져와보았다. 빨간색은 상승장, 파란색은 하락장이다. 대중심리라는 것이 이렇다. 차라리 기사 헤드라인과 거꾸로 투자하는 것이 정확도가 더 높다. 대중과 반대로 해야 하는 이유다.

2006. 01. 23. 네티즌 70% '판교 분양 이후 집값 상승', MBN
2006. 12. 31. 중개업자·네티즌 80% '아파트값 더 오른다' … 1분기가 내 집 마련 적기, 한국경제
2007. 12. 31. [2008 부동산 시장 전망] '규제 완화가 가장 큰 호재', 한국경제
2008. 12. 14. 부동산 중개업자 3명 중 2명, '내년 아파트값 하락 예상', 뉴시스
2009. 12. 11. 수도권 거주자 절반 이상 '내년 집값 오른다', 아시아경제
2010. 12. 31. [2011 대전망] '입주 물량 크게 줄어 집값 상승국면 진입', 한국경제
2011. 12. 27. 안정성에 투자 초점 … 수요 탄탄한 역세권 소형 아파트 노려라, 한국경제
2012. 12. 31. 고가 아파트 거래 급감 … 국민 70% "내년 집값 하락", 경향신문
2013. 12. 25. 한국감정원, 전문가 설문 '2014년 아파트값 0.9%·전세 3.2% 오른다', 한국경제
2014. 11. 03. 내년 서울·수도권 아파트값 전망 '現 수준 횡보' 53% – "오를 것" 43%, 문화일보

최명철 작가의 《아파트값 5차 파동》을 보면 시장 환경은 변화해도 인간의 심리는 전혀 변하지 않았다는 것을 느낀다. 1980년대 일어난 일이 2023년에도 펼쳐지고 있다. 아파트로 돈을 벌었다고 하는 이야기가 대중들에 퍼지니, 너도나도 묻지 마 투자 행렬에 참여하고, 결국 그 끝은 폭락이다. 수백, 수천의 경쟁률일 때도 있지만, 언제 그랬냐는 듯이 한순간에 미분양이 나기도 한다. 호모 사피엔스의 심리는 변하지 않았다. 네덜란드 튤립 버블, 프랑스 미시시피 회사 버블, 영국 남해 회사 버블, 조선시대, 일제 강점기, 근현대사를 지나도 투기의 대상만 바뀌었을 뿐 한탕 크게 벌어서 팔자 고치고 싶은 마음과 대중심리에 휩쓸리는 것은 지금과 똑같다. 우리는 똑같은 호모 사피엔스이기에 과거를 답습할 가능성이 크다.

앞으로의 수도권 시장

시장이 하락으로 접어들면 정부에서는 부양책을 펼친다. 필자는 이명박 정부를 주목했는데, 그 이유는 많은 점이 지금과 유사하기 때문이다. 첫째, 진보 정권에서 보수 정권으로 바뀌었다. 둘째, 부동산 상승장에서 하락장으로 흐름이 바뀌었다. 셋째, 세계 경제가 불안하다. 우연의 일치인지는 몰라도 과거와 비슷한 형태로 흘러갈 것 같다. 보수 정권은 필연적으로 주택가격 안정을 위해 규제보다는 많은 완화 대책을 펼칠 것이다. 이명박 정부는 많은 양의 주택공급과 같은, 친시장주의적 정책으로 집값을 안정시켰다(이명박 전 대통령이 건설사 출신이어서 시장을 더욱 잘 알았던 것 같다).

앞으로 윤석열 정부에서 부동산 부양을 위해서 많은 정책을 내놓을 텐데, 과거의 사례에서 크게 벗어나지 않을 것이다. 앞으로 나올 수 있는 정부 대책은 다음과 같다.

> • DSR 대출 규제 완화 또는 폐지
> • 다주택자 전세대출 규제 폐지
> • 취득세 완화(6.4 → 4.6% 또는 1.1%)
> • 조정지역 완전 해제
> • 양도세 완화 또는 비과세

대출 완화 : DSR, 다주택자 전세대출

현재 가장 주택 시장의 발목을 잡고 있는 것은 DSR 대출 규제다. DSR이란, 소득 대비 한 해에 갚아야 하는 부채의 총량을 계산하는 것인데, 기준이 굉장히 타이트하다. 필자도 주택으로 대출받을 생각조차 안 하는 이유가 마이너스 통장 하나만 있어도 만기를 1년으로 보아 대출이 불가능하기 때문이다. DSR 규제가 있는 한 주택 시장은 계속 침체될 수밖에 없고, 경기 침체까지 겹친다면 정부에서는 실물경제 부양을 위해 대출 규제를 풀어줄 것이라고 본다. 이미 9억 원 이하 보금자리론에서는 DSR 규제가 없다. 이와 비슷한 것 중 하나가 다주택자 전세대출 규제 폐지다. 현재 다주택자는 전세대출을 받을 수 없다. 문재인 정부 때 생긴 규제인데, 현재까지 유지되고 있다. 경기 침체와 과도한 집값 하락이 오면 시중에 유동성을 공급하기 위해서 DSR 규제와 더불어서 전세대출부터 완화할 것으로 보인다. 이것들은 입법사항이 아닌, 금융위원회에서 손쉽게 바꿀 수 있다. 하락장이 깊어지면 예전처럼 다주택자들도 80%까지 대출이 되고, '빚내서 집 사라'라고 정부에서 권유할지도 모른다.

하지만 취득세는 이야기가 다르다. 2022년 12월 말, 다주택 또는 법인의 취득세를 6%로 인하하기는 했지만, 아직 현장에서는 12%의 세율을 적용받는다. 취득세 완화는 현 정부의 희망사항일 뿐, 야당의 협조가 없으면 지방세법을 고치기 어렵다. 지방세법 취득세 관련 내용은 2023년 4월 현재, 논의조차 되고 있지 않다. 필자의 개인적인 의견으로는 더불어민주당에서 2024년 4월 총선에 쓸 카드로 아껴두고 있지 않냐는 생각이 든다. 그래서 한동안 중과된 취득세를 내야 하고, 정부에서 제시한 취득세도 이것저것 더하면 6.4%가 되어서 전혀 낮지 않아 부동산 경기에 걸림돌이 될 것이다. 취득세 완화가 되지 않으면 거래량은 더욱 줄어들 것이다. 다주택자들이 움직여야 부동산 거래가 활발히 일어나고 실물경기가 돌아가기 때문에 총선을 앞두고 취득세 완화 카드를 내놓을 가능성이 크다. 참고로 이명박 정부에서도 다주택자 취득세는 4.6%였는데, 이를 완화시키기 위해 노력한 결과가 1~3%다(오피스텔 투자자이다 보니, 주택 취득세가 완화되면 어떡하냐는 질문을 많이 받는데, 4%도 쉽지 않을뿐더러, 지난 오피스텔 상승장에도 오피스텔 취득세가 더 비쌌음에도 더 많이 올랐다. 본질은 가치 대비 싸냐 비싸냐이다).

현재는 강남 3구와 용산구만이 조정지역으로 지정되어 있다. 이 4개의 조정지역이 해제된다면 시장이 완전히 하락으로 접어들었다고 봐도 무방하다. 이때가 되면 많은 이들이 전세·월세만 선호하고, 집을 매도하려고만 하니 전세대란이 일어날 것이다. 준공 후 미분양이 심각해서 건설사가 쓰러지기 시작하면 '양도세 비과세' 카드를 꺼낼 가능성이 있다. 수도권의 전세가율이 70%가 넘어가면서 전세대란이 일어나고, '양도세 비과세' 혜택이 생긴다면 독자들도 주저 없이 아파트를 취득하기를 바란다. 정책은 1970년대부터 지금까지 되풀이되어왔다. 과거만 알아도 미래를 예측할 수 있다.

수도권 전세 시장은 어떻게 될까?

현재는 고금리와 강남권 일부 단지 입주로 인해 전세가격이 말이 아니다. 하지만 필자는 전세 시장은 단기적으로 반등할 것이라 보고 있다. 그 이유는 서울의 입주 물량이 부족한 것은 사실이며, 높은 금리가 정점을 찍고 내려가면서 은행에서 3%대 전세대출 상품을 출시하고 있기 때문이다. 입주 물량이 적은데 어떻게 전세가격만 오르고, 매매가격은 떨어지냐는 의문이 생길 수 있다. 재미있게도 입주 물량과 서울의 매매가격은 정비례하지 않는다. 인구수 2,000만의 수도권을 움직이는 데는 큰 힘이 필요하다. 오히려 시차를 두고 반응하기 때문에 반비례 관계라는 게 더 설득력이 있어 보인다. 서울은 지방과 달리 입주 물량이 매매가에 영향을 미치는 정도가 작다. 이미 지어진 아파트의 양과 비교했을 때 신축 입주량은 정말 미미한 수준이기 때문에 큰 영향을 주

| 서울 입주 물량과 매매·전세 상관관계를 찾기 어렵다 |

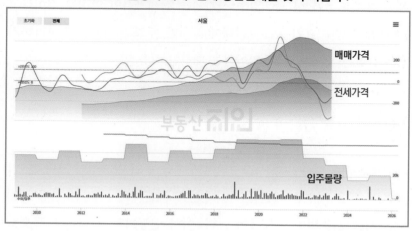

출처 : 부동산지인

지 못한다. 차라리 매도 물량을 1% 늘어나게 하는 게 더 큰 공급량이다. 또는 유동성, 대중 심리, 투자자의 심리가 더 영향을 크게 미친다. 하지만 전세에는 가수요가 없기 때문에 공급 물량과 금리에 정직하게 맞아떨어진다.

3기 신도시의 변수

3기 신도시의 입주가 수도권 시장의 전세가격에 큰 영향이 있을 것으로 본다. 3기 신도시의 입주가 토지 보상도 완료되지 않았기에, 너무나 먼 미래다. 그래서 입주량만으로 매매가격을 지금 예측하는 것은 무리가 있다. 다만, 서울 주변에 신도시는 분명히 전세가격에는 큰 영향을 줄 것으로 본다. 3기 신도시 사전청약 당첨자들은 입주 때까지 무주택 지위를 유지해야 한다. 집을 사면 안 되는데, 수도권 어딘가에는 전월세로 거주해야 한다. 그래서 필자는 3기 신도시 입주 전에 전세대란이 일어나고, 3기 신도시 입주 시기에는 전세가격이 안정될 것이라고 본다. 대외 변수 요인들도 고려해야 하지만, 수도권 아파트에 투자하기 좋은 시점은 '전세대란'이 일어나는 때라는 점을 잊지 말자.

오세훈 서울 시장의 변수

오세훈 서울 시장은 친시장주의적 정책을 펼칠 가능성이 크다. 故 박원순 전 서울 시장은 개발을 막았다면, 오세훈 서울 시장은 한강 르네상스 시즌 2를 벌일 가능성이 크다. 이미 신통기획, 모아타운 등으로 빠르게 입주 물량을 확보하고 있다는 점도 눈여겨볼 필요가 있다. 현

정부와 오세훈 서울 시장의 합작으로 재개발·재건축 시장에도 좋은 날이 올 것이라 생각해서 재개발·재건축도 하락장의 끝에서 투자를 고민해보았으면 좋겠다. 특히 이전 서울 시장 임기 때 재개발 구역에서 해제된 곳 중 노후도가 괜찮은 곳들을 눈여겨보았으면 좋겠다. 필자가 오세훈 시장이라도 책임감과 미안함에 패자부활전에 참가시켜주지 않을까 하는 막연한 생각이 있다. 임기 때 서울 침수가 잦아 오세이돈(오세훈+포세이돈)이라는 별명을 갖고 있는데, 반지하 빌라가 많은 곳도 오히려 역발상으로 좋은 재개발 투자처가 될 수도 있다는 생각이 든다.

33

5대 광역시 아파트
시장 정리

　많은 수도권 투자자들이 지방은 전혀 투자 대상으로 삼지 않는 것을 자주 보았다. 여행 갈 때나 지방 갈 생각했지, 잘 모르는 지방에 투자한다는 것이 무서워서 그랬을 것이다. 필자도 처음에 그랬으나 대전광역시에 살아보니, 여기에도 집이 필요하고 수요와 공급이 있다면 집값의 등락이 있다. 광역시급 도시는 해외 도시와 비교했을 때, 결코 작은 도시가 아니다. 지방도 투자처로 삼으면 수도권 시장이 안 좋을 때, 다른 곳에서 수익을 낼 수 있으니 지방광역시도 투자 대상으로 삼아보자.

　지방광역시는 수요보다는 입주 물량에 굉장히 지배를 많이 받는다는 특징이 있다. 일종의 공식 같아서, 입주 물량이 적다는 것에 많은 투자 수요가 동시에 몰린다. 필자가 중요시하는 전세가율이나 필요 입주 물량은 지역마다 천차만별인데 어떻게 진입 시기를 알 수 있을까? 예를 들면, 대구, 대전의 전세가율은 75%에 육박하지만, 부산은 60%대에 머무른다. 정답은 지역별 지난 상승장의 전세가율을 참고하는 것이다.

특정 지역의 상승 초입 전세가율과 2~3년간의 누적 입주 물량을 참고해두었다가 비슷한 시기가 오면 투자에 들어가면 된다. 지역별 시장을 살펴보자. 모든 그래프는 부동산지인(https://aptgin.com)에서 무료로 조회할 수 있다.

부산광역시

인구수 약 331만의 부산은 2009~2012년, 2014년 6월~2017년 6월, 2019년 9월~2021년 11월이 상승장이었다. 2017년 상승이 지속되자 조정대상지역으로 지정되어서 하락을 맞이했고, 2019년에는 반대로 조정대상지역이 해제되자 억눌려 있던 투자 수요가 폭발되었다. 지난 상승 사이클인 2019년 9월의 전세가율은 70%가량이었고, 입주 물량은 약 33,000세대였다. 대체로 상승기였던 2014~2017년, 2019~2021년에는 입주 물량이 누적해서 줄어들었다는 공통점이

| 부산 매매 전세 그래프와 입주 물량 |

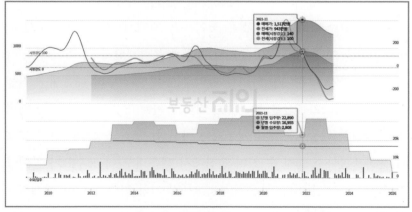

출처 : 부동산지인

있다. 2022년 입주 물량이 피크를 찍고 2023년 23,000세대, 2024년 17,000세대로 급격하게 입주 물량이 줄어드는데, 주요 입지인 해운대구, 수영구, 동래구의 입주 물량이 줄어든다는 부분에 더욱 주목할 필요가 있다. 자세한 내용은 다음 장에서 다루려고 한다.

울산광역시

인구수 110만의 울산광역시는 2017~2019년 동안 하락하는 모습을 보이다, 입주 물량이 줄어드는 2019년과 유동성이 공급되는 2020년에 급등했다. 연도별 입주 물량을 보았을 때, 앞으로도 많은 수준의 입주량은 아니다. 그럼 부산광역시와 광주광역시와 같이 앞으로 흐름이 좋다고 해야 할까? 대체로 나쁜 편은 아니지만, 한 가지 체크해야 할 악재가 있다. 부산광역시 해운대구와 울산광역시가 동해선 광역철도로 2021년 12월에 연결되었다. 신해운대역에서 울산 태화강역까지 51분이 소요된다. 이게 왜 울산 입장에서 악재일까?

울산은 고소득 직장인이 많은 곳이지만, 광역철도로 연결된 부산 해운대구 좌동이나 벡스코역 우동의 학군과 문화생활이 더 뛰어나다. 아파트는 엄마가 고른다는 사실을 기억하는가? 예전부터 해운대구 좌동에는 자가용으로 울산을 통근하는 기러기 아빠가 많았다. 이제는 저렴하고 안전한 대중교통까지 개통되니 아빠만 조금 고생하면 자녀 교육과 문화생활까지 즐길 수 있어 울산에서 해운대구 이사 수요가 늘어날 것이라고 보는 편이다. 부울경(부산, 울산, 경남)의 입주 물량이 전체적으로 부족하다면, 그중 대장격인 부산 해운대구에 투자하는 것이 맞다고 본다. 마치 수도권(서울, 경기, 인천)의 상승이 유력하면, 강남구에 먼저 투자하는 것과 같은 이치다.

| 울산 매매 전세 그래프와 입주 물량 |

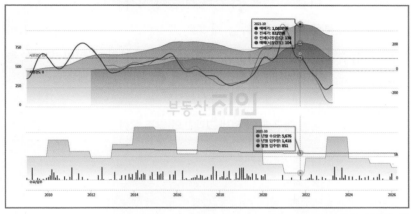

출처 : 부동산지인

대구광역시

인구수 약 236만의 대구는 2009~2015년 여름, 2017년 여름~2021년 여름까지 상승장이었다. 대구와 경북지역은 대체로 전세가율이 70%가 넘는 도시라서 투자금이 상대적으로 적게 들어간다. 지난 상승 사이클인 2017년 7월의 전세가율은 76.5%에 육박한다. 이듬해 입주 물량은 15,000세대 이하로 내려가게 된다. 누적된 입주 물량은 굉장히 많지만, 앞으로 입주 물량이 줄어들 것이기 때문에, 시장에서 이를 선반영해서 시세가 미리 올랐다. 2023년, 현재는 그 어느 때보다 입주 물량이 많은 약 37,000세대가량이라 감히 투자할 엄두가 나지 않는다. 현재 대구의 아파트 시장은 매매와 전세 모두 차갑게 얼어붙었다.

2015년 하락장을 만든 대구의 입주 물량이 30,000세대였던 점을 감안할 때, 예정 입주 물량은 굉장이 많은 편이다. 대구광역시의 진입 타이밍은 2025년 정도로 보이는데, 필자라면 그마저도 시장이 반등하는 것을 확인하고 들어갈 수 있을 것 같다. 반등이 시작될 때, 마지막으로 분양한 아파트 분양권에 투자하는 전략을 생각하고 있다. 왜냐하면 그 아파트가 입주할 때쯤, 전세가율도 올라오고 매매가격도 뒤따라서 오를 것이라 보기 때문이다.

| 대구 매매 전세 그래프와 입주 물량 |

출처 : 부동산지인

대전광역시와 세종시

필자가 사는 인구수 144만 대전광역시는 입주 물량을 세종시와 함께 보아야 한다. 대전 유성구와 인접한 세종시는 영향을 함께 주고받는데, 2012년에 주요 하락을 이끈 요인 중 하나가 세종시의 끊임없는 입주 물량이다. 세종시는 그 어떤 도시보다 미래성이 밝아서 투기성도 강하다. 2020년 여름, 자고 나면 1,000만 원씩 오르던 시기가 있었다. 하지만 급등은 반드시 조정을 가져온다는 점이 여실히 드러난다.

　대전은 2009~2012년에 한 번 상승장을 겪고, 2018년 8월~2021년 10월까지 상승하게 된다. 상승 초입의 대전 전세가율은 80%가량이었다. 오랫동안 신축 공급이 없던 대전광역시는 세종시의 입주 물량에 눌려 있다가, 2019년부터 세종시의 입주 물량이 줄어들자 함께 상승하기 시작했다. 마찬가지로 입주 물량이 줄어들기 1~2년 전부터, 시장에서는 매매가격이 미리 오르는 것을 볼 수 있다. 비록 세종시가 완성됨에 따라서 입주 물량은 마무리되지만, 타 광역시 대비 인구수가 적은 대전시의 향후 입주 물량은 적은 편이 아니다. 당분간은 투자할 마음이 생기지 않는다.

❘ 대전 매매 전세 그래프와 입주 물량 ❘

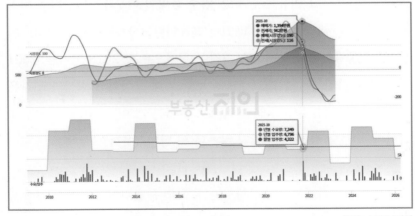

출처 : 부동산지인

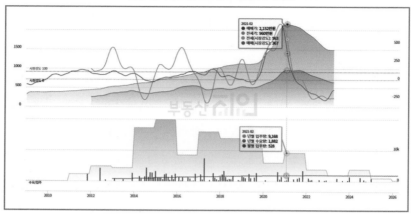

| 세종 매매 전세 그래프와 입주 물량 |

출처 : 부동산지인

광주광역시

인구 142만의 광주광역시는 전세가율도 80%가 넘고 잘 하락하지 않는 지역이다. 그 이유를 꼽자면, 입주 물량이 너무 많지도, 너무 적지도 않게 평균치로 잘 관리되고 있기 때문이라고 볼 수 있다. 2015년 여름, 입주 물량이 부족하니 매매가격이 뛰어오르고, 2018년 가을, 2021년 봄에도 마찬가지였다. 그래프를 보았을 때 우상향의 정석과도 같은 모습을 보여준다. 유일하게 큰 폭으로 떨어진 게 이번 2022년 말의 모습이다. 입주 물량은 아주 많지 않은데 왜 떨어졌을까?

부산과 마찬가지로 광주광역시는 향후 입주 물량이 줄어드는 모습을 보이고 있다. 2020년도부터 서울과 지방이 모두 많이 올랐는데, 2022년 말이 되어서 모두 동시에 하락하는 모습을 보인다. 이는 아파트가 금융화가 되어 있는 반증이기도 하다. 코로나로 인해서 금리를 확 풀어버리자 폭등했다가, 2022년 말 고금리가 되자 수요·공급보다는 코로나 때 풀렸던 유동성이 다시 흡수되는 모습이다. 산이 높으면 골이 깊다.

| 광주 매매 전세 그래프와 입주 물량 |

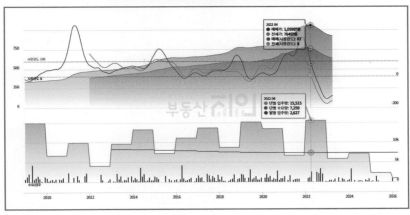

출처 : 부동산지인

결론적으로 부산광역시와 광주광역시는 기회가 많아 보인다. 향후 입주 물량이나 흐름은 굉장히 괜찮은데 일시적인 유동성 축소로 인해 급락한 것이라면, 유동성이 원상복구 된다면 다시 원래 가격으로 회복될 가능성이 크다. 원래 순항해야 할 배가 잠시 태풍을 만나서 휘청거린 것과 같다. 이런 위기가 왔을 때 수요와 공급이 괜찮은 지역에 투자하는 것도 좋은 전략이라고 생각한다. 하지만 대전이나 대구광역시는 이후 입주 물량이 많이 때문에 유동성이 회복되어도 힘들어 보인다.

지금까지 5대 광역시의 입주 물량과 시세를 살펴보았다. 지역 진입 타이밍을 어떻게 보아야 하는지 감이 오는가? 지방은 입주 물량에 큰 영향을 받는다. 입주 물량을 최우선으로 고려하고, 저렴한 가격인지, 전세가율은 적정한지 체크하면 예측 가능한 투자가 된다. 그 외에도 강원도, 천안시, 청주시, 전주시, 창원시 같은 굵직한 도시들을 모두 다루지 못한 것이 아쉽지만, 지면 관계상 독자들의 몫으로 남겨둔다.

34

앞으로 오를
○○시 아파트

앞으로 오를 부산시

수도권 시장과 지방광역시 시장을 살펴보았다. 요약하자면 수도권 시장은 직장인 평균 소득 대비 너무 많이 오른 데다 금리가 오르니 감당할 수 없는 수준의 이자가 되어서 한동안은 고전할 것 같다. 더욱이 쏟아지는 매도 물량에 공급량이 적다고 볼 수는 없다. 눈을 지방으로 돌리면, 부산과 광주광역시가 수요·공급은 괜찮은데, 유동성에 의해서 일시적으로 조정을 받고 있다고 했다. 그중에서도 필자는 부산광역시가 미래가 밝다고 생각한다. 그 이유를 하나씩 설명해보려 한다.

2024년부터 공급 부족

부산의 주요 핵심지는 해수동(해운대구, 수영구, 동래구)이고 남구와 연제구도 그중 하나다. 앞에서 살펴보았듯이 부산의 입주 물량은 2024

년부터 부족하고, 2025년, 2026년에도 감소 추세다. 과거를 살펴보면 2008, 2009년도의 2년 치 합계 입주량은 23,639세대다. 2024~2026년 3년 치 입주 물량은 26,717세대수로, 연평균 입주 물량이 훨씬 적다는 것을 알 수 있다. 부산 자체 입주 물량도 많지 않은데, 다음 그래프와 같이 주요 핵심지인 해, 수, 동, 남, 연의 입주 물량은 동래구 약 5,000세대를 제외하고는 거의 없는 수준이다. 2026년쯤에는 입주 물량 부족을 겪을 것으로 예측한다. 현재 떨어진 것은 시중 유동성이 줄어든 것이지, 부산 시장의 수요·공급 요인을 놓고 보면 하락 요인이 보이지 않는다. 앞에서 서술했듯이 울산의 입주 물량도 부족한데, 울산~부산 간 동해선 개통으로 인해 빨대효과로 부산이 반사이익을 얻을 것으로 본다. 부산 해운대구 센텀파크 1차 9억 원과 울산 문수로 2차아이파크 1단지 9억 원이라면 해운대구를 선택할 사람도 있기 때문이다.

| 부산의 주요구 입주 물량 |

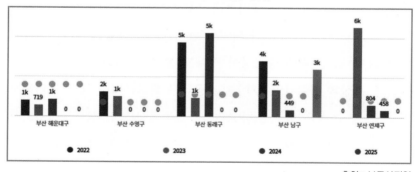

출처 : 부동산지인

서울의 대체 투자처

2009~2012년은 지방이 테마 투자처였다. 왜 하필 2009년일까? 수도권 시장은 굉장히 많이 올랐고, 지방은 전혀 오르지 않았기 때문에 사람들이 저평가된 부동산을 찾아서 지방으로 온 것이다. 서울 사람들은 지방을 잘 모르지만, 부산 해운대와 광안리는 안다. KTX가 개통되면서 누구나 한 번쯤은 관광으로 가본 적이 있을 정도다. 특히나 서울 사람들은 '한강뷰'에 대한 가치를 높게 치기 때문에, 바다가 보이는 부산 아파트를 좋게 볼 가능성이 크다. 더욱이 인구수로 따졌을 때, 지방 5대 광역시 중에서는 그래도 인구수가 가장 많으니 제2의 수도라고 부를 만하다. 실제 2019년 12월, 부산이 조정지역에서 해제되면서 부산 외 거주자가 매입한 비율이 21.9%에 달했다(2017년 12월 9.7%, 2018년 12월 11.6%, 한국부동산원 월별 매입자거주지 통계). 외부에서 유동성이 물밀듯이 들어오니 오를 수밖에 없었다.

결국 서울 투자자들이 서울 아파트를 매도한 돈으로 지방으로 달려간다면, 그나마 인구수가 많은 부산으로 몰릴 가능성이 크다. 2009년과 다른 점이 있다면 그때는 부산이 보합을 유지하고 있던 가운데 상승했다면, 2023년 현재는 고점을 찍고 바닥을 다시 다지고 있어서 2020년 말 가격까지 내려왔다는 점이다(사실 이 글을 쓰고 있는 2023년 4월에도 굵직한 단지들의 급매는 모두 설 이후 거래되고 사라졌다). 수요와 공급은 좋은데, 2년 전 가격으로 되돌아왔으니 매력적이라고 할 수 있다.

제조업에서 해양관광도시로

부산, 울산, 경남은 그동안 2차 산업인 제조업 위주의 산업 형태였다면, 이제는 3차 산업인 문화와 관광 도시로 탈바꿈하고 있다. 북미권에 약 2년 정도 거주한 경험이 있는데, 그때 느낀 것은 살기 좋고, 사람들이 몰리는 도시의 공통점은 해양도시라는 것이다. 따뜻하고, 즐길거리가 많다. 대표적으로 캐나다 밴쿠버, 시애틀, LA, 뉴욕 등은 다들 한 번쯤 문화 관광지로 들어본 적 있는 도시들이다. 이곳들의 특징은 모두 항구가 있어 돈이 모인다는 것이다. 부산광역시 역시 이들 도시와 비교했을 때 부족함이 없다. 우리나라의 수도권 집중화 문제가 심각해서 상대적으로 부산이라는 도시가 저평가받고 있다고 생각한다.

여름에 해운대 해수욕장 인근을 가면 국산차보다 외제차를 더 많이 볼 수 있고, 물가도 강남과 비슷한 수준이다. 광안대교와 광안리 해변 또한 놓칠 수 없는 볼거리다. 사람들이 소비하는 곳에는 돈이 몰린다. 이 돈은 다시 부산 시민들의 통장으로 들어가고, 가계 소득이 늘어나면 주택가격도 뒷받침된다. 매년 부산이 발전하는 것이 눈에 보이는데, 벌써 20년이 넘은 부산국제영화제(BIFF) 덕분에 겨울에도 관광수요를 많이 끌어들일 수 있다. 부산 롯데월드도 개장함으로써 겨울에도 부산을 찾을 수요가 충분하다. TV 프로그램인 〈어서 와 한국은 처음이지〉를 보면, 많은 외국인들이 부산을 관광지로 방문하는 것이 이를 뒷받침한다. 현재 부산시에서, 2030년 등록 엑스포를 적극적으로 유치하고자 노력하고 있어 앞으로 관광 도시로서의 면모를 기대할 만하다.

PART
07

상가와 토지 투자

다 똑같은
상가가 아니다

지금까지는 대중적인 투자처, 아파트에 관해서 이야기했다. 아파트 투자는 전망이 그리 좋지 못하다. 오히려 요즘은, '월세'가 나오는 수익형 상품에 많이들 주목한다. 아파트 역전세를 몇 번 겪다 보니 안정적으로 '월세'를 받는 부동산 투자가 상대적으로 스트레스가 덜하기 때문이다. 이 장에서는 수익형 상품의 대표주자 상가와 토지 투자에 대해서 알아보자.

상가도 다 똑같은 상가가 아니다

지하철역을 나와 길을 걸으면 수많은 상가와 건물들이 보인다. 골목 안쪽으로 들어가보아도 건물들이 가득차 있다. 분명 이 건물들도 하나씩 주인들이 있을 것이다. 그렇다면 세상에 도대체 건물주가 얼마나 많은 것인가? 건물주가 되는 게 일반인들의 꿈이라고 하는데, 도대체 이 많은 건물은 누가 소유하고 있는 것일까? 사실 그 건물은 1명이 소유했을 수도 있고, 주인이 여러 명인 경우도 있다. 이번 장에서는 상가 투자에 관해서 이야기해보려고 한다.

상가는 구분상가와 상가건물로 나누어서 접근해야 한다. 구분상가는 소유권이 구분소유 되어 있는, 다세대주택과 같은 집합건축물이라고 보면 된다. 우리가 흔히 볼 수 있는 아파트 단지 내 상가가 대표적인 구분상가다. 그 외에도 신도시에 있는 ○○프라자 건물은 구분상가일 가능성이 크다. 반대로 상가건물, 즉 근린생활시설 빌딩은 소유권인 단독으로 되어 있는, 다가구주택과 같은 단독주택이다. 회사 사옥이나, 연예인들이 소유한 꼬마빌딩들이 여기에 속한다.

| 위례신도시 구분상가 |

| 한남동 상가건물 |

구분상가와 빌딩 투자는 다르다

구분상가는 월세를 받는 수익형 투자다. 반면 빌딩 투자는 시세차익형 투자에 가깝다고 생각한다. "저는 구분상가로 시세차익을 보았습니다", "저는 빌딩으로 월세 수익을 보고 있습니다"라고 반대의견을 내는 사람도 분명히 있을 것이다. 모두 가능한 이야기이지만 투자 수익률 관점에서 구분상가는 장기적인 월세 수익으로 접근하는 게 유리하고, 빌딩은 짧은 시세차익으로 접근하는 게 유리하다.

구분상가가 수익형인 이유

구분상가는 어지간해서는 시세가 급등하지 않고 천천히 오른다. 수익형 자산의 관점에서 바라볼 때, 주변 상권의 임대 시세가 함께 올라주어야 매매가격도 오르는 것이다. 임대료가 한순간에 2배 가까이 뛰지는 않기 때문에 시세차익형보다는 수익형에 가깝다는 이야기다. 상가의 취득세는 4.6%, 중개수수료는 0.9%다. 상가 수익률이 5% 내외이기 때문에, 첫해의 수익은 모두 국가에 헌납한다고 보면 되겠다. 12개월 수익 중 1개월 치도 임대소득세, 관리비, 중개수수료로 낸다고 생각하는 게 좋다. 거래비용이 적지 않기 때문에 시세차익이 적은데 잦은 거래는 오히려 수익률을 저해한다. 하지만 제대로 된 구분상가를 오랫동안 보유하는 것만큼 무서운 것이 없다. "난 안 팔아도 돼"라고 말하는 장기 투자자가 제일 무섭다.

72법칙

72법칙은 복리로 원금의 2배가 되는 수익률을 빠르게 계산하는 방법이다. 72를 수익률로 나누면, 몇 년이면 복리로 원금의 2배가 되는지 알 수 있다. 수익률 6%인 상가를 예를 들면,

> 72 / 6(%) 수익률 = 12(years)

복리로 12년이면 원금을 회수한다. 수익률이 8%이면? 72 / 8% = 9. 즉, 9년이면 복리로 원금을 회수한다. 이 공식을 지금 언급하는 이유는 수익률 6%의 상가를 가지고 있으면 12년이면 복리 월세만으로 원금을 회수하고, 매입가격에만 매도해도 2배의 수익을 얻을 수 있다는 것을 알려주고 싶기 때문이다. 구분상가는 대개 상가건물 투자보다는 수익률이 높다. 그래서 높은 수익률로 장기 보유하는 경우 크게 위험할 게 없는 안전한 투자다(다만, 신축 분양상가와 같이 비싸게 사면 의미가 없다).

상가건물은 시세차익형인 이유

건물을 사면 등기부등본이 2개다. 건물에 대한 것과 토지에 대한 등기부등본이 있다. 상가건물은 땅을 사는 것이다. 땅을 샀는데, 땅 자체만으로는 돈을 벌어오지 못해서 매달 수익을 내지 못해 이자를 낼 수 없다. 그래서 그 땅 위에 건물을 지어서 월세를 받아서 이자를 내는 것이다. 쌀이나 고구마, 감자가 나오는 전, 답이 아니라면 토지는 시세차익형 투자다. 누군가 상가건물을 샀다고 하면, 그것은 토지를 산 것과

마찬가지다. 그래서 상가건물은 수익률이 구분상가에 비해 형편없고, 강남 건물이라면 이자도 못 낼 수준의 월세가 나온다. 오히려 좋은 지역일수록 수익률이 떨어지는 이유는 '기대 시세차익'과 '환금성'이 가치로 녹아 있기 때문이다.

시세차익형 투자에서 중요한 것

흔히 말하는 "싸게 사서 비싸게 팔아야 한다"라는 말은 2가지를 내포하고 있다. 첫째는 사고 나서 많이 올라야 하고, 둘째는 이 시세차익을 누리려면 팔려야 한다는 것이다. 다시 말해서, 원하는 시기에 현금화할 수 있어야 한다. 시세차익형이라면 상가건물이든, 아파트든 이 2가지가 가장 중요하다. 어차피 월세 수익률은 형편없는데, 비싸게 팔지 못하면 아무 소용이 없다. 시세가 많이 올랐다고 해도 현금화를 하지 못하면 흑자도산 할 수도 있다.

건물을 사는 게 곧 토지를 사는 것이라면, 결국 이 2가지 관점에서 접근하면 된다. 첫째는 토지의 가치가 오르는 때를 아는 것이고, 둘째는 환금성이 좋은 토지를 사면 된다. 반대로 구분상가를 사는 것은 때가 크게 중요하지 않고, 장기 보유할 것이라면 환금성도 상대적으로 덜 중요하다. 토지는 주변이 개발되어 토지의 가치가 높아지거나, 화폐가치가 떨어지는 경우에 오른다. 토지는 유한한데 화폐량이 2배로 늘어나버리면, 토지가격이 오른다. 건물 투자는 이러한 시기를 맞추는 것이 더 중요하다. 일반인도 보기 좋은 토지가 환금성도 좋다. 예를 들면 지하철역 출구, 골목 첫 번째 코너, 2차선 도로, 왕복 8m 도로 등이 그렇다.

36

그래서 어떤 상가를
사야 할까?

수요와 공급이 중요하다

어떤 상가를 사는 게 좋을까? 단순하게 생각하면 쉽다. 수요가 많고, 공급이 적은 곳이면 된다. 수요가 많다는 것은 곧 돈을 쓸 고객들이 많아 그곳에서 사업을 하려는 사장님들이 많아야 할 것이고, 상가의 공급이 적은 곳이라면 주변에 상가건물이 생길 부지가 없거나, 수요 대비 공급이 적은 곳이겠다.

상권의 3가지 분류

필자는 상권을 3가지로 분류한다. 주거지역 상권, 유흥상권, 업무지구 상권이다. 첫 번째로 주거지역 상권은 동탄신도시나 위례신도시처럼 아파트가 매우 많은 곳에 위치한 생활밀착형 상권이다. 이런 곳의 특징은 아주 많은 소비가 일어나지는 않지만, 꾸준하게 안정적으로 소비가 일어난다는 점이다. 마트, 학원, 음식점, 프랜차이즈 등이 그렇다. 가게를 차리는 사장님 입장에서는 대박은 못 치더라도 임대료도 아주 높지 않고, 꾸준하게 영업할 수 있어서 인기가 좋다. 보통 홈플러스 익스프레스, 미용실, 음식점, 정육점, 공인중개사 사무소, 편의점, 파리바게뜨, 배스킨라빈스, 태권도장, 학원, 헬스장 등이 들어선다. 당연히 배후 아파트의 세대수가 많으면 많을수록 좋다.

두 번째로 강남역, 홍대입구역 같은 흔히 사람들이 모여서 즐기는 유흥상권이 있고, 세 번째로 여의도, 시청, 테헤란로 같은 업무지구 상권이 있다. 사실 유흥상권은 상가의 매매가격과 임대료는 모두 높은 편이고, 상권의 부흥과 멸망 여부에 좌지우지되기 때문에 필자는 투자 대상으로 삼지는 않았다. 신촌상권도 예전 같지 않고, ○○리단길 상권들은 금세 떴다가 금세 지기도 한다. 중구, 종로구, 공덕, 여의도 같이 직장인이 많은 업무지구 상권은 상가가 작더라도 작은 테이크아웃 카페나 편의점 등의 수요가 있기 때문에 상대적으로 소액 투자가 가능해 관심을 가지고 본다. 이런 업무지구 상권은 다음과 같은 특징을 갖고 있다

- 출근, 점심시간, 퇴근에 주로 매출이 발생한다.
- 고소득 직장인들은 소비력이 좋다.
- 퇴근 후 저녁, 주말, 공휴일에는 유동인구가 거의 없다.

그런데 업무지구 상권의 문제는, 한 달이 30일이면 직장인이 출퇴근하는 20일 정도만 가게로 매출을 낼 수 있다는 것이다(가게 사장님은 주말에 쉴 수 있다는 점이 장점이 될 수도 있겠다). 그래서 더 좋은 상권은 업무지구

와 주거지역 사이에 낀 상권들이다. 대표적으로 분당 정자역 상권이 그렇고, 대전 시청 앞, 둔산동 학원가 상권도 그렇다. 평일에는 업무지구의 유동인구를 상대하고, 퇴근 후 저녁이나 주말에는 주거지역의 수요까지 흡수할 수 있으니 더할 나위 없다.

| 업무지구와 주거지를 함께 끼고 있는 정자역 상권 |

출처 : 네이버지도

상가의 공급이 적은 곳

당신이 신도시의 편의점주라고 생각해보자. 신도시가 입주가 안 되고 공사판에 흙먼지가 날릴 때 가장 먼저 편의점을 오픈해서 안정기에 접어들었는데, 100m 옆에 새로운 편의점이 생겼다면 기분이 어떨까? 그래서 자영업자들은 차라리 독점할 수 있는 상권을 더 선호한다. 집합 건물인 구분상가는 자체 관리 규약을 가지고 있는데, '이 건물에 들어올 수 있는 동종업종은 1개로 제한한다'라는 식의 제한이 있는 곳이 있다. 이미 건물에 미용실이 들어섰다면, 다른 호실에서 미용실을 오픈하지 못하게 하는 이유는 마찬가지로 경쟁업체가 생기는 것을 막기 위해서다.

그래서 상가 투자할 때 조심할 것은 주거지역(수요) 대비 상업지역(공급)이 과하게 많은 곳은 피해야 한다는 것이다. 기본이 중요하다. 대표적인 곳이 상가 투자자의 무덤으로 불리는 세종특별자치시다. 세종시는 인구수 대비 너무 많은 상가 부지를 계획했고, 상가 과잉 공급으로 아직도 상가 공실률 전국 1위다. 수요 대비 공급이 부족한 곳을 찾아야 한다. 필자가 즐겨 가는 대전 한밭수목원은 굉장히 넓은 공원에 둘러싸여 있다. 그런데 이곳은 편의점 1개, 카페 1개, 분식집 1개가 전부다. 맛이 있든 없든, 가격이 싸든 비싸든 여기 말고는 대안이 없다. 그러니 1평도 안 되는 구멍가게 분식집도 줄을 서서 먹고, 낡고 지저분한 편의점도 줄 서서 계산한다. 아마 서울 한강공원 편의점에서 다들 비슷한 경험을 했을 것이다.

물론 이런 곳은 국유재산이기에, 상가 투자를 할 수는 없다. 하지만 그런 비슷한 곳을 찾아서 투자하면 어떨까? 예를 들면, 산이나 강으로 둘러싸여 있어 요새처럼 되어 있고, 주변에 상가를 공급할 부지도 없는데, 교통이 불편해 차를 타고 나가지 않는 한 소비를 할 수 없는 곳 말이다. 일반인이 볼 때는 이상한 입지일 수도 있지만, 장사를 하는 임차인들 입장에서는 상권을 독점할 수 있는 우량입지다. 당장 필자 머릿속에 떠오르는 곳은 강남구 자곡동이다. 대모산 밑에 작은 신도시처럼 아파트를 지어놨으나, 지하철이 없어서 자가용을 타고 나가야지만 상권다운 상권에 닿는다. 이곳에 편의점이나 미용실을 차린다면 수천 세대를 독점할 수 있지 않을까?

| 수천 세대를 독점하는 자곡동 약국 |

출처 : 네이버지도

이런 시골 같은 상권만 좋은 상권이라는 말은 절대 아니다. 업무지구 상권도 좋다. 시세차익이 목적이라면 자곡동과 대치동 상가건물 중 환금성이 좋은 대치동 상가건물을 고르겠다. 하지만 안정적인 월세 수입을 목적으로 아파트 단지 내 상가(구분상가)를 고르라면 자곡동을 선택할 것 같다. 대치동 단지 내 상가는 높은 월세를 못 버텨서 임차인이 자주 나갈 수 있지만, 자곡동 상가 같이 독점하는 상가는 임차인이 망해서 나갈 일은 없어 오히려 안정적인 장기 투자가 될 수 있다.

유동인구의 동선도 고려해야

지역을 골랐다면, 그 안에서 어떤 상가에 투자할지에 대해서도 고민해야 한다. 유동인구가 실질적으로 이동하는 동선 안에 있는 상가여야 공실의 우려가 없고 우량임차인들이 들어온다. 아쉬운 것은 입지가 좋은 만큼 가격이 비싼데, 필자는 1급지의 C급 상가를 살 바에는, 3급지의 A급 상가가 더 좋다고 생각한다(용의 꼬리보다는 뱀의 머리). 그러니 자신의 예산에 맞는 지역과 상가를 고르자.

수도권의 아파트를 예시로 들면, 주요동선은 출입구에서 지하철역까지 동선이다. 필자는 초등학교와 아파트 사이의 동선도 체크한다. 아이들을 등하교시키는 부모들과 초등학생들도 유동인구로 본다. 당연히 4m 도로보다는 8, 12m 도로처럼 넓을수록 많은 유동인구가 지나다니고 끝이 막힌 도로보다는 외부도로로 나가는 곳과 바로 연결된 관통 도로가 좋다. 보아도 헷갈린다면 평소에 어떤 사람들이 돌아다니고, 어디를 보고 어느 방향으로 걷는지 관찰하는 것도 도움이 된다. 상권 공부는 생활 속에서도 할 수 있다.

어떤 건물에 투자할지까지 골랐다면 구분상가의 경우, '몇 층을 투자할 것인가?'라는 문제가 또 남는다. 1층이 당연히 가장 좋지만, 면적이 작고 수익률이 낮다. 수익률은 항상 환금성과 반비례한다. 꼭대기층이나 지하층은 수익률은 높을지언정 공실률과 환금성이 떨어지고, 1층은

| 초등학교와 아파트 사이 상권, 막힌 도로보다는 관통 도로가 낫다 |

막힌 도로

관통 도로

초등학교

막힌 도로

관통 도로

아파트

출처 : 네이버지도

수익률은 별로지만 환금성은 상대적으로 좋다. 그럼 몇 층이 가장 좋을까? 독자들이 길을 걸을 때 몇 층의 간판까지 보이는지를 생각해보라. 인도에서는 2층까지만 눈에 들어오고, 8m 도로 맞은편 건물이나 되야 4층까지 눈에 들어온다. 그래서 필자는 2~3층 상가가 가장 가시성도 좋고, 수익률이나 환금성 측면에서도 괜찮다고 보는 편이다. 반면 고객이 목적을 갖고 인터넷에서 후기를 직접 찾아서 구매가 일어나는 업종, 예를 들면 눈썹 왁싱이나 학원 같은 경우에는 층수가 크게 중요하지 않을 것이다.

끝으로, 초보자라면 신축 분양상가는 투자하지 마시길 바란다. 임대료 대비 분양가격이 높을 게 분명하고, 원하는 임대료를 받기까지 오랜 기간이 걸리기 때문이다.

지금까지 나열한 필자가 선호하는 상가들의 조건을 모두 정리해보자.

- 주거지역과 업무지구에 모두 걸쳐 있는 상권
- 같은 돈이라면 1급지 C급 상가보다는 3급지 A급 상가
- 너무 골목보다는 대로변이나, 그다음 골목 코너
- 유동인구가 주로 지나다니는 동선(아파트~지하철역, 아파트~학교)
- 막힌 도로보다는 외부 도로로 가는 관통도로
- 구분상가라면 2~3층
- 상가의 수요보다 공급이 적은 곳
- 고분양가의 신축 상가 분양은 금물

상가 투자는
명의가 중요하다

상가는 명의가 중요하다

앞서 구분상가와 상가건물은 수익의 초점이 다르다고 이야기했다. 월세로 이득을 볼 것이냐, 시세차익으로 이득을 볼 것이냐에 따라서 명의도 신중해야 한다. 취득, 보유, 양도까지 모두 개인 명의, 법인 명의에 따라서 장단점이 있기 때문에 자신에게 적합한 명의를 고르자.

대출을 받을 때 명의의 중요성

대출 금리도 중요하지만, 필자같이 소액 투자자들은 돈이 항상 부족하기 때문에, 대출 한도를 더 중요시한다. 대출에서만큼은 법인의 한도가 훨씬 높다. 그 이유는 RTI 규제(Rent To Interest ratio) 때문에 그렇다. RTI는 연간 부동산 임대소득을 임대업 대출의 연간 이자비용으로 나눈 값이다. 이 비율이 비주택의 경우 150% 이내여야 대출이 가능하다. 고금리 시기에는 이자비용이 늘어나게 되므로 필연적으로 대출 한도가 줄어들지만, 법인은 이 RTI 규제를 적용받지 않는다.

$$RTI = \frac{연간\ 부동산\ 임대소득}{임대업\ 대출의\ 연간\ 이자비용} < 150\%$$

취득세 명의의 중요성

상가의 취득세는 일반적으로 4.6% 고정이다. 그러나 늘 예외는 있는 법이다. 수도권과밀억제권역에 설립한 지 5년이 지나지 않은 법인은 수도권과밀억제권역 내의 부동산을 사게 되면 1.1~4.6%인 부동산 취득세가 5.3~9.4%로 치솟는다. 상가는 9.4%에 해당하니 만약 해당하는 법인이라면 유의해야겠다. 이런 경우에는 개인 명의로 상가를 사거나 새로운 법인을 수도권과밀억제권역 바깥에서 설립 후에 매수하면 된다. 하지만 소득세와 양도세도 따져보아야 한다.

종합소득세, 건강보험료에서 명의의 중요성

개인이 상가의 임대료를 받으면 부동산 임대소득으로 '종합소득세'에 누적된다. 은퇴해서 별 소득이 없는 경우에는 크게 문제가 될 게 없다. 그러나 의사, 변호사와 같은 전문직들은 종합소득세액이 많기 때문에 부동산 임대소득까지 누적된다면 누진세율 최고 세율에 지방세를 더하면 최대 49.5%가 된다. 벌어서 절반은 나라에 헌납하는 꼴이 된다.

이럴 때는 소득이 적은 배우자에게 6억 원을 비과세로 증여하고, 배우자 명의로 상가를 매수하는 게 낫다. 똑같이 100만 원의 월세를 받더라도, 무직 배우자가 받으면 6.6%, 고소득자가 받으면 49.5%의 소득세를 내기 때문이다.

아니면 차라리 자녀를 포함한 가족법인을 증여 등을 통해 합법적인 범위에서 설립하고, 그 법인으로 상가를 매수해서 법인에 차곡차곡 임대수익을 쌓아보자. 법인세율은 종소세와는 다르게 1억 원 이하면 11%, 2억 원 미만은 22%이기 때문에 상대적으로 적다(다만, 법인의 돈을 함부로 가져가면 횡령에 해당하므로 조심해야겠다). 별다른 직장이 없이 임대소득이 한 푼이라도 있으면 건강보험료에서 '지역가입자'에 해당해서 월 몇십만 원을 납부해야 하는데, 법인의 대표나 직원을 이용해 급여를 받으면 엄연히 직장인으로 '직장가입자'에 해당한다. 직장가입자의 건강보험료는 재산에 비례하지 않고, '급여의 액수'에 비례해서 부과된다.

양도세 명의의 중요성

양도차익이 크게 날 것이냐, 적게 날 것이냐, 또는 10년 이상 장기 보유할 것이냐, 단기 매도할 것이냐에 따라서도 명의가 중요하다. 개인은 양도세 일반세율은 6~45%의 누진세율을 적용받는다. 하지만 법인은 이때도 법인세율이 10~20%로 낮은 세율을 적용받기 때문에 양도차액이 큰 경우에는 법인이 더 유리하다. 하지만 법인이 불리한 게 하나 있는데, '장기보유특별공제'가 없다는 것이다. 장기보유특별공제는 오랫동안 보유하고 있다가 매도하는 경우, 물가 상승률만큼은 인정해주겠다는 취지다. 상가는 3~15년 보유하면 양도차익에서 -6~-30%를 공제해준다.

일반적으로 시세차익이 크지 않은 구분상가를 장기 보유한 경우에는 부부 공동명의로 투자하는 것이 법인으로 투자하는 것보다 훨씬 적게 나올 수도 있다. 5억 원짜리 상가를 10년간 부부 공동명의로 보유하고 있다가 6억 8,000만 원에 매도한다고 가정하자(편의상 필요경비는 3,000만 원이라고 하자).

> **〈개인의 양도소득세 예시〉**
> 필요경비 제한 양도차익 : 인당 7,500만 원(양도차익 1억 8,000만 원 – 필요경비 3,000만 원)
> 장기보유 특별공제율 : –20% (인당 –1,500만 원) (법인은 해당 없음)
> 양도소득 기본공제 : 인당 250만 원씩 (법인은 해당 없음)
> 양도소득 과세표준 : 인당 5,750만 원
> 산출세액 : 인당 5,750만 원 × 24%(세율) – 576만 원(누진공제)
> = 인당 804만 원이므로, 총 1,608만 원

법인의 경우, 2억 원 이하인 경우 법인세율 10%, 2억 원 초과 200억 원 이하인 경우 20%를 적용받는다. 따라서 매도하는 부동산의 시세차익이 적을수록 개인이 유리하고, 시세차익이 클수록 법인이 유리한 구조다. 다만, 법인에서 개인으로 돈을 옮기려면 배당소득세나 근로소득세를 내야 하는 것을 감안하면, 무조건 법인이 좋다고만 볼 수 없다.

통상적으로 구분상가가 상가건물보다 저가인 경우가 많고, 수익형 자산으로 장기보유하는 경우가 많으니 개인이 더 유리하다고 볼 수 있다. 하지만 어지간한 건물보다 비싼 구분상가는 개인으로 매수하는 것보다 법인이 더 유리할 수도 있으니, 구분상가는 무조건 개인, 상가건물은 무조건 법인이라는 공식이 성립하지는 않는다. 개인의 소득 상황과 각자가 추구하는 투자 방향에 맞춰서 해야 한다.

앞에서 말한 내용을 도표로 정리하면 다음과 같다.

구분	개인	법인
대출	RTI 적용	RTI 미적용
취득세	4.6%	4.6%(단, 중과 가능)
소득세(법인세)	6~45% 누진세	10~20%
건보료	임대소득 → 지역 가입자	급여 수령 → 직장 가입자
양도세(법인세)	6~45% 누진세 + 장특공	10~20%
비고	시세차익이 적은 경우 적합, 온전히 개인돈	시세차익이 큰 경우 적합, 회삿돈 ≠개인돈

38

돈 벌고도 실패한
투자 사례

이번에는 필자의 상가 투자 실패 사례를 살펴보자. 필자는 성격이 급해서 새로운 것을 배우면 꼭 실천하면서 몸소 체험한다. 굳이 하지 말라는 구분상가 투자를 지분경매로 도전해서 후회가 많이 되었던 사례를 이야기해보려고 한다. 성공적인 투자 사례도 있지만, 현재 진행 중이라서 밝히기 어려운 점이 있다.

지분경매 투자란

간단하게 경매 중 특수물건인 '지분경매'에 대해서 이야기해보자. 이름 그대로 부동산의 일정 지분만 경매가 나온 것인데, 대부분의 사정은 부모의 유산을 지분대로 나눠 가졌으나 형제간 사이가 나빠져서 협의가 안 된 채 갖고 있다가 빚을 져서 경매로 나온 경우다. 형제간 우애가 좋았다면, 경매로 나오기 전에 이미 해결해주지 않았겠는가? 지분경매를 탈출하는 방법은 간단하다. 내 지분을 팔고 나오거나, 그들의 전체 지분을 사 와서 정상적인 매물로 만들면, 부동산의 제 가치를 온전히 찾을 수 있다. 2019년 말 다주택자 취득세 4.6% 중과로 뒤숭숭하던 때, 지분경매라는 새로운 분야를 접하고 꼭 해보겠다는 마음으로 물건을 찾고 있었다.

그런데 운명의 장난인지, 필자가 사는 집 100m도 안 되는 곳에 지분경매 상가 매물이 하나 나왔다. 거리만 가까운 게 아니라, 우리 집 뷰의 일부였다. 정확히는 우리 집에서 아파트와 초등학교, 그리고 그 단지 내 상가만 보였다. 그러니 필자가 얼마나 자신만만했을지 상상해보라('등잔 밑이 어둡다'는 속담이 딱 맞다). 저 물건은 내가 제일 잘 알고, 무조건 내 물건을 만든다는 집념에 불타 있었다. 그도 그럴 것이, 그 아파트 상권에 대해서 평소에도 잘 알고, 입주민(본인 포함)의 동선도 정확하게 알고, 그 상가가 갖는 장단점에 대해서도 잘 알았기 때문이다.

이 아파트의 상권은 굉장히 부실했다. 3,000세대나 되지만, 주변은 도로와 강, 공원으로 둘러싸여 있어서 그 상권이 아니면 아예 차를 타고 나가야 하는 독점적인 상권이어서 필자의 마음에 쏙 들었다. 더군다나 초등학교가 있고, 작은 슈퍼마켓이 있어서 초등학생들과 학부모들이 등하교하는 동선 중 하나였다. 슈퍼마켓은 월세 90만 원, 그 옆의 공부방은 60만 원 정도로 저렴하게 임차된 상태였다. 필자가 이 아파트에서 밥을 해결할 곳이 멀리 있는 분식집이 하나였다는 것과 미용실이 3,000세대에 딱 하나 있는데 무척 불친절하고 실력 없기로 유명해서 외부로 차를 타고 나가야 하는 점이 항상 아쉬웠다. 그래서 필자는 낙찰 후 아이들이 끼니를 때울 수 있는 음식점이나, 미용실이 들어오면 안성맞춤이라고 생각하고 입찰에 임했다.

| 지분경매 상가 투자 사례 |

2019 타경 █████ | 대전지방법원 대전8계
담당계 (042) 470-████

소재지	대전 서구 둔산동 █████아파트분산상가 상가동 1층 102호 █████ [도로명 검색]				
물건종류	근린상가	사건접수	2019.06.17	경매구분	강제경매
건물면적	8.48㎡ (2.56평)	소유자	주OO	감정가	82,700,000원
대지권	24.76㎡ (7.49평)	채무자	주OO	최저가	(70%) 57,890,000원
매각물건	건물지분, 토지지분	채권자	케OOOOOO	입찰보증금	(10%) 5,789,000원

입찰 진행 내용

구분	입찰기일	최저매각가격	상태
1차	2020-01-13	82,700,000	유찰
2차	2020-02-24	57,890,000	낙찰

낙찰 57,890,000원 (70%)
(응찰 : 1명 / 낙찰자 : 정OO)
매각결정기일 : 2020.03.02 - 매각허가결정
대금지급기한 : 2020.03.31
대금납부 : 2020.03.10 / 배당기일 : 2020.03.26
배당종결 : 2020.03.26

종국결과	2020-03-26	0	배당

물건 사진 [사진 더 보기]

매각 물건 현황 감정원 터전감정 가격시점 2019.07.11

목록		지번/토지이용계획/용도/구조/면적	감정가	비고
건물	1	둔산동 █████아파트분산상가 상가동 1층 102호 █████ █████층 1층 중 1층 건물 25.43㎡의 지분 7/21 8.48㎡(2.56평)	41,350,000 4,876,179(원/㎡)	보존등기:1998.10.19
		대지권(대지) 52481.7㎡의 지분 74.28/52481.7 7/21 24.76㎡ (7.49평)	41,350,000 1,670,032(원/㎡)	
토지이용계획		제3종일반주거지역	사업지역기타	보행자전용도로(접합)	중로1류(접합)	지구단위계획구역	택지개발에정지구기타	가축사육제한구역	상대보호구역	절대보호구역	중점경관관리구역		
현황위치		**[구분건물]** 본건은 대전광역시 서구 둔산동 소재'█████초등학교'서측으로 근접하여 위치하고 있는 █████아파트내에 위치하는 █████아파트분산상가 상가동 제102호로서 █████아파트 단지내에 위치하고 있으며 동측으로 근접하여 █████초등학교가 위치하고 있습니다. 본건까지 차량접근이 가능하고 인근에 시내버스승강장이 소재하며 아파트 단지내도로의 이용이 용이합니다. 철근콘크리트조 경사슬래브지붕 단층 중 제102호로서외벽 : 타일붙임 마감 등.창호 : 섀시창호. 본건은 현황 공실상태입니다. 기본적인 위생설비 등이 되어 있습니다. 본건이 위치하는 아파트단지는 남측 및 동측으로 중로에 접하며 본건은 단지내 도로를 이용중입니다.		
비고		• 특별매각조건 있음(공유자 우선 매수권 행사 1회로 제한)		
부동산현황		• 덧붙임 사진과 같음		

출처 : 두인경매

결과적으로 지분경매였기 때문에 낙찰 후에 다른 지분권자(형제) 2명을 찾아가 소유권을 이전해달라고 요구했다. 형제 1명이 협상을 완강히 거부해 실랑이를 하느라 2달가량 소요되었다. 특수물건치고는 소송 없이 굉장히 빠르고 깔끔하게 해결된 편이다. 문제는 그러는 사이에 코로나19가 유행해서 많은 자영업자들이 폐업했던 시기라서 시기적으로 굉장히 안 좋은 투자였다. 투자라는 것이 그렇다. 내 실력과 상관없이 때로는 외부적인 경제 상황이나 코로나19 같은 전염병에도 영향을 받기 때문에, 너무 무리한 투자는 이럴 때 힘들다. 이때 주거용과 상업용 투자가 어떻게 다른지 뼈저리게 느꼈다. 주거용 투자는 필수재이기 때문에 가격을 낮추면 누군가는 들어온다. 하지만 상업용 투자는 이런 경제 위기 상황이나 전염병 같은 비상 상황에서는 가격을 낮춰도 수요자가 없다. 멀쩡히 영업하던 상가도 폐업하는 마당에, 창업할 수요자를 찾기 힘들다.

상가 내 집기들을 깨끗하게 정리하니 상가의 널찍한 본래 모습이 드러났고, 본격적으로 여기저기 홍보에 나섰다. 당근마켓에도 올려보고, 근처 공인중개사 사무소나 상가 전문 공인중개사 사무소에도 올려보고, 미용인들이 모여 있는 커뮤니티에도 올렸다. 잠깐이면 끝날 줄 알았던 코로나19가 생각보다 오래 유지되었고, 투자금이 들어간 뒤부터 약 9개월의 공실을 채우고 미용실 임차인을 겨우 구했다. 미용실이 들어올 것이라는 예상은 어느 정도 적중했지만, 높은 임대료를 맞추지 못했다. 월세를 자꾸 깎는데, 이 임차인이라도 놓치면 얼마나 또 오랫동안 공실로 두어야 할지 몰라서 하는 수 없이 깎아줬다.

| 낙찰 전 모습, 10년째 방치되어 침침하다 | | 낙찰 후 밝아진 모습 |

미용실 외에도 문의는 많이 왔다. 무인 아이스크림 가게 창업 붐이 불었는데, 초등학교 앞이라 아주 적격이었다. 필자는 무인 아이스크림 가게가 슈퍼마켓에 대한 상도덕(?)도 있고, 시설비에 큰돈을 투자하지 않는 임차인은 언제라도 바로 나갈 수 있기 때문에 별로 좋아하지 않는다. 그리고 더 큰 문제는, 투자하고 나서 알았는데 이 상가는 전기 증설이 어려운 상가였다. 그 상가의 건물로 인입된 전선의 용량이 딱 정해져 있었고, 그 전선 용량 증설을 위해서는 아파트 땅을 모두 까야 한다고 했다. 상가와 사이가 좋지 않던 관리사무소에서는 모든 입주민의 동의를 받아야 한다고 말했다. 전기용량 때문에, 예비 미용실 창업자들을 번번이 놓쳤으니 속이 새까맣게 탔다.

음식점이 들어오면 좋겠다고 생각했던 것도 초보적인 생각이었다. 도시가스가 들어오지 않고, 전기증설이 되지 않으면 사실상 소매점이나 공부방 외에는 들어올 만한 게 없었다. 전문가 난이도 수준의 상가 투자를 초보가 한 것이다(그 뒤로는 상가 투자 전에 도시가스, 전기용량, 설비, 건축물의 용도 등은 꼭 체크하니 공부가 많이 되었던 투자다).

결과적으로 2년 동안 보유하고 있다가 꽤 괜찮은 시세차익을 보고 매도했다. 임차인이 미용실 운영을 해보더니 장사가 괜찮았는지, 본인이 매수하겠다고 먼저 의사표시를 했다. 필자가 생각할 때도 대지지분이나 주변 시세 대비 정말 저렴한 가격에 넘겼는데, 매수가격보다 수천만 원 남긴 금액이기에 후회는 없다. 투자 과정에서 지분경매, 코로나 19, 임대차, 소송까지 너무나 우여곡절이 많았기 때문에 정리하고 싶은 생각이 있었다. 여기서 한 가지 더 배울 점은, 저렴하게 매수한다면 적어도 손해는 보지 않는다는 것이다. 지분경매로 저렴하게 매수했기에 기간 대비 괜찮은 수익을 보고 나왔지만, 필자는 실패한 투자라고 보았다. 왜냐하면 그 기간 동안 다른 주거용 부동산을 했더라면 취득세 13%를 냈더라도 더 많은 수익을 낼 수 있는 기회를 날려버렸기 때문이다. 기회비용을 따졌을 때, 결과적으로 실패한 투자다. 아파트 투자는 때가 더 중요한데, 잘못된 판단으로 그 타이밍을 놓쳐버렸다.

39

토지 투자에 적합한
투자 성향일까?

예부터 동네 김 아무개가 '땅' 투자로 돈을 많이 벌었다는 이야기를 어르신들은 입버릇처럼 하셨다. 우리나라 사람들은 '땅'은 절대 배신하지 않는다는 막연한 믿음이 있다. 이번 장에서는 토지 투자의 특성과 장단점에 대해서 알아보려고 한다. 부린이를 대상으로 한 책이지만 부동산 투자의 끝판왕인 토지 투자를 넣은 이유는, 부린이들이 토지에 대해서 잘 알지 못한 채 묻지 마 투자를 해서 기획 부동산 회사에 당하는 경우를 많이 보았기 때문이다. 적어도 토지 투자가 어떤 것이고, 어떤 토지를 사야 하고, 사지 말아야 할 것은 무엇인지에 대해서만이라도 알고 있다면 좋을 것 같아서 꼭 다루고 싶었다.

잃지 않는 투자, 토지

워런 버핏이 항상 말하는 투자 원칙은 '잃지 않는 투자'를 하라는 것이다. 토지 투자는 비싸게만 사지 않으면 '잃지 않는 투자'다. 왜 그럴까? 토지는 유한한데, 화폐가치는 날로 떨어진다. 그렇기 때문에 공급은 한정되어 있고, 부동산의 명목가격은 늘 우상향한다. 우리나라에서 토지가격이 하락한 적이 2번 있는데, IMF 때 한 번, 서브프라임 때 한 번이다. 공통적인 것은 '현금이 귀해지는 시기'였기 때문에 수요가 줄어들었다는 점이다. 그래서 그런 위기가 왔을 때 토지 투자를 해놓는다면 워런 버핏이 말한 '잃지 않는 투자', '우상향하는 투자'가 가능하다. 토지는 상대적으로 담보대출이 쉽다. 가치 계산하는 게 단순하고, 변동성이 크지 않고 늘 우상향하기 때문에 돈을 빌려주는 금융기관도 안심하고 돈을 빌려줄 수 있다.

부동산의 근본

부동산은 대개 토지와 건축물로 이루어져 있다. 토지 없이 지상권만으로 건축물이 존재 가능하지만 아주 특수한 경우다. 건축물의 문제는 노후화가 된다는 점이다. 재건축 대상 아파트도 그렇고, 빌라도 낡으면 비가 새고, 엘리베이터 대수가 부족하거나 주차 대수가 턱없이 부족해진다. 그러나 변하지 않는 것은 대지지분이다. 결국 부동산은 땅 위에 서 있는 것이기 때문에, 땅은 모든 부동산의 근본이다. 땅이라는 녀석은 낡지 않는다. 천재지변으로 토지가 깎여 나가거나, 해수면 상승에 의해서 잠기는 것이 아니라면 말이다. 그렇기 때문에 당연히 유지보수 비용도 크게 들지 않는다.

잠재력

땅은 무한한 잠재력을 가지고 있다. 땅의 주인이 누구냐에 따라서 잡초가 무성한 들판으로 남겨지기도 하고, 손님들이 대기하고 있는 핫플레이스 카페나 음식점으로 재탄생하기도 하고, 건축업자가 빌라를 지어서 세대별로 분양하기도 한다. 충남 논산시에 가면 똑같은 농경지로 딸기 농사를 짓는 짓는 사람이 있는가 하면, 딸기 체험장을 만들어서 사업을 하는 사람도 있다. 주인이 누구냐에 따라 땅의 가치는 달라진다. 거꾸로 말하면 우리 투자자가 좀 더 노력하면 지가 상승을 뛰어넘는 수익을 가져갈 수 있다는 것이다. 그리고 똑같은 상가건물을 지어도, 5,000세대를 배후수요로 하는 대박 상가가 되기도 하고, 널리고 널린 흔하디흔한 공실 상가가 되기도 한다. 어느 땅에 무엇을 짓느냐가 추가 수익의 성패를 가르는데, 이는 투자자의 능력에 달렸다. 결국에는 토지 투자를 한다고 해서 땅만 잘 보면 되는 게 아니라, 다양한 상상력으로 토지를 이용해야 하는 것이다. 그러기 위해서는 토지 투자뿐만 아니라 상가나 주거용 투자에 대한 이해도도 상당히 높아야겠다.

토지 투자로 돈 버는 2가지 방법

토지 투자는 물가 상승률만큼 시세차익을 얻거나, 땅의 가치를 증대하는 방법으로 돈을 벌 수 있다. 앞서 상가 투자 이야기를 할 때, 건물 투자는 토지 투자와 마찬가지라고 했다. 토지는 어차피 우상향한다. 그러나 토지를 가진 동안에는 농사를 짓는 것 외에는 수익을 낼 수 없으니 건물을 짓는 것이다. 건물을 짓고 임대료를 받아서 토지가 시세차익을 내는 동안에 버틸 수 있는 체력을 얻는 것이다. 그래서 토지를 사는 게 본질이고, 덤으로 건물은 얹어서 준다고 생각하자. 결국 수익은 토지 시세차익에서 나는 것이다. 도시지역에 괜찮은 토지만 사놓고 월세를 받으면서 기다리면 되는 것이니 상대적으로 쉬운 투자다.

토지 투자로 돈 버는 두 번째 방법은 토지의 이용 가치를 증대시키는 일이다. 맹지였던 토지에 길을 연결하거나, 길쭉한 모양이었던 것을 보기 좋게 네모반듯한 모양으로 나누거나, 전·답, 임야였던 토지를 대지로 형질을 변경해 건물을 올릴 수 있는 형태로 바꾸면서 돈을 버는 방법이 있다. 논이었던 곳을 평평하게 만들려면 흙을 쌓는 성토를 해야 할 수도 있고, 산이었던 임야를 깎아서 집 지을 수 있는 땅(대지)으로 만들려면 절토 행위를 해야 할 수도 있다. 따라서 이런 식의 투자는 토지 공법과 건축법에 대한 높은 이해와 토목공사 비용에 대한 산출, 관공서와 소통하는 능력이 필요하다. 이야기만 들어도 초보자는 쉽게 할 수 없을 것 같다는 생각이 든다. 그러니 부디 초보자라면 지방 어디 그린벨트(개발제한구역)가 풀린다는 막연한 소리만 듣고, 현장 확인은 하지도 않은 채 수천만 원을 송금하는 일이 없길 바란다.

치명적인 단점, 환금성

토지 투자의 치명적인 단점은 환금성이 안 좋다는 것이다. 아파트랑 비교했을 때 시세 파악이 어렵고, 수요층이 많지 않아 원할 때 재빨리 팔지 못하는 단점이 있다. 아무리 시세가 많이 올라도, 미실현 수익은 사이버 머니다. 결국 팔아야 돈을 버는 것인데, 토지는 기본적으로 금액대가 크기 때문에 매도가 정말 어렵다. 그래서 간혹 보면 시세보다 정말 싸게 나온 토지들이 있는데, 매도자 사정상 현금이 급하게 필요한 경우다. 돈이 귀한 불황 때라면 더더욱 팔기 힘들다. 여유를 갖고 느긋하게 현금으로 토지 투자를 했다면 담보대출로 돈을 마련하면 되지만, 대출을 최대한 받아서 투자했다면 매달 나가는 이자 부담 때문에 헐값에 매도하는 경우가 생긴다. 그렇기 때문에 초보자가 제대로 된 토지를 소액으로 투자하기에는 위험부담이 클 수 있어 심사숙고 후에 투자했으면 좋겠다.

40

사야 할 땅,
사지 말아야 할 땅

이번 장에서는 투자해도 되는 땅과 절대 해서는 안 되는 땅에 대해서 간단하게 이야기해보려고 한다. 사실 앞 장에서 밝혔듯이 토지는 거의 가격이 내리지 않는다. 그래서 '사지 말아야 할 땅'만 사지 않아도 결국에는 본전은 하기 때문에 그것에 집중해서 이야기하고자 한다.

먼저, 토지이용계획 열람원에 대해서 언급을 하지 않을 수 없다. 이것은 토지의 자기소개서와 같은 문서다. 국가에서 운영하는 토지e음 사이트(https://www.eum.go.kr)에서 누구나 무료로 열람할 수 있는 토지투자의 가장 기본이 되는 문서다. 해당 지번을 입력하고 검색하면 '지목, 면적, 공시지가, 용도지역, 규제되는 사항'들을 일목요연하게 보여준다. 초보자가 보기에는 공법, 건축법에 관한 지식이 많이 필요하기 때문에 복잡하기만 하다. 필자가 이번 장에서 다루는 단어들이 나오는지를 꼭 체크하는 정도로만 알고 넘어가자. 그 외 자세한 내용은 토지투자 전문가들이 쓴 서적들을 참고하면서 공부하자.

| 국토의 용도 구분 |

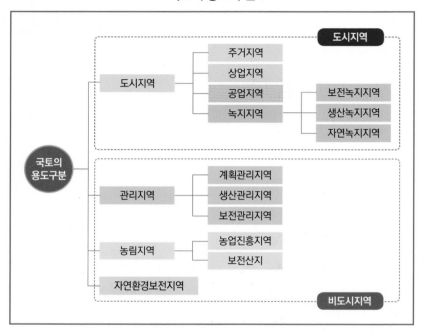

비도시지역 중 농림지역, 자연환경보전지역은 조심하자

어려운 용어들은 최대한 배제하려고 했지만, 이 정도는 알고 가자. 국토의 용도는 도시지역과 비도시지역으로 나눌 수 있다. 이름에서 알수 있듯이 비도시지역은 산지나 농업지를 포함한다. 흔히 볼 수 있는 지목은 '임야, 전, 답'이다. 비도시지역이 무조건 안 좋은 것은 아니다. 비도시지역 중 관리지역은 도시지역으로 편입되기 위한 준비를 하는 곳이기 때문에 넓은 땅에 지을 수 있는 건축물의 종류와 용도가 많아서 인기가 좋다. 그중에서도 농림지역과 자연환경보전지역을 조심하라고 한 이유는 건축물을 지을 수 없는 곳이 대다수이기 때문이다. 건축이 되더라도 초보자가 하기에는 '도로와 접했는지 여부, 배수로, 구거, 전기, 수도 연결 여부' 등 어려운 부분이 많다. 그러니 도시에만 살아온 일반인들이 이런 곳에 투자해서 돈이 묶이거나, 아무런 개발행위를 할 수 없을 수 있기 때문에 조심해야 한다.

| 최근에 계획관리지역에서 도시지역이 된 세종시 발산리 |

| 도시지역 풍경 |

출처 : 네이버지도

도시지역 중 개발제한구역은 투자하지 말자

도시지역은 대부분 건축물을 올릴 수 있는 토지를 이용할 수 있게끔 되어 있다. 도시지역에서 흔히 볼 수 있는 지목이 '대지, 공장용지, 잡종지, 도로, 전, 답' 등이 있다.

도시지역은 인프라가 잘 깔려 있어서 도로, 수도, 전기는 물론이고 도시가스 연결도 쉽기 때문에 건축 난이도가 쉽다. 도시지역은 하다못해 물려도 '토지의 수요'가 많아서 재개발지역에 포함되거나, 시에서 개발하기 때문에 언젠가는 현금으로 보상이라도 받는다. 도시지역 중 녹지지역이라고 하면 '혹시 그린벨트인가?'라는 생각이 들 수 있겠지만, 아직까지 고밀도 개발을 허용하지 않을 뿐이지, 낮은 용적률과 건폐율로 전원주택이나 창고 등을 지을 수 있다. 이름만 보고 선입견을 가지면 안 된다. 다만, 도시지역 내 '개발제한구역'은 이름 그대로 개발이 제한된다. 그러므로 도시지역 내라고 해서 무조건 투자해서도 안 된다. 토지이용계획원에 '개발제한구역'이라는 단어가 있다면 일단 배제하자. 혹시 나중에 개발될 것 같다고? 친한 정치인이 그런 말을 했다고 해도 초보자는 무조건 걸러라. 개발제한구역이 풀리는 것은 정말 쉬운 일이 아니다.

보전산지 중 공익용산지는 투자하지 말자

보전산지는 임업용산지와 공익용산지로 나뉜다. 공익용산지는 이름에서 알 수 있듯이 공익을 위한 곳이다. 그런 곳에 건축이나 개발행위를 하는 것은 불가능하다(애초에 필자 말을 듣고 농림지역에 손을 대지 않았다면, 공익용산지도 걸러진다). 토지이용계획열람원에 '공익용산지'가 있다면 바로 배제하자.

건축이 불가능한 토지는 투자하지 말자

사람이 생활하는 건물을 지으려면 2가지가 필요하다. 소방차가 진입할 수 있는지, 생활하수를 배출할 수 있는지 따져보자. 첫째는 사람과 차량이 왕래할 수 있는 도로다. 건축법상 4m 도로에 2m 이상 접해 있는 토지여야 건축이 가능하다. 도로에 접해 있지 않은 토지를 '맹지'라고 한다. 무조건 나쁜 것은 아니지만, 초보자라면 맹지는 투자하지 말자. 참고로, 고속도로나 고가도로에 접해 있는 토지는 당연히 건축할 수 없다. 도로폭에 관한 규정도 막힌 도로냐, 시골이냐에 따라서 요구되는 게 전부 다르므로 최소한 건축법에서 요구하는 도로에 대해서는 전문 서적을 통해 충분히 공부하고 투자하자.

건축을 위해 두 번째로 필요한 것은 생활하수를 내보낼 수 있는 배수처리시설이다. 도시지역에 투자할 때는 배수로까지 고려할 필요는 없다. 웬만한 곳에는 하수처리 인프라가 깔려 있기 때문이다. 하지만 비도시지역 중 계획관리지역 같은 곳에 투자한다면 배수로도 꼭 체크해야 하고, 전기와 수도 공급도 곁들여서 따져보아야 한다. 개인적으로 초보자라면 도시지역만 투자했으면 좋겠다. 비도시지역은 알아야 할 게 너무 많다.

초보자도 쉬운 토지 투자 : 택지 지구

도시지역 내 개발하는 택지지구의 '대지'는 실패하기 힘들다. 지자체 또는 토지주택공사가 바둑판식으로 도로를 내고, 전기, 수도, 하수, 가스 인프라를 모두 갖춘 뒤에 분양하기 때문이다. 나라에서 합법적으로 하는 땅 장사라서 내가 직접하는 것보다는 비용이 더 들겠지만, 건축행위에 아무런 지장이 없기 때문에 큰 리스크나 스트레스가 거의 없는 편이다. 예전에는 무작위로 분양해서 택지지구 토지 분양에 당첨만 되면 로또와도 같았으나 요즘은 입찰 방식으로 바뀌었다.

앞에서는 토지의 장점만 이야기하고, 뒤에서는 사지 말아야 할 토지들로 겁을 주니 온탕과 냉탕을 오가는 것 같다. 토지 투자는 장점이 많지만, 한번 잘못 사면 되팔기가 어려울 수 있으니 초보자는 가급적 손대지 않았으면 좋겠고, 하더라도 충분한 공부를 한 후에 투자해야 한다.

PART
08

다가구주택과
빌라 투자

41

다가구주택 투자는
말리고 싶다

다가구주택 투자에 대해서 인터넷에 검색해보면 비추천하거나 말리는 글들이 대부분이다. 꼬박꼬박 월세 받는 투자에 대해 로망이 있는데, 비추천하는 이유를 보면 대부분 세입자 관리가 힘들고, 정신적인 스트레스가 큰 데 비해 돈은 별로 안 된다는 것이다. 필자는 워낙에 낙천적인 성격이고 뚝딱뚝딱 고치고 만드는 것도 좋아해서 '나는 잘 맞을 것 같은데…'라고 덤볐다. 결과는 어땠을까? 참 죄송하게도 필자도 일반인이라면, 특히나 여성분들에게는 다가구주택은 추천해드리고 싶지 않다. 임차인 관리, 건물 관리, 상대적 박탈감, 이 3가지에 대한 스트레스를 이겨낼 분에게만 추천해드리고 싶다.

사람에 대한 스트레스

다가구주택에 투자하면서 사람에 대한 신뢰도가 많이 떨어졌다. 쉽게 말해 인류애가 상실되었다. 솔직하게 털어놓으면 아파트, 오피스텔 임차인과 다가구주택 임차인은 많이 비교된다. 아파트, 오피스텔 임차인들은 번듯한 직장을 다니고 있어서 대화가 잘되고 상식이 잘 통한다. 어떤 약속을 정해놓으면 그 약속을 지키는 상식 말이다. 예를 들어, '실내공간에서 담배를 피우지 마세요'라든가 '애완동물을 키우지 말아주세요'라는 부분이다. 모두 그런 것은 아니지만, 확률적으로 다가구주택 임차인들은 약속을 어기는 경우가 많았다. 월세를 밀리는 것은 보증금에서 제하면 되니 차라리 괜찮다. 키우지 않겠다던 고양이, 앵무새를 키우거나 몇 개월째 연락 두절이거나, 퇴실 시에 쓰레기 집으로 만들어 놓은 경우가 다반사였다. 다가구주택은 6~10명 정도 되는 임차인들을 관리해야 하므로 수시로 전화나 문자가 온다. 이런 것들에 대한 스트레스를 이겨낼 수 있어야 한다.

저장강박증 임차인

3평도 안 되는 원룸에 새 임차인을 들였다. 어느 날부터인가 복도에 여행용 가방과 사과 상자에 물건들이 쌓여 있어서 몇 번 주의를 주었다. 그 뒤로 언제부터인가 주차장에 짐이 쌓이기 시작했다. 몇 번 주의를 주었으나, 어느 순간 눈덩이처럼 불어나서 주차장을 점령해버리고 말았다. 너무 화가 나서 해당 호실의 문을 열어보고 나서 깜짝 놀랐다. 3평 원룸이 길에서 주워온 잡동사니로 가득차 있었기 때문이다. 더 놀라운 것은 거기에 사람이 살고 있었다는 것이다. 머리가 천장에 닿을 만큼 높은 잡동사니가 쌓여 있는데 임차인이 얼굴을 빼꼼 내밀고 인사했다. 길에 있는 물건이나 쓰레기를 주워오는 저장강박증(일종의 정신병)이 있는 임차인이었다. 치우라고 해도 그때뿐이고, 쓰레기 같은 잡동사

| 다가구주택 주차장을 점령한
저장강박증 임차인 |

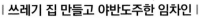

| 다가구주택 주차장을 점령한
저장강박증 임차인 | | 쓰레기 집 만들고 야반도주한 임차인 |

니는 지금도 늘어나고 있다. 날씨가 더워지기 시작하니 건물 전체에서 악취가 진동하고 바퀴벌레가 꼬여 민원이 늘어나고 있음에도 임대차보호법이 워낙 강해 별다른 방도가 없다.

건물 관리에 대한 스트레스

두 번째는 주거용 건물 관리의 어려움이다. 가족 단위가 사는 다가구주택은 덜 하겠지만, 필자가 운영하는 원룸 건물(다중주택)의 경우 방이 24개이고, 임차인도 24명이다. 각각의 임차인이 한 달에 한 번씩만 전화해도 필자는 매일 민원을 받는 것과 마찬가지다. 그들의 민원이 잘못된 것은 아니다. 14년 차 다가구주택이다 보니 각종 가전제품이 고장 난다. 세탁기, 냉장고, 에어컨, TV, 전등, 전기, 보일러, 수도꼭지, 샤워기, 변기 등이 단골 품목이다. 백화점에서 고객을 응대하듯, 임대인도 임차인을 고객으로 생각해야 한다. 어려움과 불편함에 대해서 공감해주고, 즉시 수리해주어야 된다. 자연스럽게 스트레스로 이어진다. 필자는 한 면 도배, 장판, 전기, 전등, 수도꼭지나 간단한 설비 정도는 직접 교체하는데, 이런 것들 또한 많은 시간과 비용을 잡아먹는다. 이런 것들을 직접 교체할 수 있다면 비용이 들어가지 않으므로 스트레스도 덜할 것이다.

2022년 겨울은 유난히 추웠고, 우크라이나 전쟁으로 인해 가스비가 많이 올라서 미리 대비할 겸 보일러를 전부 교체했다. 까마귀 날자 배 떨어진 것일까? 보일러를 교체하니 3층 온수 배관 한 곳과 2층 냉수 배관에서 누수가 생겼다. 누수 탐지를 부르니 80만 원을 요구한다. 고치긴 고쳤는데, 누수 손해를 입은 아랫집의 천장 석고보드와 도배를 새로 하느라 추가비용이 또 발생했다. 2층 냉수 배관은 결국 원인을 찾지 못했다. 누수 탐지 전문가의 말에 따르면, 급수배관을 콘크리트 기초 타설을 하면서 같이 묻어버려서 이런 경우에는 누수 탐지를 하더라도 수리가 불가능하다면서 포기하고 돌아갔다. 여러 전문가들이 고개를 절레절레 흔드는 동안 1층 임차인의 민원이 폭주했다. 결국 상가처럼 배관을 노출시켜 새로 설치하기로 했다. 비용도 비용인데, 누수가 한번 발생하면 고치지 못할 것이라는 막연한 두려움이 더 스트레스다. 신축일 때는 문제가 없는데, 구축 다가구주택에 투자하는 날에는 이런 것들을 고치면서 관리해주어야 한다.

상대적 박탈감에 대한 스트레스

부동산 투자는 때가 중요한데, 때를 잘못 놓쳐서 상대적 박탈감에 의한 스트레스도 무시하지 못한다. 2015년에 서울 아파트를 사지 않고 서울 다가구주택을 샀다면 어땠을까? 다가구주택도 아파트 못지않게 많이 올랐지만 아파트만큼은 아니다. 아파트가 3배가 되는 것을 손 놓고 쳐다만 보아야 했고, 혹여나 2주택인 경우 시세차익은 본 것도 없는데 종합부동산세로 수백, 수천만 원을 납부해야 했다. 그렇다고 해서 팔리지도 않는다. 주택이라는 딱지가 붙어서 대출도 안 되고, 취득세 중과, 종합부동산세 폭탄이 매수자를 기다리고 있기 때문이다. 내가 가진 자산은 전혀 오르지 않았는데, 아파트와 같은 주택으로 분류되니 갑자기 투기꾼 취급을 받는다. 때를 잘못 맞춘 것에 대한 상대적 박탈감에 의한 스트레스도 큰데 어디 누수라도 터지거나 악질 임차인을 만나면, '내가 정말 왜 다가구주택을 샀나?' 하는 생각만 든다. 하지만 그동안은 그랬지만, 필자는 지금이 다가구주택 투자 적기라고 본다. 왜냐하면 이제는 트렌드가 시세차익형에서 수익형으로 바뀌고 있는데, 다가구주택은 그렇게 많이 오르지 않았기 때문이다.

3가지 스트레스에 관해서 서술하다 보니 다가구주택이 무조건 안 좋은 것처럼 보인다. 절대 그렇지 않다. 좋은 다가구주택을 사서 장기 보유하면 이것만 한 투자처가 없다. 또한, 지금 같은 시기에 취득세 문제만 해결한다면 다가구주택과 같은 저평가된 자산도 없다. 아쉽게도 무주택자는 돈이 없고, 돈이 있는 분들은 무주택 명의가 없을 뿐이다. 다가구주택 투자의 장점에 대해서 다음 장에서 이야기해보자.

42

그래도 다가구주택 건물이
좋은 이유

앞서 다가구주택 투자에 대한 안 좋은 점만 기술한 것 같아서 이번 장에는 객관적으로 비교를 해보려고 한다. 다가구주택 투자가 손이 많이 가는 것은 사실이지만 장점도 많다.

가격이 덜 오른 편

투자자에게 가장 큰 호재는 '저렴하다'라는 것이다. 똑같은 토지 위에 상가건물과 다가구주택이 있다면 다가구주택이 더 저렴하다. 상가건물은 법인으로 사면 최대 80%까지 대출이 나오고 취득세, 종합부동산세, 양도세가 부담 없지만, 다가구주택은 법인으로 사면 취득세 13%는 기본이며, 종합부동산세 6%, 양도세 20%p 추가 과세에 더불어서 대출도 어렵다. 이렇게 주택 세금 중과와 주택 대출 규제 때문에 수요자가 사라지다 보니 유동성이 덜 흘러 들어갔다. 매수자 입장에서는 주택이 있는 것보다는 차라리 나대지 상태로 있는 것이 더 거래가 수월하다. 취득세도 4.6%이고, 대출 규제, 종합부동산세도 없어서 훨씬 좋다. 그래서 한동안 주택 규제가 심해질수록 집이 없어지는 역설이 있었다. 집을 부수고 나대지 상태로 파는 게 훨씬 잘 팔리기 때문이다.

그러다 보니 자연스럽게 땅값만 주고 거래하는 수준으로 저렴해졌다. 다가구주택이든, 상가건물이든 본질적으로 땅에 대한 투자인데, 주택 규제로 땅값도 안 되는 가격에 가끔 거래가 된다. 땅을 사면 덤으로 주택이라는 보너스(또는 짐)를 얹어서 주는 것이다. 이런 것을 사서 잘 수리해서 임차를 맞추면 알토란 같은 수익형 자산이 되기도 한다. 문제는 유주택자들은 다가구주택을 살 수가 없다는 데 있다. 취득세 규제가 아직 남아 있기 때문이다. 무주택자들은 대부분 사회초년생이나 신혼부부일 가능성이 크다. 그들에게는 다가구주택에 투자할 돈이 없다. 누구는 돈이 아쉽고, 누구는 명의가 아쉬운 상황이다. 그렇다고 해서 1주택자가 사는 아파트를 팔고 다가구주택에 들어가기에는 자녀 학군이라든가, 배우자 반대가 심해서 실거주를 옮기기는 쉽지 않다.

다가구주택은 주거용 상품이다

주택이라서 얻는 불리함도 있지만, 반대로 주거용이기 때문에 임차 수요는 풍부하다. 필자의 상가 투자 경험은 좋지 못하다. 하지만 주거용 투자에서 얻은 교훈은 주거용 상품은 필수재이기 때문에, 가격을 낮추면 수요자가 반드시 생긴다는 것이다. 코로나19가 같은 비상 상황이 생겨도 어딘가에는 거주해야 하지만, 상가는 그렇지 않다. 그렇기 때문에 안정적인 임차가 가능하다. 단, 필자는 평택, 구미 같은 일자리 수요에만 너무 의존하는 지역은 꺼린다. 왜냐하면 기업이 들어오고 나가는 것에 너무 많은 의존해야 하는데, 기업이 나간다고 해서 투자자가 막을 수 없기 때문이다. 그래서 광역시급 도시에만 투자해도 꽤 안정적인 임차가 가능하고, 서울에 투자한다면 비역세권이라도 수요가 있다. 못 믿겠다면 밤 9시에 그 동네를 가보아라. 불이 켜진 집에는 누군가는 살고 있다는 뜻이다.

실거주와 투자를 동시에

다가구주택의 강력함은 실거주와 투자를 동시에 해결할 수 있다는 점이다. 2, 3층은 투룸으로 짓고 4층 전체는 주인 세대로 지으면 넓은 집에 살면서 월세도 받을 수 있다. 실거주까지 하게 되면 관리도 훨씬 수월해진다. 분리수거나 담배꽁초도 매일같이 관리할 수 있으니 말이다. 필자는 개인적으로 은퇴를 앞둔 베이비붐 세대의 이상적인 투자 형태라고 본다. 퇴직금으로 대출 없이 다가구주택을 매입하고 2, 3층 세대로부터 월세를 받고 본인이 직접 관리하면서 관리비를 조금씩 걷으면, 소일거리도 생기고 본인 자산을 가꾸는 즐거운 마음이 생길 것이다.

더 강력한 것은, 1주택자의 혜택을 온전히 누릴 수 있다는 것이다. 우리나라는 세법에서 1주택과 다주택자의 대우가 매우 다른데, 대표적으로 종합부동산세 공제금액과 양도세 비과세가 있다. 1주택자는 12억 원까지 종합부동산세를 공제해주니, 부부 공동 명의로 한다면 시가 30억 원까지는 종합부동산세 걱정이 없을 것이다. 그리고 1세대 1주택자가 12억 원 이하의 주택을 거래하는 경우 양도세가 비과세이며, 12억 원을 초과하는 경우 '12억 원 초과분의 비율'만큼 양도세를 부과한다. 예를 들어, 8억 원에 부부 공동명의로 다가구주택을 매입했다고 가정해보자. 8년간 보유하고 있다가 15억 원에 매도하면 장기보유특별공제 적용은 물론이고, 인당 3억 5,000만 원의 양도차익이 아니라 12억 원 초과분의 비율만큼을 제한 7,000만 원이 양도차익이 되어 인당 850만 원의 양도소득세를 내면 된다. 분명 실거주도 해결하면서 여러 호실을 가진 다주택자와 본질은 같지만, 적어도 세법상에서는 1주택자로 대우받는다.

토지 투자이면서 수익형 투자가 주는 편안함

토지는 늘 우상향한다. 다가구주택 투자는 토지에 대한 투자라고 했다. 빌라와 다가구주택은 겉보기에는 똑같이 생겼어도 토지의 소유주가 1명인 것과, 10명인 것은 천지 차이다. 빌라는 주민 간에 협상이 안되면 재건축은 꿈도 못 꾸고 그대로 낡아간다. 하지만 주인이 1명인 다가구주택은 주인의식을 갖고 가꾸기 때문에 감가도 훨씬 덜 되는 편이며, 30~40년이 지나면 그대로 매각하거나 재건축도 가능하다. 토지 소유주가 1명인 것은 아주 큰 차이다.

자신이 장기 투자자라면 다가구주택 투자만 한 것이 없다. 토지는 늘 우상향하는데, 월세도 늘 나오니 관리만 잘해주면 절대 손해 볼 수 없는 투자처다. 아파트와는 달리 내 물건의 시세가 얼마인지 정확히 알기 어려운데, 오히려 이게 투자를 할 때는 장기 보유할 수 있는 원동력이 된다. 어차피 우상향하니 시세 체크는 하지 않고 월세만 받으면 되기 때문이다. 아파트 투자자들은 투자금 대비 10배의 수익이 나기도 하지만, 몇억 원의 손실을 겪기도 하는데, 땅을 깔고 앉은 다가구주택 투자는 그럴 걱정이 없다. 급등도 하지 않지만, 하락도 하지 않기 때문이다. 안전하고 편안하게 갖고 있다 보면 어느 날 등기우편이 날아올 것이다. '○○구역 재개발 추진위원회'로부터 말이다. 서울의 핵심지 땅을 장기 보유할 수 있다면 결국에는 개발될 수밖에 없다. 이미 인프라가 깔린 서울에서 주거 문제를 해결하는 것은 저층 주택가를 고층으로 탈바꿈하는 방법밖에 없다.

43

후회 없는 다가구주택
사는 법

다가구주택의 단점에 대해서 충분히 설명을 들었음에도 투자할 생각이 드는가? 그렇다면 어차피 말려도 살 사람일지도 모른다. 기왕 살거 좋은 다가구주택을 골라보자. 정확히는 '단독주택'이다. 단독주택은 '다가구주택, 다중주택, 상가주택'으로 나눌 수 있다. 다중주택은 대학교 앞에 있는 고시원 같은 원룸 주택을 이야기하는데, 주차 대수에 대한 규제가 덜 하기 때문에 최대한 쪼개서 작게 만들고, 다가구주택은 세대당 주차 대수 규제가 있어서 주차 대수에 맞춰서 가구수를 맞춰서 짓는다. 상가주택은 다가구주택이든, 다중주택이든 상가가 섞여 있는 것을 말한다.

좋은 다가구주택은 수익률이 낮다

수익형 부동산이다 보니 사람들이 수익률에 집착한다. 그러나 다가구주택이나 상가건물은 땅을 사는 행위다. 좋은 땅은 그만큼 시세차익에 대한 기대치가 매매가격에 반영되어 있기 때문에 필연적으로 수익률이 떨어진다. 그래서 지방으로 갈수록 수익률이 8~10%에 육박한다. 수익률의 함정이다. 다가구주택은 수익률이 떨어질지언정 땅값이 비싼 곳을 사야 한다. 그게 환금성도 더 좋다. 그래서 다음과 같은 공식을 잊지 말자.

> **다가구주택 투자 공식 : 65평 대지 땅값 > 건축비인 곳**

토지가격이 저렴한 곳을 수익률이 높다고 덜컥 사버리면 안 되는 이유는 건축은 토지를 레버리지 삼아서 하기 때문이다. 신축을 조금이라도 고려해본 사람은 무슨 이야기인지 알 것이다. 서울에서 짓든, 부산에서 짓든 다가구주택 신축 비용은 비슷비슷하다. 원자재 가격이나 인건비가 대부분 비슷하기 때문이다. 65평 대지에 다가구주택을 지을 경우 건축비가 8억 5,000만 원 정도 든다(더 올랐을 수도 있다). 4억 원짜리 토지에 8억 5,000만 원을 투자할 사람이 있을까? 거꾸로 15억 원짜리 토지라면 토지를 레버리지 삼아서(토지를 담보로 대출받아서) 신축 건물을 올릴 수 있게 된다. 결과적으로 땅값이 낮은 동네는 아무도 신축하지 않아서 낡은 건물만 모여 있게 되고, 동네는 낙후되어가고 저렴한 지불능력을 가진 임차인들만 모여 살게 된다. 어차피 신축해보아야 매년 벌어가는 월세 수익보다 건축비에서 감가되는 게 더 크기 때문이다.

필자의 말을 못 믿겠다면 강남구 대치4동 다가구주택촌과 구로구 구로2동 다가구주택촌을 비교해보라. 도곡초등학교 인근 다가구주택 촌은 원래 빨간 벽돌 건물과 단독주택이 혼재되어 있는 주거지였다. 시간이 지나면서 빨간 벽돌 건물을 허물고 다가구주택 건물들을 신축했다. 땅을 담보대출 받아서 건축비를 충당할 만큼 사업성이 되기 때문이다. 하지만 구로2동 일대는 더 오래된 건축물이 많지만 신축한 다가구주택을 찾기 힘들다. 토지가격이 건축비의 절반도 되지 않아서 사업성이 나오지 않기 때문이다. 건물주는 건물이 낡아감에 따라 건물 신축과 임대료 인하라는 선택의 기로에 서게 된다. 4억 원을 들여서 새로 지어서 월 50만 원을 받느니, 기존 것을 그대로 두고 월세 25만 원을 받는 게 더 이득이기 때문이다. 그러다 보니 구로2동은 1970~1980년대 다가구주택 건물이 그대로 있고, 대림동에서 밀려온 조선족 임차인들이 한국인보다 훨씬 많다. 이런 곳은 지자체에서 재개발을 진행하지 않으면 계속 낙후되어 슬럼화된다. 결국 사람들이 떠나고 빈집이 된다. 건축비가 10년에 비했을 때 2배 가까이 올랐기 때문에 앞으로 이런 양극화는 더욱 심해질 것 같다.

주거 수요가 많고, 공급이 힘든 곳

다가구주택의 주 수요층은 아직은 자본력이 조금 부족한 임차인들이다. 대학생, 이제 막 취업한 사회초년생이나 비혼주의자, 신혼부부 등이 있다. 이런 수요가 많은 곳을 찾아서 투자해야 한다. 단, 다가구주택은 1인 가구만 사는 곳은 아니다. 3, 4인 가족도 살기 때문에 초등학교 인근도 주거수요를 일으킬 수 있는 좋은 입지다. 대학교 앞이나 직주근접으로 가는 2, 7, 9호선 지하철 노선이면 좋겠다. 앞으로 일자리가 늘어나는 곳도 좋은 투자처가 되는데, 앞서 언급한 것처럼 너무 기업의 일자리 수요에만 의존하는 투자는 위험할 수 있다. 경북 구미, 경남 거제가 대표적이다. 산업에 위기가 닥치니 일감이 줄어들고, 다가구주택 여럿이 경매로 나왔다.

필자는 신축 공급을 절대적으로 싫어한다. 공급이 많은 곳은 신도시 택지지구나, 땅이 드넓은 지방 중소도시가 그렇다. 신도시 택지지구 단독주택 부지에 모든 건물이 지어지는 데 10~15년 정도 걸린다. 다가구주택은 오피스텔이나 작은 아파트와도 경쟁해야 한다. 택지지구 용지를 늦게 매입하면 가격을 2배로 지불해야 할 수도 있지만, 임대료가 충분히 올라온 상황에서 마지막으로 입주한 신축이라는 경쟁력이 있다. 그래서 땅이 부족한 곳을 좋아한다. 뒤에는 산이요, 앞에는 도로와 하천으로 둘러싸여 더 이상 건축부지의 공급이 부족한 곳. 그런 곳 중 하나가 서울이다. 서울에서도 관악구, 동작구, 영등포, 광진구, 강동구 천호동 같이 가격도 적당하면서 서울 핵심지로 가는 교통이 좋은 곳에 관심을 두고 있다. 경매로도 괜찮은 매물이 10억 원 내외에서 나오는데 항상 아쉬운 것은 돈 또는 명의가 없다는 점이다.

마지막으로 하나만 덧붙이자면, 주거지와 가까운 곳을 선택하는 것이 좋다. 다가구주택이 주거용 상품이다 보니 여러모로 손이 많이 간다. 분리수거라든가 간단한 복도 청소, 전구 교체마저 외주를 주면 수익률이 많이 떨어진다. 가령 서울에 거주하면서 대전 다가구주택에 투자를 했다면 모든 것을 외주로 해야 하는데, 싱크대 수전 교체처럼 간단하게 고칠 수 있는 것도 전문가를 부르게 되면 기본 출장비가 6만 원 정도 되니 그만큼 수익률을 갉아먹기 때문이다.

신축 vs. 구축

특정 동네를 선정했다면, 어떤 다가구주택을 살지 결정해야 한다. 세상은 너무나 공평하다. 비싼 값을 지불하면 스트레스가 적고, 싼값을 지불하면 스트레스가 크다. 신축을 사게 되면 비싸다. 신축하는 과정에 대한 리스크가 모두 해소된 채 준공된 채로 임차 세팅까지 끝내서 넘겨받는 것이니 그렇다. 대체로 3~4년 차가 매수하기 괜찮다고 느껴지는데, 문제는 비싸서 눈에는 잘 들어오지 않는다. 그렇다고 땅값만 주고 사는 1970~1980년식 다가구주택은 사실 좀 꺼려진다. 철근콘크리트 구조가 아닌 연와조도 있고, 난방배관도 부식되는 재질로 지어진 곳이 많아 누수가 발생하기 때문이다. 그래서 필자는 1990년대 후반 2000년대 초반 철근콘크리트 다가구주택 건물을 땅값에 매입하고 싶다. 토지와 철근콘크리트만 산다는 느낌으로 매입하고, 새시, 난방 배관, 급수 배관 등, 아예 전부 대수선(리모델링)한다는 느낌으로 매입하는 것이다. 그럴 거면 다시 지으면 되지 않느냐고 물을 수 있는데, 철근, 시멘트의 가격이 많이 오르기도 했고, 주차장법이 점점 강화되어서 예전 같은 용적률로 짓기도 어렵다. 다만, 구축에는 엘리베이터가 없는 것이 조금 아쉽다.

실전 투자 사례 :
위기를 기회로

2019년 말 다주택자 취득세 4.6% 중과 규제가 갑자기 신설되었다
(7·10 대책의 13% 규제와 비교하면 애교지만, 나름 그때는 충격이었다). 대전 아파트
가 너무 많이 올랐다고 느껴지기도 했고, 아파트 자산을 정리하고 예전
에 로망처럼 품고 있던 수익형 부동산에 다시 관심이 가기 시작했다.
9억 원이 넘는 취득세는 어차피 3.3%여서 얼마 차이가 안 나니 우량자
산으로 투자하고 싶다는 생각이 들어 다가구주택을 살펴보기 시작했
다. 네이버 부동산으로 대전지역 손품을 팔고, 경매 매물도 자주 분석
했던 터라 어느 정도 선인지 감이 잡혔다.

투자 지역 선정

결과적으로 충남대학교와 카이스트를 사이에 두고 있는 궁동으로 결
정을 내렸다. 가장 큰 이유는 필자가 카이스트 대학원을 다녔기 때문에
궁동-어은동 사이의 상권 등의 특징을 잘 알고 있었다. 충남대학교 학

생들의 주요 활동반경과 동선을 알았기 때문에 선호하는 다가구주택 위치도 알았다. 다만, 코로나19로 비대면 수업이 강화되면서 대학교 임대료도 내려가고 임차 수요도 많이 줄었는데, 필자는 이것을 오히려 투자 기회로 보았다(코로나가 끝나면 대학교로 복귀할 것 아닌가?).

| 대전 유성구 궁동 지도 |

또 다른 이유는 여기는 땅값이 꽤 비싼 곳이었다. 그도 그럴 것이 좌우에는 대학교, 북쪽에는 산, 남쪽에는 도로와 활 모양의 하천으로 가로막혀 있어서, 주요동선이나 인구가 어디로 빠져나가기 힘든 형태를 갖추고 있었다. 당시에 대지 평당가 1,350만 원 선이었고, 현재도 평당 1,550만 원 정도 유지하고 있다. 필자 투자 공식대로 대지 평당가가 신축비용보다 비쌌고, 실제로 코로나19로 인해서 공실이 많아지자 여기저기 신축 붐이 일어났다. 많은 건물주들이 공실이 일어난 김에 신축이나 하자고 판단한 것 같다. 그래서 이곳 궁동 로데오거리는 초기에 있었던 빨간 벽돌 건물이 드물다. 어느 정도 시간이 지나면 건물주가 내부 리모델링을 하거나, 아예 부수고 재건축을 해버려서 동네가 낡지 않았다는 느낌이 든다. 어찌 되었든, 충남대학교 학생들 동선에서 멀지 않은 곳의 방 24개짜리 2009년식 다가구주택(정확히는 다중주택)을 매입했다. 처음에는 경매로 매입하려고 열심히 찾아보았으나, 이곳은 단 한 번도 경매로 나온 적이 없었다. 좋은 물건은 공실이 없어서 대출이자를 연체할 이유가 없고, 경매로 나오기 전에 미리 팔리기 때문이다. 그래서 일반 매매로 매수했다.

다가구주택 매수 과정

9억 원에 가까운 다가구주택을 어떻게 매수했을까? 대출 없이는 힘들다. 그런데 다가구주택은 방이 많다 보니 필연적으로 방 공제(최우선변제금액 차감)를 하다 보면 대출액이 나오지 않는다. 그래서 방 공제를 하지 않는 신탁대출로 잔금을 치렀다. 신탁대출은 방 공제를 하지 않는 대신에 소유권이 신탁사로 위탁된 형태다. 그러다 보니 전세는 당연히 맞추기 힘들고, 월세 임차인들도 단기 위주로 받을 수밖에 없어서 임대차에 어려움이 있었다. 그래서 생각을 조금 바꿔 도배와 장판을 새로 하고, 커튼이나 가구를 모던 화이트톤으로 바꾸었다. 임차가 잘 나가는 2, 3층 일부는 높게 전세금을 받으면서 신탁대출을 상환하고, 임차가 잘 나가지 않았던 1층은 단기 임대로 놓았다. 조금 수고스럽지만 학기 기간에 맞춘 단기 임대는 수요가 많아서 2, 3층에 준하는 월세를 받을 수 있었다. 참고로 코로나 때에는 월세를 23만 원 받던 것을 지금은 30만 원에 줘도 공실이 하나도 없고, 건물 매물도 많이 없다. 위기를 오히려 기회로 보려는 시도가 적중한 것이다.

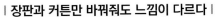

| 장판과 커튼만 바꿔줘도 느낌이 다르다 |

충남대학교와 카이스트가 버티고 있기 때문에 임차수요가 꾸준하고 대전은 유성구 쪽이 발전 가능성이 더 큰 곳이라서 조금 더 보유하고 있을 계획이다. 수익형 부동산의 특징은 일단 한번 매수하면 매달 월세가 나오고, 다가구주택은 시세 파악이 어렵기 때문에 매도할 생각이 잘 들지 않는다. 지금도 매주 한 번씩 들러 분리수거를 하고 건물 청소를 한다. 이런 부분도 외주를 주면 25만 원 정도에 맡길 수 있지만, 거주지와 멀지 않기 때문에 직접 하는 편이다. 20년 차가 되는 해에 리모델링 후 월세를 높이거나, 매각할 생각이다.

45

빌라는 이런 것

이번 장에서는 빌라 투자에 대해서 다루어보려고 한다. 흔히들 빌라는 절대 투자하지 말아야 할 것으로 여긴다. 하지만 이러한 편견을 이기고 투자해야 남들이 잃을 때, 조용히 시세차익을 올릴 수 있다. 먼저 흔히 말하는 빌라에 대해서 정확하게 짚고 넘어가자. 빌라의 건축법령상 분류는 '다세대주택'이 맞다. 아파트와 같은 공동주택이고, 그중에서도 다세대주택은 다음과 같이 정의되어 있다.

> **다세대주택** : 주택으로 쓰는 1개 동의 바닥면적 합계가 660㎡ 이하이고, 층수가 4개 층 이하인 주택

다가구주택은 생김새는 비슷하게 생겼지만, 단독주택으로 분류되기에 주인이 1명이다. 즉, 빌라는 호실별로 구분소유한 형태이고, 따라서 분양도 가능하다. 똑같이 10개의 가구가 한 건물에 살아도 다가구주택은 세법상 1주택이고, 빌라는 10주택이 된다.

빌라는 서민들을 위해 없어서는 안 되는 주거 형태다. 왜냐하면 서울 같은 핵심지에서, 저렴한 금액으로 주거 문제를 해결할 수 있기 때문이다. 서울 아파트가 10억 원이 훌쩍 넘어가는데 갓 결혼한 신혼부부나 취약계층은 당장 생활비 한 푼이 아쉬울 수도 있다. 하지만 직장 등의 이유로 꼭 서울에 살아야 하는 수요가 있다. 저렴한 금액으로 내 집 마련을 할 수 있기도 하고 전세·월세 금액도 저렴하다.

그러나 매매는 잘 하려고 하지 않는다. 소중한 첫 명의를 잘 팔리지도 않을 빌라에 쓰고 싶지는 않을 것이다. 반대로, 전세·월세 같은 임차로 거주하기에는 신축빌라는 아무런 불편함이 없기 때문에 수요가 많다(신축빌라는 주차, 엘리베이터, 구조, 수납공간이 아파트에 뒤지지 않는다). 거기에서 투자 포인트가 생긴다. 순수한 빌라 갭 투자는 매매가격으로 차익을 본다는 생각보다는 전세·월세 가격을 올려 받는 관점에서 바라보아야 한다. 3억 원에 매매한 물건이 3억 1,000만 원, 3억 3,000만 원…. 이렇게 가랑비 옷 젖듯이 전세가격이 올라주면서 투자금을 회수하고 수익을 낸다. 팔지 않아도 시세차익을 볼 수 있는 것이다. 팔지 않으면 '황금알을 낳는 거위'라고도 볼 수 있겠다.

정말 빌라도 오를까? 투자해본 사람은 안다. 빌라도 오른다. 모든 부동산은 토지와 건축물로 이루어져 있다. 인플레이션이 있는 한, 토지는 유한해서 항상 우상향하고, 건축비도 늘 오르기만 한다. 준신축과 신축의 가격 차이가 벌어지면서 갭 메우기를 하듯이 따라서 오른다. 믿기 어렵다면 다음의 KB부동산 그래프를 보자. 통계를 집계한 이후 부침은 있었지만, 우상향했다(다만, 아파트보다는 적은 폭으로 올랐지만 아파트보다 들어가는 투자금은 훨씬 적다는 점도 생각해야 한다). 빌라가 오르는 근본적인 이유는 땅값은 늘 우상향하기 때문이다.

| 연립주택 매매가 추이(1986-2023) |

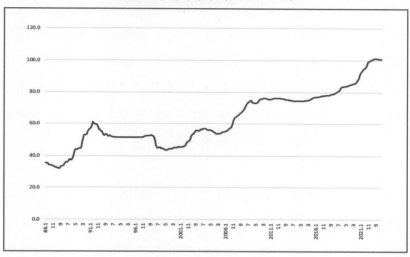

출처 : KB부동산

그래서 빌라는 될 수 있으면 수도권, 그중에서도 땅이 부족한 서울 핵심지에 투자하는 것이 좋다. 빌라도 결국 제2종일반주거지역의 대지 지분을 몇 평씩 보유하고 있기 때문에 항상 아파트 지을 땅이 부족한 서울에 해야 한다. 이 말은 곧, 아파트 지을 곳이 부족하면 빌라촌을 밀고, 제3종일반주거지역으로 종상향 후에 아파트촌이 들어설 수 있다는 이야기다. 그때부터는 빌라보다는 재개발 투자에 더 가깝겠지만, 대지 지분을 가지고 투자한다는 점에서는 본질적으로 빌라 갭 투자든, 재개발이든 똑같다. 가지고 있는 동안에는 전세·월세로 임대차 수익을 보면서, 노후화되면 아파트로 변신하는 요물 같은 녀석이지만 투자가 쉽지 않은 종목이다.

빌라의 장단점을 하나씩 살펴보자. 빌라는 전세가율이 90~100%에 가깝기 때문에 소액으로도 수도권 투자를 할 수 있다. 전세가 아니라 월세로 투자를 한다고 하더라도 현재 매매가격이 워낙에 저렴하기 때문에 수익형으로도 훌륭한 투자 수단이다. 최근 빌라왕 사건과 전세대출 이자 폭등, HUG보증한도 축소 영향으로 월세를 더 선호하는 추세다. 그뿐만 아니라 PF대출 중단, 금리 인상으로 건축 사업비 증가, 건축비 인상 등으로 오히려 공급은 줄어들고 있는 추세이기 때문에 월세 수요는 날로 늘어나는데 공급이 부족하기 때문에 앞으로도 월세 시세는 오피스텔과 마찬가지로 우상향할 것이라고 본다.

빌라 상품 자체만 놓고 볼 때는 그렇게 매력적이지 않다. 개별성이 강해 균질한 주택 품질을 기대하기 어렵고, 어떤 매물은 뷰가 막혀 있거나 날림공사이기도 하다. 개별성이 강하다는 것은 곧 시세 파악이 어려워 바가지를 쓸 위험성도 있고, 은행에서도 굳이 번거롭게 감평 후에 위험자산인 빌라에 대출을 해주고 싶어하지 않는다(낙찰가율이 아파트 대비 현저하게 떨어지기 때문이다). 게다가 빌라도 결국 다세대주택이기에 주택수에도 들어가고, 온갖 주택 규제와 대출 규제도 다 받기 때문에 무주택자들이 굳이 매수하지 않는다. 관리비가 들지 않는다는 장점은 곧 단점이기도 한데, 뚜렷한 관리주체가 없기 때문에 건물의 노후화가 빠르고, 관리인이 없다 보니 분리수거장, 공용계단 등이 지저분하게 유지되고 주차 문제도 복잡하다.

그럼에도 불구하고 우리가 빌라에 투자하는 이유는 2가지다. 첫째는 싸다. 아파트가 3배 가까이 상승할 때 겨우 물가 상승률 수준으로만 올랐다. 같은 입지 내 아파트 대비 상승률이 적기 때문에 신혼부부들도 접근 가능한 수준이다. 투자를 할 때, 필자가 가장 중요하게 여기는 것은 자산이 얼마나 저평가되어 있는지인데, 감정평가 방법 중에 하나인 원가법으로 따져보았을 때 신축 투룸 분양가를 놓고, 5년 전 지은 준신축 투룸 분양가를 비교해보면 월등히 저렴하다는 것을 알 수 있다(그만큼 신축 건축비와 건축 사업 비용이 많이 늘었다). 두 번째는 대지지분을 가져가기 때문이다. 재개발되어 아파트로 탄생하는 것은 먼 훗날의 일이겠지만 불가능한 것은 아니다. 대지지분을 가지고 있기 때문에 언젠가는 서울 핵심지 역세권에 소형 아파트가 될지도 모른다.

빌라 투자가 갖는 장단점을 표로 나타내면 다음과 같다.

장점	단점
- 소액으로 투자 가능, 현재 저평가되어 있다.	- 개별성이 강해 거래가 어렵다.
- 신축은 아파트같이 살기 편리하다.	- 주택 품질이 낮다.
- 빌라는 대지지분이 많다.	- 거래가 쉽지 않아서 환금성이 떨어진다.
- 나중에 아파트가 될 수도 있다.	- 대출이 쉽지 않다.
- 수익형으로도 훌륭하다.	- 주택이라서 주택·대출 규제를 받는다.
- 관리비가 없다.	- 관리 주체가 없고, 노후화가 빠르다.

사야 할 빌라,
사면 안 되는 빌라

빌라는 개별성이 강하다. 그래서 아파트 투자와는 다르게 많은 것들을 따져보아야 하고, 훨씬 시간과 정성을 많이 들여서 투자해야 한다. 좋은 빌라를 고르는 안목과 사지 말아야 할 것들이 대해서 다루어보려고 한다.

연식보다는 입지가 우선

위치 측면에서 보았을 때 당연한 것이지만, 좋은 입지, 땅값이 비싼 동네의 빌라를 사야 한다. 강남·강북 아파트는 많게는 2배 이상 차이가 나지만, 빌라는 그렇지 않다. 강남·강북 빌라의 차이가 크지 않기 때문에 둘 중에 고른다면 땅값이 더 비싼 동네(대체로 한강 이남, 강남 3구) 빌라를 투자하는 게 좋다. 다르게 말한다면 아파트 가격 대비 빌라 가격이 저렴한 곳을 사야 한다. 같은 땅에 거주하지만 아파트에 거주하려면 20억 원, 빌라는 4억 원에 할 수 있는 곳을 찾으라는 이야기다. 그중에서도 필자는 2, 7, 9호선을 가장 선호한다(강남을 가로로 가로지르는 3개 노선).

좋은 빌라 특징 : 엘리베이터, 트인 뷰, 병렬 주차

상품 측면에서 보았을 때는 엘리베이터가 있는 게 훨씬 선호된다. 예전 빌라는 엘리베이터가 없는 것이 대부분이었으나 2010년식 이후부터 엘리베이터를 설치하는 것이 추세가 되었고, 현재 신축들은 대부분 엘리베이터가 있다. 20대 임차인들은 상관없지만, 아이가 생겨 유모차라도 밀어야 한다면 엘리베이터는 무조건 필수다. 더불어서 근력이 약한 노인이나 여성들도 계단보다는 엘리베이터를 훨씬 선호하기 때문이다. 필자의 가족이 4층 빌라 꼭대기에 거주한 적이 있는데, 무거운 장바구니를 들고 여름에 끙끙대며 올라가시던 어머니가 생각난다(4층 꼭대기 빌라는 여름에는 무척 덥고, 옥상 누수의 리스크도 있다). 참고로 엘리베이터가 없는 빌라는 2, 3층이 로얄층이고, 엘리베이터가 있는 빌라는 고층일수록 로얄층이다.

그리고 필자가 개인적으로 따지는 게 거실 창문이 벽으로 가로막혀 있느냐, 아니냐다. 북향 또는 남향보다 중요한 게 앞이 트였는지 여부다(북향도 빨래는 안 마를지언정 반사광에 의해서 해가 은은하게 들어오고 꽤 환한 채광도 된다. 하지만 당연히 남향이 더 좋다). 그런데 앞이 막혀 있는 빌라는 답답한 느낌을 준다. 필자가 매수한 빌라 임차인에게 이 집을 선택한 이유를 물었더니, 반지하에 살다가 답답해서 트인 데만 찾아다녔다고 했다. 뻥 뚫린 뷰까지 바라는 것은 아니다, 환기되고 날씨 정도를 체크할 수 있는 답답하지 않은 4m 도로뷰만 되어도 괜찮다고 생각한다. 개인적으로는 공원뷰나 놀이터뷰가 영구뷰이기 때문에 제일 선호한다.

필수적으로 체크해야 할 것이 주차 대수와 주차 방식이다. 예전 1990년대에 지은 빌라는 필로티 구조가 아닌 것이 많은데, 주차 대수가 0.3대 정도로 턱없이 부족하다. 8세대인데 주차는 2대만 가능하다. 요즘은 1인 가구들도 주차를 하는 경우도 많기 때문에 주차가 되고, 안되고로 입주 여부를 결정하는 경우도 많다(그런 점에서는 오피스텔이 유리하다). 주차 방식도 따져보아야 하는데, 직렬 주차와 병렬 주차가 있다. 직렬 주차는 다른 이웃의 차가 내 차의 앞을 직렬로 막고 있는 방식이다. 내 차를 빼려면 그 이웃에게 전화해서 차를 빼달라고 부탁해야 하니 보통 성가신 게 아니다. 남들에게 부탁하거나 피해를 입히기 싫어하는 요즘 MZ세대들은 이런 주차 방식은 피한다. 반대로 병렬 주차 방식은 마트 주차 방식처럼, 차들이 옆으로 나란히 있는 방식이다. 이런 주차 방식은 빌라 부지 자체가 넓거나 도로를 가로로 넓게 접해 있어야 가능하다.

위반건축물, 근생빌라, 지방빌라

이번에는 거꾸로 사지 말아야 할 빌라에 대해서 알아보자. 1순위로 꼽는 것은 위반건축물 여부가 있는 빌라다. 빌라를 불법으로 확장하는 게 아주 흔한 일이 되었는데, 일조권 사선 제한 때문에 아래층의 천장이 우리 집의 필로티 바닥이 되는 경우에 이를 확장해서 불법으로 방을 만들어버린다. 보너스 개념이 아니라 애초에 설계 당시부터 그렇게 하기 때문에 다음 그림 같이 원룸이 쓰리룸으로 변신하기도 한다.

< 대상물건 기호(나) 제4층 제401호 내부구조도 > - 공부상 면적 13.88㎡

출처 : 법원경매정보

예전에는 두 번 과태료를 내면 그 이후에는 내지 않았으나 몇 년 전 개정되어 위반건축물 과태료를 위반사항을 시정할 때까지 내는 것으로 바뀌었다. 더 큰 문제는 매매대출·전세대출이 불가능하다는 것이다. 위반사항이 건축물대장에 노란색 딱지로 등재되면 어지간한 금융권에서 대출받을 수가 없고, 전세대출이 안 되기 때문에 사실상 임차인을 구하기 힘들다. '나는 현금으로 전세 들어온 거라 상관없어요'라고 생각하시는 분이 있다면 큰 오산이다. 왜냐하면 다음 임차인이 들어오지 않으면 현실적으로 집주인이 전세보증금을 내어주는 게 불가능하기 때문이다. 처음부터 위반건축물 등재가 안 된 것에 투자하는 것도 기본이지만, 앞으로도 위반건축물 등재가 되지 않을 것을 사는 것이 가장 중

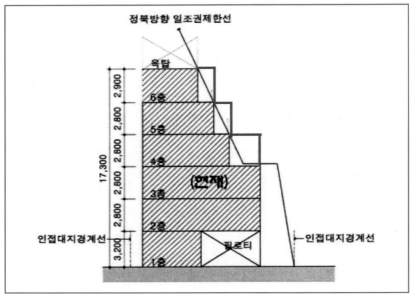

| 사선 제한으로 생긴 발코니 부분을 불법 확장한 빌라 |

정북방향 일조권제한선

옥탑

6층

5층

4층

(현재)

3층

2층

필로티

1층

인접대지경계선

인접대지경계선

출처 : 국토교통부 자료

요하다.

주로 3~4층, 꼭대기층에서 불법 확장, 위반건축물의 유혹이 많다. 계단식으로 되어 있는 일조권 사선제한인 부분을 사용승인 후에 확장하기 때문이다. 확장 여부를 확인하는 방법은 건축 당시 도면을 떼어보면 되는데, 매수계약을 하기 전에 이런 것들을 매도자에게 요구하기란 현실적으로 어렵다. 또 다른 방법은 안에 들어가서 외벽 부분을 통통 두드려보는 것이다. 불법으로 확장하는 경우에는 보통 샌드위치 패널로 벽체를 세우기 때문에 텅텅 빈 소리가 난다. 반면 건축 당시에 지은 벽은 철근콘크리트이기에 딱딱한 소리가 난다. 또 한 가지 방법은 외부에서 눈으로 확인해보는 것인데, 확장으로 세운 벽 부분을 잘 보면 미세하게 경계선이 있을 수도 있고, 사용 승인 후에 페인트칠을 하기 때문에 약간의 색상 차이가 있을 수도 있다. 하지만 매수하기로 마음이 굳어졌다면, 매매계약금을 보내기 전에 건축물 도면을 요구하는 것이 확실하다.

위반건축물과 유사한 것으로 근생빌라가 있다. 용도상 근린생활시설(사무실) 등으로 건축허가를 받았지만, 실제로는 보일러 바닥난방을 해서 주거용으로 사용하는 것이다. 그나마 이것은 치유 가능한 위반 건축물인 게 보통 1층이나 2층에 근생빌라를 짓기 때문에 적어도 불법 확장하는 경우는 없다. 대신에 용도를 사무실로 원복해야 해서 바닥난방을 다 깨부숴야 하는 번거로움은 있지만, 회복할 수 있다. 초등학교 앞이나 업무지구 인근 근생빌라를 매수한다면 공부방, 필라테스, 네일샵, 배달음식점 등의 용도로 재탄생할 수 있기 때문에 무조건 나쁘다고 보지는 않는다. 나름 장점도 있는데, 주택이 아니기에 취득세 중과, 주택종합부동산세에서 배제된다. 상가이기 때문에 대출도 주택보다는 훨씬 잘 나올 것이다. 다만, 전세대출은 쉽지 않기 때문에 대출받아 월세 투자를 해야 한다.

사실 필자도 초기에는 빌라 투자에 대한 두려움을 가지고 있었는데, 블로거 숙주나물님이 2019년에 '월급쟁이 부자들'에 출연한 영상을 보고 빌라 투자에 대한 편견을 깰 수 있었다. 유료 강의 수준으로 좋은 내용이 많으니 여러분들도 다음의 링크를 꼭 들어보시기 바란다.

월급쟁이부자들 [직장인 재테크 학교]

E102-1 [고수초대] 빌라투자, 무조건 'OO'에 투자해야 하는 이유는?1부
(with 숙주나물님)

19.06.03 · 32분 · 좋아요 230

47

투자 사례 : 무피에서 2,000만 원 플러스피 투자로

이번에는 구체적인 빌라 투자 사례를 다루어보려고 한다. 투자금에 맞춰 지역을 먼저 선정하고, 그 지역 내에서 투자 기준에 맞는 빌라를 고르는 과정을 거치면 누구나 할 수 있다.

투자 아이디어

때는 2019년 가을로, 취득세 중과가 없던 시절이다. 서울 아파트가 저점 대비 약 2배가량 올랐던 시기로, 그에 비해 빌라는 전혀 움직임이 없었다. 빌라에 투자했던 기본 아이디어는 서울 역세권에 소액으로 부동산 투자를 한다는 점에 기인했다. 쓰리룸과 원룸도 고려했지만, 아무래도 신혼부부들에게 투룸이 가장 수요가 많았기에 투룸 위주로 살펴보았다.

지역 선정

필자는 2, 9호선을 가장 좋아하는 데 그중에서도 9호선 급행 위주로 검토했다. 강남, 서초구의 빌라는 투자금이 꽤 많이 들어서 점점 범위를 넓혀보다 보니 석촌역이 눈에 들어왔다. 석촌역은 8, 9호선 환승역 겸 급행역인데, 8호선이 좋은 점은 2호선 잠실역도 한 정거장이고, 실제로는 어지간한 버스로 잠실역에 쉽게 닿는다는 것이다. 게다가 8호선은 일자리가 많은 경기 남부권역까지 닿을 수 있다. 석촌역을 구체적인 지역으로 선정한 이유는 투자금도 소액(3,000~5,000만 원)으로 할 수 있으면서 강남 접근성이 뛰어나 '여기라면 살고 싶다'라는 느낌을 받았기 때문이다. 석촌역을 중심으로 4/4분면으로 나눌 수 있는데 모두 빌라촌으로 이루어져 있다. 송파동 북쪽은 송리단길로 핫플레이스로 변모하고 있었고, 석촌호수가 인근에 있어서 젊은 세대들이 좋아할 여건을 많이 갖추고 있었다. 석촌호수와 잠실에 가까울수록 빌라 매매가격이 올라가기도 했고, 필자가 내거는 조건들을 만족시키는 빌라가 없어서 아쉽지만 송파동 남쪽에 투자했다.

당장 재개발을 바라고 투자한 것은 아니고 순수 갭 투자 형식이었지만, 그래도 재개발 여부를 고려했다. 석촌동 쪽에는 석촌동 고분이 있어서 반경 100m 이내에는 문화재보호구역이라 재개발이나 빌라 신축 시에 걸림돌이 될 것 같았다. 송리단길이 있는 송파동 북측은 상권이 형성되어 있기에 상가 임차인들이나 건물주들의 반발이 심해서 재개발이 불가능할 것으로 보였고, 송파동 남단은 한양 1차, 2차 아파트가 제3종 일반주거지역에 자리 잡고 있었기 때문에 종상향이 되면 먼 미래에는

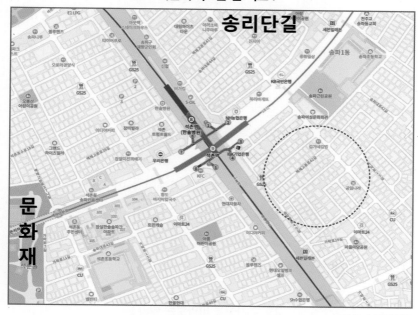

출처 : 네이버지도

유사하게 재개발이 가능할 것으로 생각했다. 하다못해 종상향은 되지 못하더라도 가로주택정비사업이나 모아주택 등으로 꼬마 아파트로 재탄생할 수도 있다. 이렇게 건축과 재개발에 관련된 지식도 복합적으로 빌라 갭 투자에 이용했으니, 다방면으로 공부할 필요가 있다고 본다.

빌라가 마음에 들었던 이유

투자하면서 여러 공인중개사에게 필자가 내거는 조건은 까다로웠다. '트인 남향, 엘리베이터, 병렬식 주차 방식'이었다. 오래된 연식 빌라들은 면적이 굉장히 넓고 대지 지분도 많았으나 아쉽게도 엘리베이터가 없거나 주차 대수가 턱없이 부족해서 패스했다. 많은 집을 보았으나 대부분 저렴한 물건에는 모두 이유가 있었다. 벽에 꽉 가로막혀 있거나, 주차가 불가능하거나, 엘리베이터가 없는 것들이 대다수였다. 조건을 만족시키면서 저렴한 것들은 위반건축물 등재의 위험이 있는 빌라였다.

어느 날 마음에 쏙 드는 투룸 빌라를 찾았는데, 남쪽으로 교회 주차장이 있어서 탁 트여 있는 4층 투룸 빌라였다. 가로로 넓다 보니 병렬식 주차로 설계되어 있고, 엘리베이터도 있어서 더할 나위 없는 빌라였다. 유일한 리스크는 교회가 없어지고 건물이 들어서는 것이다. 과거 사진을 보면 2015년에 주차장 아래를 비용을 들여서 지하층을 신축하고 다시 주차장으로 덮은 것을 보면 적어도 내가 보유하고 있는 동안은 그럴 일이 없을 것 같았다.

| 교회 주차장을 바라보는 빌라 |

３억 1,000만 원에 나와 있던 것을 깎아서 3억 원 조금 넘는 금액에 매수했고, 당시 전세는 2억 6,000만 원에 신혼부부가 살고 있었으나 아기가 태어나자 1년 뒤에 이사 나가고, 새로운 임차인을 3억 1,000만 원에 맞췄다. 투자한 부동산에서 투자금이 회수되면 그 뒤로 잊고 살게 된다. 가장 좋은 부동산은 근심거리 없이 잊고 살게 만드는 부동산인 것 같다. 2년 뒤에는 또 보증금을 증액해서 3억 2,500만 원에 전세를 놓았으니 황금알을 낳는 거위라고 할 수 있다. 월세 시세를 보아도 보증금 2,000만 원/ 월세 100만 원 정도 한다. 실제 월세 매물은 보증금이 1~2억 원 정도 되는 사실상 반전세이기 때문에 월세로 내놓으면 바로 나갈 것으로 예상한다. 글을 쓰는 이 시점에 매매가격을 보면 비슷한 컨디션이 3억5,000만 원 정도 하는데, 이 빌라는 트인 남향 주차장 뷰를 갖고 있으니 확연히 환금성이 좋을 것이라고 예상한다. 지금도 빌라 투자는 저렴하다고 판단하는데, 아쉽게도 취득세 중과 때문에 추가 매수를 하지 못하고 있다.

투자를 복기해보면, 첫 빌라 투자를 일반 매매나 갭 투자로 할 줄 몰랐다. 빌라는 경매로 싸게 낙찰받는 것으로 생각했는데 일반 매매로 사다 보니 좋은 물건을 골라서 살 수 있었다. '트인 남향, 엘리베이터, 병렬 주차'라는 마음에 쏙 드는 빌라를 찾았더니 다음 임차인들을 구하는 것도 굉장히 수월해서 훌륭한 선택이었다는 생각이 든다. 가장 칭찬해주고 싶은 것은 '빌라'라는 편견과 선입견의 장벽을 넘어서 투자금을 회수하고 황금알을 낳는 투자를 했다는 점이다.

48

앞으로 빌라 투자,
이렇게 변한다

앞으로 빌라 투자의 트렌드

유행은 돌고 돈다. 20여 년 전, H.O.T의 힙합바지가 유행했는데, 요즘 길에서 젊은 친구들이 무신사 스타일로 비슷하게 입고 다니는 것을 보면 기분이 묘하다. 부동산 투자의 트렌드도 돌고 돈다. 처음 부동산 투자를 공부했던 2015년에 도서관에 가보면 비슷한 부류의 책들이 많았다. 특히나 경매 서적들은 빌라나 오피스텔을 낙찰받은 뒤, 대출을 받아 월세를 늘리는 방식의 투자 사례를 많이 실었다. 2009~2013년까지는 아파트 하락장이었기 때문에 수익형이 대세였던 시절이다. 앞으로 그런 식의 투자가 다시 유행할 것이라고 본다.

빌라왕이 쏘아 올린 작은 공

2022년 가을, 부동산 시장은 '빌라왕' 때문에 시끄러웠다. 신축빌라는 주택임대사업자를 내면 취득세 감면까지 받으면서, 플러스피(전세가격이 매매가격을 넘기는 것) 투자 방식으로 무한히 매입할 수 있었다. 개정된 주택임대사업자의 주택가액은 종합부동산세에도 포함되는데, 결국 막대한 세금이 체납되고 전세보증금을 돌려받지 못하는 임차인들이 속출하면서 사회적 문제가 되었다. 빌라왕이 이렇게 활개를 칠 수 있었던 것은 HUG의 전세대출과 보증보험 제도가 있어, 임차인이 마음 놓고 전세대출을 받을 수 있었기 때문이다.

원희룡 국토교통부 장관은 주택가격의 산정 기준을 기존 공시가격 153%에서 140%로 하향 조정했고, 2023년 1월 HUG의 전세대출 보증 기준을 까다롭게 고쳤다(전세가율 90% 이내). 그것도 모자라서 빌라(다세대주택)의 공동주택 공시가격을 약 8%가량 낮춘다. 결론적으로 2022년 공시가격 2억 원짜리 다세대주택이 예전에는 전세대출이 3억 원이 되었다면, 사실상 2023년에는 2억 3,000만 원 정도밖에 되지 않는다. 전세가격은 전세대출과 깊은 연관이 있기 때문에 유동성 공급이 끊어지면 앞으로 빌라의 전세가격은 내려갈 수밖에 없다. 2023년 5월부터 HUG의 임차보증금 반환보증 보험 한도가 90%로 낮아져 한숨만 나온다.

앞으로 빌라 투자의 방향

정부가 원망스럽지만, 투자자는 빠르게 시장에 대응해야 한다. 우선은 HF보증서를 사용하는 방법이 있지만, 결국 HUG와 같은 길을 걸을 것으로 생각한다. 그러니 앞으로는 전세가율 90%에 발맞추어 투자해야 한다. 공시가격 126%(140×90%)가 곧 내 임차 보증금의 한도라고 생각하고 대비하자. 공시가격 126%에 월세 몇만 원으로 하는 식으로 반전세 투자를 해야 한다(기존 임차인이 있다면 기존 규정대로 적용되니 바짓가랑이를 붙잡고 재연장하자). 그동안 HUG의 보증보험이 있었기에 위험한 빌라라도 들어왔던 것인데, 이제 그마저도 힘들어졌다. 사실상 정부의 표준임대료 정책이다.

더 좋은 방법은, 빌라를 담보로 대출을 넉넉히 받은 뒤, '보증금 2,000만 원에 월세 100만 원' 이런 식으로 아예 월세 투자로 전환하는 것이다. 투자금은 조금 더 들 수 있지만, 매번 다음 임차인을 못 구해 전세금을 못 내주는 불안함은 없다. 금리가 낮아지면 생각지도 못한 추가 월세 수입이 생기게 된다. 이것을 경매로 하게 되면 무피 투자가 가능해진다. 경락대출은 보통 감정가의 70% 또는 낙찰가의 80% 중 적은 한도를 적용하기 때문이다. 예를 들어, 감정가 3억 원짜리 빌라가 1회 유찰되어 2억 4,000만 원(80%)에 낙찰되었다고 하자. 1억 9,200만 원을 방 공제 없는 대출상품으로 이용하고, 보증금을 2,000~5,500만 원 정도 하는 월세로 세팅했다고 가정해보자. 거의 내 돈 한 푼 안 들이고 집을 사들일 수 있다(5,500만 원이 최우선변제금액이라 임차인도 안심하고 들어올 수 있는 상한이다).

빌라 임차인도 사실상 날벼락이다. 신축빌라에 버팀목전세대출을 받는다면, 거의 월세의 반값에 해당하는 전세대출이자로 저렴하게 거주할 수 있었다. 정부에서 빌라에서만큼은 전세제도를 없애버리고, 빌라왕 이슈까지 터지니 월세로 발길을 돌릴 수밖에 없다. 아마 월세의 공급이 수요를 못 따라갈 것이라 생각한다(임대인은 여전히 현금 전세를 더 선호하므로). 임차인들끼리 월세 경쟁을 하다 보면 월세가격이 올라가게 된다. 이미 오피스텔 시장에서 확인된 현상이다. 더 큰 문제는 빌라의 투자 매력도가 줄어들기 때문에, 빌라 공급도 줄어든다. 앞으로 빌라 월세 시세 상승이 가속화될 것이다. 반드시 수정이 필요한 정책이다.

아파트 하락장이 가속화되면 이런 월세 받는 투자처들이 각광받는다. 이 중 소액으로 할 수 있는 빌라(다세대주택), 오피스텔, 도시형 생활주택이 이런 식으로 월세 투자가 가능해질 것 같다(단, 오피스텔과 도시형 생활주택은 KB시세가 존재하는 것들이 꽤 있으므로 훨씬 나은 상황이다). 많은 투자자들이 역전세를 세게 맞다 보니 전세금을 돌려주는 것이 얼마나 큰 스트레스인지를 알게 되었다. 그래서 앞으로는 대출을 받아 월세 투자하는 형태가 대세가 될 것이라 생각한다.

PART
09

오피스텔과
도시형 생활주택

49

오피스텔은
정말 안 오를까?

오피스텔의 특징

이번에는 소형 주거 형태 중 하나인 오피스텔에 관해서 이야기해보자. 오피스텔은 오피스(Office)와 호텔(Hotel)을 합성한 말로, 최초의 오피스텔은 1985년에 지은 서울 마포구 '성지빌딩'이다. 최초 입주자는 회계사, 건축설계사, 변호사 등 전문직이었다고 하니 지금의 주거용 오피스텔이랑은 많이 거리가 있다.

요즘 오피스텔이라고 하면 '원룸'이라는 이미지가 가장 먼저 떠오를 것이다. 문을 열면 신발장이 있고 옆에는 작은 화장실, 반대편에는 부엌이 있고, 거실 겸 침실이 있는 작은 원룸 형태 말이다. 아마 1인 가구가 거주할 수 있는 최상의 조건을 가진 건축물이 아닐까 싶다.

| 1인 가구 자취의 끝판왕, 오피스텔의 전형적인 구조 |

　다른 주거 형태와 다르게 오피스텔이 가진 첫 번째 특징은 주택 품질이 우수하다는 것과 치안 면에서 월등히 앞선다는 점이다. 오피스텔은 집합건축물이기도 하고, 건축 연면적과 층수도 빌라, 다가구주택과 다르게 넓고 높기 때문에 제대로 된 설계·시공이 이루어진다. 따라서, 동네 시공사가 허접하게 지은 빌라나 다가구주택과는 차원이 다른 시공 품질과 검수 과정을 거친다. 푸르지오시티, 효성해링턴, 아이파크 등 한번쯤 들어본 아파트 건설사에서 짓기 때문에 투자자들이나 임차인들도 건축품질을 믿을 수 있다. 특히 신축은 빌트인 수납공간을 제공하기 때문에 여성 임차인들이 선호한다.

　두 번째 특징은 치안이 우수하다는 점이다. 실제 투자를 해보면 실거주자의 80%가량은 여성이었는데, 그들이 하나같이 오피스텔을 꼽는 이유는 안전, 치안 때문이었다. 오피스텔은 대부분 보안이 잘되어 있다. 예를 들면 1층 출입 게이트에 도어락이 있고, 그 도어락 뒤편에는 경비실이 별도로 존재해서 24시간 경비원이 지키고 있는 형태다. 딸을

둔 부모로서도 훨씬 안심된다. 최신 오피스텔에 가면 층마다 현관 게이트가 별도로 있기도 하고, 원룸 내부에 있는 월패드(태블릿)로 복도 cctv 화면을 보거나, 비상 상황이 발생하면 클릭 한 번으로 즉시 경비원을 호출할 수 있을 정도로 보안이 철저하다. 그렇기 때문에 대부분의 여성 1인 가구는 관리비가 더 나오더라도, 골목 안쪽에 위치한 빌라, 다가구 주택보다 밝은 대로변에 위치한 오피스텔을 선호한다.

세 번째 특징은 통상적으로 수익형 부동산으로 알려져 있다는 점이다. 수익형 상품은 매매가격을 월세가격으로 역산해서 구하기도 한다. 예를 들어 기대수익률이 4%라면, 월세 100만 원이 나오는 오피스텔의 적정 매매가격을 3억 원으로 역산하는 것이다. 이 상태에서 월세가 20% 올라서 120만 원이 된다면, 매매가격도 3억 6,000만 원으로 20% 오르는 것이다. 일반적으로 상가는 이 수익환원법을 적용하는데, 현실적으로 오피스텔은 주거용으로 사용되는 경우가 많기 때문에 이 방법의 적용이 적절하지 못하다고 생각한다. 기대수익률을 책정할 수는 있지만, 이를 통해 매매가격을 결정하게 되면 수익률이 좋은 오피스텔이 더 비싸야 하지만, 현실은 수익률이 낮은 오피스텔일수록 더 비싸기 때문이다. 예를 들면 강북권 원룸 오피스텔 수익률이 5% 중반대이고, 강남권은 4% 초반대다. 즉, 오피스텔을 무조건 수익형 상품으로 바라보는 편견을 버리자는 이야기다.

오피스텔이 가진 장점

책을 쓰고 있는 2023년 4월 기준으로 오피스텔은 정말 저평가되어 있다. 쉽게 말해서 말도 못 하게 싸다. 어느 정도로 싸냐면, 오피스텔이 가진 대지 지분 1평보다 더 저렴하게 거래가 되고 있다. 다음은 역삼역에 있는 메이플라워 멤버스빌 오피스텔의 매물가격과 주변 실거래된 땅의 평균 시세다.

| 메이플라워 멤버스빌 인근
토지 평당 시세 1억 5,000만 원 |

출처 : 밸류맵

| 메이플라워 멤버스빌의 실거래 가격을
토지 1평으로 환산 시 1억 4,000만 원 |

계약	일	경과	체결가격	타입	거래 층
23.04	10	5	매매 1억 4,900	20	11층
23.03	19	12	매매 1억 4,200	20	10층
	06		매매 1억 4,900	20	7층
	06		전세 1억 4,500	20	7층
23.02	20		전세 1억 4,300	20	6층
	04		매매 1억 4,000	20	6층
	01		직거래 매매 1억 700	20	7층
23.01	19		전세 1억 1,500	20	9층
	07		전세 1억 4,500	20	12층
	06		매매 1억 4,500	20	6층
22.12	10		전세 1억 4,500	20	11층
	07		매매 1억 4,700	20	11층
22.11	30		전세 1억 4,500	20	3층
	29		전세 1억 4,000	20	6층
	25		매매 1억 5,000	20	3층

출처 : 아실앱

땅 1평을 살 돈에 0.2평을 서비스로 주고 건축물, 가전제품, 가구까지 얹어서 주고 있는 형국이다. 부동산의 하방 지지선이 있다면 바로 토지가격이다. 부동산이 아무리 썩어 문드러진 판잣집이어도 비싼 이유는 토지가 썩지 않기 때문이다. 감정평가의 한 방식인 원가법으로 따져보았을 때도 이론상 불가능한 가격이다.

그렇다고 해서 수익률이 나쁘지도 않다. 가격은 내려갈 대로 내려갔지만 금리 인상 여파로 인해서 임차인들이 전세대출을 기피하고 월세를 선호하는 바람에 6개월 만에 월세 시세가 10~15%가량 올랐다. 즉, 매매가격은 바닥을 찍었는데 월세 시세는 오르는 바람에 수익률이 좋아져서 매력적인 상태가 되었다. 전세·월세 시세는 금리와 주변 입주 물량에 영향을 많이 받는다. 전세대출이자가 월세보다 많이 나오면 월세로 갈아타고, 입주 물량이 줄어들면 전세·월세가격이 동시에 올라간다.

더 큰 문제는 서울 원룸 오피스텔의 입주 물량이 척박하다 못해 가뭄에 콩 나듯이 있다는 것이다. 다음은 네이버 부동산에서 '서울, 오피스텔 분양권, 100세대 이상, 소형'으로 단지를 필터링한 것이다. 입주 물량이 거의 씨가 마른 상태이고, 금리와 건축비 인상으로 다가구주택·다세대주택의 건축도 줄어들었으니 원룸 월세가격은 내려가기 쉽지 않아 보인다. 다시 말해 월세가격은 오를 여지가 훨씬 크고, 매매가격은 내려가기 힘든 상황이라 매우 저평가되어 있다고 볼 수 있다.

오피스텔이 가진 또 다른 장점은 세금·대출·청약 면에서 카멜레온 같은 존재라는 것이다. 오피스텔은 건축물대장상 주택이 아닌 '업무시설'이다. 이것을 온돌방식 바닥난방도 하고 취사도 하게 되면서 오늘날 주거용 상품으로 인식하고 있는 것이지, 뿌리는 '근린생활시설(상가, 사무실)'에 더 가깝다. 그래서 취득세는 4.6% 고정이고, 종합부동산세에서는

| 서울 소형 오피스텔 입주 예정 단지 |

지역구	단지명	전용29미만 원룸	입주연월
서초구	강남삼부르네상스시티	242	202305
서초구	해링턴타워서초	75	
영등포구	JS496타워	44	202210
영등포구	시그니티여의도	84	202304
영등포구	여의도현대마에스트로	36	202412
영등포구	여의도하이앤드63st	72	202309
구로구	힐스테이트신도림역센트럴	225	202309
구로구	신도림비바힐스	106	202310
마포구	마포뉴매드	8	202503
중구	브릴란테덕수궁	39	202405
중구	쌍용더플래티넘서울역	572	202304
중구	브릴란테남산	48	202308
중구	힐스테이트청계센트럴	0	
동대문구	동대문프라임시티	165	202304
동대문구	청량리역우남SL타워300	225	202310
동대문구	청량리역롯데캐슬SKY-L65	150	202307
동대문구	힐스테이트청량리역	820	202303
강북구	수유역시티앤플랫폼	224	202305
강동구	힐스테이트천호역젠트리스	134	202403
	합계	3,269	

주택으로 보기도, 일반건축물로 보기도 한다(그러나 양도세에서는 실제 사용현황대로 세금을 부과한다). 대출 측면에서도 '업무시설'로도 활용할 수 있기 때문에 사업자 대출 등도 활용할 수 있는 여지가 크기에 대출한도도 더 넉넉하게 받을 수 있다. 한때 '생활안정자금대출'이나 '보금자리론' 대출을 받을 때 주택수를 꼼꼼히 따지던 때가 있었는데, 이때도 오피스텔은 '주택법'에 따른 주택이 아니기 때문에 피해갈 수 있었다. 주택공급에 관한 규칙을 적용하는 청약이나 임대주택에서도 주택으로 보지 않는 이점이 있다. 그래서 소유주가 어떻게 보유하고 임차를 줬느냐에 따라서 다양한 절세 포인트와 명의를 보전(?)할 수 있는 장점이 있다.

군이 오피스텔의 단점을 꼽자면 취득세와 환금성이 있다. 취득세는 누가 사든지 4.6% 고정인데, 취득세 중과가 없을 때는 주택이 1.1~3.3%의 취득세를 냈기 때문에 아파텔(전용 84㎡ 오피스텔)은 조금 더 비쌌다. 하지만 취득세가 12%를 거쳐 6%로 내려온 지금 시기에는 오히려 오피스텔이 더 저렴해졌다.

환금성에 대해서는 할 말이 많은데, 환금성이라는 것은 상대적이다.

> **"오피스텔은 ○○보다 안 팔린다."**

○○에 들어갈 건축물로는 흔히 아파트가 떠오를 것이다. 그러나 아파트가 떨어지고, 오피스텔이 상승하는 시기에는 경우가 다르다. 대중들은 떨어지는 자산은 애물단지고, 하루빨리 팔고 싶어 한다. 그리고 그 돈을 오르는 자산에 넣고 싶을 것이다. 쉽게 말해 '오르는 자산이 환금성이 좋다'라는 것이다. 그렇다면 오피스텔이 앞으로 계속 상승하고 아파트가 하락한다면 환금성이 더 좋다고 보아야 하지 않을까? 실제로 2022년에는 상업용 부동산의 거래량이 아파트의 거래량을 추월했다. 한때는 공시지가 1억 원 이하 빌라가 취득세 부담이 없어서 아파트보다 더 잘 팔리던 적이 있었다. 그때는 빌라가 아파트보다 더 환금성이 좋았다.

투자자라면 모름지기 사고가 유연해야 한다. 그래야 저평가된 자산을 편견 없이 발견해내고, 남들이 가진 편견을 뛰어넘어서 좋은 매물을 선점할 수 있다. 오피스텔은 잘 팔리지 않는다는 말이 정말인지, 사실 확인과 원인에 대해서 골똘히 생각해보길 바란다.

50

돈 되는 오피스텔
사는 법

오피스텔에 대해서는 필자의 전작인《오피스텔 투자 바이블》에서 심
도 있게 다루었다. 여기서는 가급적 중복을 피하고, 요약해서 핵심만
전달하고자 한다.

오피스텔 투자 제1공식 : 직주근접

오피스텔은 지역과 단지를 고르는 과정이 아파트와 관점이 조금 다
르다. 아파트는 학군을 중요하게 보았다면, 1인 직장인들이 자취하는
곳은 단연코 업무지구로 가는 직주근접이 가장 중요하다. 여기서 말하
는 직주근접은 다음과 같이 업무지구를 가는 지하철 노선도의 역세권
(직선 거리 350m 이내, 도보 5분)을 뜻한다.

> 서울 3대 업무지구(강남, 여의도, 시청) + 마곡/구로/가산 + 분당/판교

그중에서도 필자가 으뜸으로 꼽는 것은 2호선, 그다음은 9호선이다. 2호선은 서울 전역을 순환하기 때문에 어디든 닿을 수 있다. 특히 젊은 이들의 모임이 잦은 홍대입구역, 강남역에도 닿고 일자리가 많은 역삼, 선릉에도 닿는다. 그뿐만 아니라 수송 능력도 10량으로 가장 뛰어나고 배차간격도 굉장히 짧기 때문에 굉장히 애정하는 노선이다. 강남에서 시작해 여의도, 마곡을 잇는 9호선 급행 노선도 매우 선호한다. 다만, 급행열차는 사람이 가득하고 자주 오지 않는다는 점이 조금 아쉽다. 분당과 판교를 수직으로 관통하는 신분당선 노선은 강남 신논현역까지 닿는다. 2, 9호선, 신분당선이 환승 되는 지하철역을 알고 있는가?

> 2호선 × 9호선 : 당산역, 잠실운동장역
> 2호선 × 신분당선 : 강남역
> 9호선 × 신분당선 : 신논현역

그중에서 당산역이 강력하다고 보았던 이유는 위에서 언급한 모든 업무지구를 빠르게 갈 수 있기 때문이다. 서울 시청, 강남, 여의도, 마곡, 구로·가산까지 커버 가능하다. 이런 식으로 업무지구를 중심으로 지하철 노선도를 펼쳐놓고 지역을 골라야 실패가 없다. 그 이유는 미혼 1인 가구가 우리들의 주 고객이기 때문이다.

오피스텔 투자 제2공식 : 환금성

지역을 골랐다면 그 지역 내 어떤 오피스텔을 살지 꼼꼼히 골라야 한다. 투자자 성향마다 다르겠지만, 필자는 부동산에 있어서 환금성이 가장 중요하다고 생각한다. 덩치가 큰 만큼 현금이 필요할 때 현금화가 쉽지 않기 때문이다. 오피스텔의 환금성에 영향을 미치는 요소는 세대수(대단지), 연식(신축), 브랜드, 그리고 트인 전망이나 남향 등이 있다. 모름지기 세대수가 많은 게 환금성은 으뜸이다.

세대수가 많은 오피스텔이 좋은 이유는 너무 많다. 우선 실거래가 확인이 쉬워서 매수자, 임차인들이 시세 파악을 하기 쉽다. 이는 곧 깡통전세의 위험에서 벗어나기도 하는 것이고, KB시세가 있는 경우에는 은행에서도 선호해 투자자가 대출을 받기도 편리하다. 세대수가 많게 되면 관리비도 저렴하고, 각종 커뮤니티 시설과 상권이 입점되어 있다. 편의점을 하나 하더라도 세대수가 조금이라도 더 많은 곳에 개업하고 싶은 게 사장님의 마음이다. 700세대가 넘어가는 당산역 해링턴타워에는 헬스장이 입점해서 운영되고 있고, 1,400세대가 넘는 가산 센트럴푸르지오시티에는 아예 할인마트가 입점해 있다(오피스텔에 편의점이 아니라 마트가 입점한 것은 이례적이다). 하지만 무엇보다 세대수가 많은 것은 매도할 때 강력하다. 5%만 급매로 낮추면 누군가는 사 간다. 정말 그럴까? 그렇다. 그런 식으로 필자가 급매를 많이 놓쳐보았기 때문이다. 2023년 초 급매가 나왔다는 소식을 듣고 또는 문자를 받고 연락을 해보면 이미 누군가가 계약을 했다고 한다. 아쉬우면서도 동시에 환금성이 이렇게 좋다는 것에 여러 번 놀랐다.

세대수를 으뜸으로 여기고, 그다음으로 따지는 게 연식, 브랜드다. 연식은 될 수 있는 대로 10년 차가 좋다는 게 통설로 여겨지는데, 이는 가구·가전들의 상태가 10년 정도 지나면 교체해주어야 할 상태가 되어 월세 수익률을 저해하기 때문이다. 필자도 처음에는 오피스텔은 새 것만 사야 한다는 편견이 있었다. 하지만 구축 오피스텔을 800만 원 정도 들여서 새 오피스텔처럼 인테리어 후 높은 임대수익을 얻는 것을 보고 구축 오피스텔도 틈새 전략이 될 수 있다고 생각하게 되었다(구축도 오른다). 브랜드는 대우건설의 푸르지오시티가 단연 1등이다. 이 밖에도 아파트 투자자들에게 익숙한 아이파크, 효성해링턴 등도 훌륭하지만, 브랜드보다 중요한 것은 오피스텔의 냉난방 방식, 주차 방식이다.

한 가지 단적인 예로, 신논현역에 아이파크 1차와 아이파크 2차 오피스텔은 같은 브랜드에, 서로 마주 보고 있어서 비슷할 것 같지만, 완전히 다른 오피스텔이다. 아이파크 1차는 도시가스에 자주식 주차방

| 평이 극명하게 갈리는 신논현역에 있는 아이파크 1차, 2차 |

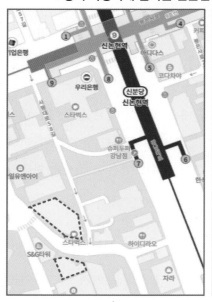
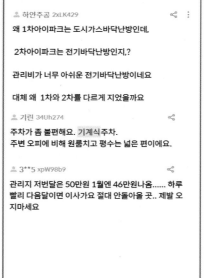

출처 : 네이버지도, 호갱노노

식이고, 아이파크 2차는 전기방식 보일러에 기계식 주차다. 전기식 보일러는 필연적으로 누진세 폭탄을 맞을 수밖에 없다. 겨울에는 추워서, 여름에는 에어컨 때문에 여러모로 불리하다. 기계식 주차는 대형세단, SUV는 주차가 안 될 뿐만 아니라 불편하고, 유지보수도 모두 관리비에 포함된다.

사지 말아야 할 오피스텔

오피스텔은 잘못 투자하면 영원히 소유해야 할지도 모른다. 사지 말아야 할 것들만 안 사도 중간은 간다. 앞에서 언급한 방식의 정반대의 오피스텔들을 거르면 되겠다.

> • 업무지구로 가는 역세권이 아닌 오피스텔
> • 세대수가 100세대가 안 되는 빌라와 마찬가지인 오피스텔
> • 전기난방 + 기계식 주차장으로 임차인들이 떠나는 곳
> • 중앙 냉난방 라디에이터 방식(관리비 폭탄)

필자의 저서인《오피스텔 투자 바이블》이나 유튜브 채널 '사다리TV'를 보면, 오피스텔 세금과 투자 방법까지 다루고 있으니 참고해주시면 좋겠다.

51

모르고 투자하면
큰일 난다(세금, 대출)

아파트 하락장을 맞춘 이현철 작가의 《전세가를 알면 부동산 투자가 보인다》를 보면, '부동산 세금에 대해서 제대로 공부하고 싶으면 오피스텔에 투자하라'라는 내용이 나온다. 오피스텔은 주택이기도 하고 오피스, 근린생활시설이기 때문에 거의 모든 부동산의 세금을 다 알아야 하기 때문에 그런 것 같다. 실제로 오피스텔 투자를 해보면, 사업자등록, 부가세라든가 세금계산서, 종합소득세, 건강보험료까지… 처리해야 하기에 머지않아 세무사와 겸상(?)할 수 있게 된다. 누군가에게는 어려운 진입장벽이 되겠지만, 오피스텔 투자가 재미있는 것은 주택과 상가를 오간다는 점이다. 틈새시장은 먹을 게 있다. 특히 법인으로 주택 투자를 하는 경우에 세금 면에서 어려움이 많은데, 오피스텔은 그런 부분에서 더 적합하다고 볼 수 있겠다.

오피스텔은 건축물대장상 용도가 '업무시설'로 확실히 못 박혀 있다. 하지만 주택법 시행령의 준주택 중 하나로 사실상 주거용으로 사용하는 경우가 더 많다. 2000년 이전에는 라디에이터가 있고 화장실이 외부에 있는 오피스의 개념으로 지어졌다면, 2004년 이후부터는 바닥난방과 내부 개별화장실로, 1인 가구가 거주하기에 아무 불편함이 없게 지어진다. 최근에 분양하는 오피스텔 중 주거용이 아닌 오피스텔을 찾기가 더 힘들다.

| 오피스텔은 건축물대장상 용도가 업무 시설이다 |

집합건축물대장(전유부, 갑)			
서식] <개정 2021. 7. 12.>			명칭
80004	정부24접수번호	20230415-■■■	
시 구로구 ■■■	지번	■■■	도로명:
전 유 부 분			
	용도	면적(㎡)	성명(명칭) 주민(법인)등록번호 (부동산등기용등록번호)
구조	업무시설(오피스텔)	29.611	■■■

오피스텔 대출과 청약, 임대주택 시 지위

오피스텔은 주거용·업무용을 넘나들기에 대출, 청약 시에 주택 해당 여부와 취득세, 종합부동산세, 양도세(법인세) 부분에서 주택수에 포함되는지, 주택의 세율인지를 차이점 위주로 따져보아야 한다. 먼저 대출, 청약, 임대주택 입주자 선정 등에서 오피스텔은 주택수에 포함되지 않는다. 청약, 임대주택 입주자 선정은 '주택공급에 관한 규칙'을 적용하는데, '주택법'상 주택이 아닌 준주택인 오피스텔은 주택수에 일절 포함되지 않는다.

대출에서도 주택으로 보지 않는 것은 마찬가지인데, 그러다 보니 서민들에게 혜택을 주는 '특례보금자리론'에서도 주택으로 간주되지 않아 혜택을 받을 수 없었다. 그래서 2023년 2월, 박재호 국회의원이 김주현 금융위원장에게 아파트와 비슷한 오피스텔 입주예정자들이 특례보금자리론이나 DSR 산정 시에 주택으로 보지 않는 불합리한 점을 개선해달라고 했는데, 그 배경은 '오피스텔은 대출 시에는 주택이 아니기' 때문이다. 2023년 5월부터 오피스텔은 DSR 산정 시 '주택'과 동일하게 계산하기로 했으나 여전히 특례보금자리론에 오피스텔은 대상이 되지 못한다. 특례보금자리론에 오피스텔을 포함시키게 되면, 대출 시에 오피스텔을 주택수로 넣어야 하는 부작용도 동시에 생길 것으로 본다. 이야기가 나온 김에, 소형 주택수 배제에 관해서도 이야기하면, 아직 어떠한 움직임은 없지만, 윤석열 정부의 공약에 포함된 만큼 이행의 의지는 있다고 판단된다. 다만, 지방세법(취득세), 종합부동산세법 등은 입법사항이므로 쉽지 않아 보이나, 적어도 소득세법 시행령 정도는 수정 가능하기 때문에 양도세에서 오히려 가능성이 크지 않은가 싶다. 앞으로 '전용면적 $40m^2$ 이하, 기준시가 2억 원 이하'인 오피스텔은 주택수에서 빼줄 가능성이 있어 보인다(여기서 면적, 금액 기준은 간주임대료에서도 마찬가지 기준으로 이를 배제하기 때문에 추정해보았다).

오피스텔 세금 관점

오피스텔과 관련해서는 세금에 관한 질문이 가장 많이 들어오는데, 취득세, 종합부동산세, 양도세에서 나누어서 살펴보자. 우선, 오피스텔 매입 시에는 취득세는 4.6% 고정이 맞지만, 오피스텔 보유자가 아파트 분양권을 소유해 나중에 주택을 취득할 때 오피스텔이 주택수에 포함되는지 여부는 재산세에 따라 달라진다. 재산세를 '주택'분으로 내고 있고, 2020년 8월 12일 이후에 취득한 경우에는 주택수에 포함된다. 반면에 재산세를 '건축물'분으로 내고 있으면 취득세 시 주택으로 보지 않고 있다. 또한, 2020년 8월 12일 이전에 보유하고 있던 오피스텔은 재산세 여부와 상관없이 취득세 시 주택수에 잡히지 않는다. 이에 대한 근거는 지방세법에 나와 있다.

제13조의3(주택수의 판단 범위)

제13조의2를 적용할 때 다음 각 호의 어느 하나에 해당하는 경우에는 다음 각 호에서 정하는 바에 따라 세대별 소유 주택수에 가산한다.

4. 제105조에 따라 주택으로 과세하는 오피스텔은 해당 오피스텔을 소유한 자의 주택수에 가산한다.

제105조(과세대상) 재산세는 토지, 건축물, 주택, 항공기 및 선박(이하 이 장에서 "재산"이라 한다)을 과세대상으로 한다.

종합부동산세에서도 마찬가지로 재산세를 '주택'으로 내고 있느냐, '건축물'분으로 내고 있느냐에 따라서 주택 종합부동산세·토지 종합부동산세에 각각 합산된다. 다시 말해, 임차인이 전입했느냐보다는 재산세 과세 대상이 주택인지, 건축물인지가 더 중요하다. 오피스텔 투자가 재미있는 점은 주택과 상가를 넘나들 수 있고, 경우에 따라서는 보유세 부담을 줄일 수 있기 때문이다. 이에 대한 근거도 마찬가지로 종합부동산세법에 다음과 같이 나와 있다.

> **제2장 주택에 대한 과세**
>
> **제7조**(납세의무자) ①과세기준일 현재 주택분 재산세의 납세의무자는 종합부동산세를 납부할 의무가 있다.
>
> **제3장 토지에 대한 과세**
>
> **제12조**(납세의무자) ①과세기준일 현재 토지분 재산세의 납세의무자로서 다음 각호의 어느 하나에 해당하는 자는 해당 토지에 대한 종합부동산세를 납부할 의무가 있다.

그러나 양도세는 국세의 '실질과세 원칙'에 따라서 재산세 주택·건축물분 유무보다 실사용을 주택으로 했는지, 사업장으로 했는지에 따라서 주택·상가로 세금을 매긴다. 정말 조심해야 할 것은 2~3억 원짜리 오피스텔 하나 때문에 1주택 비과세를 받아야 하는 상황에서 수억 원을 추징받는 경우가 있다. 예를 들면, 일반임대사업자로 등록해놓고 전입 불가 조건으로 주거용 월세를 주는 경우다. 당장은 괜찮을지 모르지만, 매도 후에 세무서에서 실지조사를 했다가 발각되는 경우, 부가세 몇 푼 아끼려다가 수억 원의 세금을 물어내야 하는 경우가 있다. 따라서 주택 비과세가 걸린 경우에는 꼼수를 부려서는 안 된다.

매매 대출 시 오피스텔의 지위

오피스텔은 주택과 사무실 모두 사용 가능하기 때문에 대출을 받을 수 있는 길이 다양하다. 주택으로 가계자금대출을 받는 방법, 주택·일반임대사업자로 받는 임대사업자 대출, 일반사업자의 시설자금 목적으로 받는 방법, 법인으로 받는 사업자 대출 등 다양하다. 시나리오를 꾸미기에 따라서 주택이 되기도, 상가가 되기도 한다. 그래서 주택 대출 규제가 한창일 때 오피스텔만큼은 상가로서 대출이 가능했다. 또 하나 좋은 점은 상가인 경우에는 소액임차인의 최우선변제금이 확연히 낮다. 2023년 기준으로 주택의 최우선변제금은 서울 5,500만 원, 수도권 4,800만 원인 반면, 상가의 최우선변제금은 서울 2,200만 원, 수도권 1,900만 원이다. 최우선변제금은 대출 가능 금액에 마지막으로 제하는 금액이라서, 주택·상가 여부에 따라서 한도가 약 3,000만 원이 차이가 난다고 보면 된다. 오피스텔이 1~3억 원대인 것을 제외하면 절대 적은 금액이라고 볼 수 없다. 이렇게 오피스텔은 카멜레온 같은 종목이라서 때로는 주택, 상가로 여겨지기 때문에 더욱 매력적이다.

52

투자 사례 : 지방에서
현금 싸 들고 오는 곳

이론적으로 이야기하는 것보다 실제 투자한 사례를 보면 이해가 쉬울 것 같다. 2호선 신림역에 있는 삼모더프라임타워 오피스텔 이야기를 해보겠다. 우선 스펙을 살펴보자.

단지명 : 삼모더프라임타워 (비브랜드)
위치 : 서울시 관악구 신림동 1638-1
연식/세대수 : 2011년 10월 / 414세대
냉방/난방 : 개별에어컨 / 도시가스 보일러
주차방식/대수 : 자주식 주차, 세대당 1.05대
면적 : 24㎡

출처 : 네이버지도

연식은 조금 있지만, 필자가 좋아할 만한 조건들을 모두 갖췄다. 2호선 역세권, 10년 차 같은(?) 12년 차, 많은 세대수와 지하 8층까지 있는 자주식 주차 방식, 그리고 개별 냉난방이다.

이 오피스텔에 투자한 이유

이 오피스텔에 투자한 이유는 크게 3가지다. 임차수요가 많고, 치안 및 관리가 훌륭하며, 신림동을 독점하는 오피스텔이기 때문이다.

첫 번째로, 신림역은 지방에서 상경한 자취생, 대학생들의 거주 수요가 두터운 곳이다. 자취생들을 위한 저렴한 방들이 많고, 물가도 저렴하다. 위치는 강남과 여의도 중간에 있는 2호선이라 어디든 이동하기 편리하다. 친구 따라 강남 간다고, 상경한 친구들이 여기에 사니 그냥 함께 비슷한 동네에 거주하는 경우가 많다. 예전에는 서울대입구역에서 긴 줄을 서서 버스나 택시를 타고 서울대를 들어가야 했다. 이제는 신림선이 개통되면서 서울대 학생들과 여의도 직장인들까지 커버할 수 있는 곳이 신림역이다. 대부분 강남에 출퇴근하면서 가성비 거주지로 신림을 선택하는데, 실제로 필자의 임차인들 직장도 역삼역, 잠실인데, 1억 원 중후반으로 거주할 수 있어서 이 오피스텔을 선택했다고 한다. 신림선이 없어도 원래 가성비 입지였는데 임차수요가 더욱 몰리게 되었다.

두 번째로, 신림동 내에서 유일하게 괜찮은 오피스텔이었기 때문이다. 괜찮다는 기준은 앞에서 다루었던 내용이다. 연식, 개별 냉난방, 많은 세대수, 주차 대수, 깨끗한 관리와 합당한 관리비, 상권과 지하철역

| 신림선 노선도 |

출처 : 네이버지도

과의 거리 등을 꼼꼼하게 따졌고, 호갱노노 앱에서도 대부분 호평 일색이어서 주저하지 않고 투자를 결정했다. 신림역에서 저렴한 오피스텔은 SK허브그린과 삼모더프라임타워 2개 단지뿐인데, 그 둘을 놓고 비교했을 때, 삼모더프라임타워가 월등히 우수한 면이 많았다. 딱 보면 '살고 싶은 곳'이거나 '살고 싶지 않은 곳'이라는 느낌이 오는 곳이 있는데, 삼모더프라임타워와 SK허브그린이 그런 곳이었다. 무책임한 말일 수 있지만 가보면 안다.

세 번째로, 이 오피스텔은 독점적인 지위를 가졌기 때문이다. 신림동은 으슥한 분위기의 골목이나 빌라촌이 많아 여성에게는 다소 치안이 걱정될 수 있다. 실제 통계에서도 신림동의 범죄 발생 건수는 높은 편에 속한다. 골목골목 빌라밖에 없는 동네에서 우뚝 솟은 깨끗한 건물이 바로 삼모더프라임타워이고, 그래서 독점적 지위를 가졌다고 본다. 관리도 굉장히 잘되어 있어서 연식이 무색하고, 밝은 상가와 함께 있는 1층 로비에는 경비아저씨가 24시간 지키고 있어서 여성들이 안심할 만하다. 투자자 관점에서도 독점적 지위를 가졌는데, 강남, 마곡 신도시와 다르게 전세 투자자가 없다 보니 전세 매물을 내놓기 무섭게 계약이 된다. 이곳에 투자하면서 한 번도 전세 임차인을 못 맞출까 봐 걱정이 된 적이 없었고, 다음 임차인을 구하는 것도 항상 수월했다. 그런 점에서도 독점적 지위를 가졌다고 볼 수 있다.

투자 방식

삼모더프라임타워만 여러 채를 매수했는데, A호실은 전세가 이미 맞춰진 매물을 갭(매매가격과 전세가격 차액)만 주고 잔금을 치렀다가 임차인이 만기가 되어서 나간 뒤에 새롭게 전세를 맞추면서 투자금을 회수했다. B호실은 매도자가 매매·전세 동시 진행 갭 투자를 협조해줄 수 없다고 하기에, 어쩔 수 없이 1억 7,000만 원에 가까운 돈을 모두 현금으로 잔금을 치르고 방을 비워두었다. 방이 비워지자마자 곳곳의 공인중개사에 내놨더니 3주가 지나지 않아서 바로 들어올 임차인을 구했다. 보증보험 가입 가능 금액에 놨기 때문에 실제 투자금은 취득세를 제외하고 500만 원이 들지 않았다. 재미있는 것은 지방에서 상경한 여성 임차인들이 주로 많았는데, 전세대출 없이 부모님의 현금지원으로 전세

방을 얻어서 들어온 분들이 꽤 되었다. 이곳에 살면 신림동에서는 금수저(?)라고 하는데, 틀린 말은 아닌 것 같다. 필자가 투자해보면 1억 원 중반대 서울 저가 오피스텔은 전세대출 없이도 현금으로 들어오는 경우가 꽤 많았다. 전세대출 제도보다 더 중요한 것은 수요와 공급이다.

투자한 지 1년이 안 되었지만, 매수한 가격으로부터 500~1,000만 원 올랐기 때문에 취득세 정도는 벌었다. 2022년 말 금리가 치솟자 월세 시세도 덩달아 올랐는데, 전용 $24m^2$ 기준으로 2021년 여름 보증금 1,000만 원, 월세 60만 원 하던 것이 2년도 안 되어서 보증금 1,000만 원, 월세 70만 원으로 16.6%나 상승했다. 10년이 지난 오피스텔이지만 주변에 신축 입주가 없고, 지하철 개통 등으로 입지가 좋아지면 월세는 지속해서 우상향한다. 필자는 전세로 투자했지만, 월세 수익률이 매입가격 기준으로 5%가 넘기 때문에 전세 만기 후에 월세로 돌려도 좋고, 시세가 더 오른다면 매매차익도 괜찮은 선택지가 될 것 같다. 이 투자 사례로 이야기하고 싶은 것은, 주식이든 부동산이든 쌀 때 사면 종국에는 우상향하기 때문에 잃지 않는 투자가 된다는 것이다.

53

아파텔과 생활형 숙박시설은
어떨까요?

생활형 숙박시설, 라이브 오피스, 기숙사 말고 아파텔에 투자하자. 아파텔은 아파트와 오피스텔의 합성어다. 정식명칭은 아니고 겉보기에는 아파트 단지와 구별이 안 되지만, 건축물대장상 '오피스텔'로 지은 건축물을 시장에서는 '아파텔'이라고 부른다. 생활형 숙박시설도 아파트와 거의 유사하게 생겼지만, 건축법령상 숙박시설로 분류된다. 본질은 아파트랑 비슷하게 취사도 되지만, 아파텔은 되고, 생활형 숙박시설은 안 되는 게 무엇일까? 아파텔은 주택법 시행령에서 '준주택'으로 분류된다.

> **건축법 제2조 제4호**(정의)
> '준주택'이란 주택 외의 건축물과 그 부속 토지로서 주거시설로 이용 가능한 시설 등을 말한다.
> **건축법 시행령 제4조**(준주택의 종류와 범위)
> : 기숙사, 다중생활시설, 노인복지주택, <u>오피스텔</u>

따라서 아파텔은 주택에 준할 수도 있지만, 생활형 숙박시설은 숙박시설일 뿐이다. 생활형 숙박시설은 과태료 때문에 전입이 어렵다. 전입이 안 되면 전세 임차인이 대항력을 갖기 어렵다(전세권 설정을 하면 된다고 주장할 수 있으나 현실적으로 은행에서 준주택이 아닌 생활형 숙박시설에 전세대출을 안 해줄 가능성이 크다). 실거주라면 어떨까? 우리나라에서 전입 여부가 미치는 영향력은 꽤 크다. 자녀 학교 배정 문제부터 우편물, 법원 소장, 행정권역, 복지서비스 등이 전입에 따라 구별되기 때문이다.

아파텔의 장단점

아파텔은 준주택이기 때문에 전입도 되고, 전세대출도 되고, 당연히 실거주에도 문제가 없다. 주택이 조금 불리하다 싶으면 박쥐처럼 오피스텔이라고 우기며 대출한도를 늘리기도 하고 취득세, 종합부동산세 등에서 주택규제를 피해 가기도 한다. 그리고 아파트에 비해서 저렴하기 때문에 실제 거주는 아파트와 동일하게 하지만, 입지는 상업지구 내 위치해 있기 때문에 부족함이 없다. 대표적으로 목동 하이페리온이나 도곡동 타워팰리스, SK리더스뷰, 분당 두산위브파빌리온이 있다. 하지만 아파트의 철저한 대체재이기 때문에, 상승도 더디고 하락도 먼저 하는 단점이 있다. 아파트가 더 저렴해지면 철저하게 외면받는 투자 상품이다.

생활형 숙박시설의 장단점

생활형 숙박시설이 인기가 있었던 것은 분양권 전매 투기 수요와 더

불어서 취득세 중과로 인한 틈새시장으로 떠올랐기 때문이다. 마곡 롯데캐슬르웨스트는 전용 84㎡가 15억 원에 가까운 고분양으로 논란이 많았으나, 당시에는 뭐든 사면 돈 된다는 의식이 강해서 평균 경쟁률이 657대 1이었다. 프리미엄도 많이 올라서 거래되었는데, 아파트 하락장이 짙어진 지금(2023년 3월)은 계약금 포기물건, 마이너스피 물건들이 도처에 널려 있다. 한마디로, 부동산 투기 광풍에 따른 테마성 아파트 대체 투자처였던 것이지, 본질은 '생활형 숙박시설'이라는 것에서 벗어나지 못한다.

한때, 생활형 숙박시설에 전입하고 숙박업신고를 하지 않은 입주자, 실거주자들에게 정부가 이행강제금을 부과하겠다고 엄포를 놓은 적이 있었다. 국토교통부에 달려가서 시위하고 항의하자 정부에서 대책으로 내놓은 것이 2023년 10월까지 오피스텔로 용도변경을 한시적으로 허가해준다는 것이었다. 몇 개월이 남지 않은 지금, 아직 오피스텔 용도변경을 했다는 사례를 많이 보지 못했다. 부산 해운대 중동의 '해운대 튤립호텔' 생활형 숙박시설이 300억 원을 들여 오피스텔로 대수선, 용도변경을 한다고 알려진 정도가 전부다. 현실적으로 쉽지 않은 이유는 주차 대수 확보 때문이다. 생활형 숙박시설보다 오피스텔이 더 엄격한 주차 대수를 요구하는데, 지하로 땅을 파거나, 주차 부지를 매입해야 가능할 텐데 막대한 비용을 구분 소유주가 다 같이 합심해서 부담하기란 쉽지 않다.

숙박업으로는 어떨까?

아예 생활형 숙박시설의 본 용도로 사용하는 것은 어떨까? 필자는 그게 가장 깔끔한 해결책이라고 생각한다. 가장 큰 문제는 생활형 숙박시설들이 관광지보다는 아파트에 더 적합한 입지에 지어졌고, 원룸형보다는 아파트 같은 쓰리룸 형태가 많기 때문에 수익률 관점에서 실효성이 떨어진다. 개인이 운영하는 에어비앤비는 오피스텔에서는 불법, 숙박시설에는 합법이지만, 생활형 숙박시설에서는 개인이 에어비앤비를 운영할 수 없다. 위탁업체를 통해서만 운영할 수 있는데, 이렇게 하면 수익률이 떨어지는 단점이 생긴다. 아파트보다 비싸게 분양된 천안아산역 쓰리룸 생활형 숙박시설에 과연 어떤 투숙객이 비싼 돈을 내고 관광을 할 것인지에 대해서는 곰곰이 생각해볼 문제다(차라리 해운대는 가족 단위 관광객들의 쓰리룸에 대한 수요가 있다).

라이브오피스

라이브오피스도 결국에는 오피스텔을 모방한 근린생활시설 상품이다. 바닥난방이 안 된다는 것만 빼면 생긴 것은 아파트랑 똑같다. 화장실, 취사 같은 주택의 기능은 모두 갖추었지만 오피스, 사무실 용도로만 사용해야 하기 때문에 전세대출이 어렵다. 생활형 숙박시설과 같은 처지인데, 차라리 서울 핵심지 내 지어진 원, 투룸 형태의 라이브 오피스라면 그나마 수요가 있지 않을까?

지식산업센터 내 기숙사

기숙사는 준주택으로 분류되어 처지가 나은 편이다. 문제는 지식산업센터 기숙사 내 아무나 입주할 수 없다는 점이다. 지식산업센터 내 기숙사는 '산업집적활성화 및 공장설립에 관한 법률'에 따라 지식산업센터 내 기업 종사자 등을 위한 공간이다. 실질적으로 일반인들에게 임차를 주는 경우가 있는데, 법을 어겨가며 이런 틈새 상품에 투자하면 꼭 탈이 난다. 차라리 원룸 오피스텔에 투자하는 것이 임차도 수월하고, 환금성도 우수할 것이다.

54

도시형 생활주택도
오를까?

도시형 생활주택 투자에 대해서

잘 알려지지 않은 상품 중에 도시형 생활주택(이하 도생)이라는 것이 있다. 이름이 생활형 숙박시설과 이름이 비슷해서 혼동하는 부린이도 있다. 이름 그대로 도시 속에서 생활할 수 있게 주택을 지어놓은 것이 다(생숙은 숙박시설이다. 아예 다르다). 이명박 정부에서 도심에 주택을 많이 보급하기 위해 주차장 면적, 도로 면적에 대한 규제를 풀어서 새로 생긴 형태다. 하지만 육안으로 보았을 때는 오피스텔과 구분하기 어렵다.

틈새 투자처

도시형 생활주택의 가장 큰 장점은 오피스텔과 마찬가지로 전혀 상승하지 않아서 월세 수익률이 6~8%에 육박한다. 그리고 주택이라는 점이다. 주택이라는 것은 양날의 검이기도 하다. 무주택자가 공시지가 1억 원을 초과하는 도생을 구매하는 경우 취득세가 1.1%라서 유리하고, 다주택자는 반대로 공시지가 1억 원 이하 도생을 구매하는 경우 1.1% 적용을 받아서 오피스텔보다 낫다. 무주택자라면 필자는 '주택'이라는 딱지가 붙은 것 중 안 오른 다가구주택, 다세대주택, 도생을 추천한다. 왜냐하면 어지간한 아파트는 많이 상승해서 가격 하락의 위험성이 있기 때문이다.

대부분의 도생은 분류상 '아파트'로 되는데, 아파트라는 프레임 덕분에 2023년 3월에 발표된 공동주택 공시가격에서 1억 원 이하로 내려간 곳들이 많았다. 하지만 공시지가가 내려간다는 것은 동시에 HUG보증보험이나, 전세대출에서 불리하기도 하다는 뜻인데, 일부 도생의 경우 아파트처럼 KB시세가 있어 공시지가는 1억 원 이하로 내려갔지만, 전세대출은 여전히 한도가 높이 나오는 곳이 있다. 공시지가는 부동산공시가격알리미(https://realtyprice.kr)에서 조회할 수 있으니 취득세 중과 없는 저평가, 틈새 투자처를 놓치지 말자. "서울에 공시지가 1억 원 이하가 어디 있냐?"라고 묻는다면, 찾아보지도 않은 것이다.

주택이라는 양날의 검을 조심하자. 양도세 시 당연히 주택수에도 포함되고, 종합부동산세에서도 예외 없이 주택가액에 누적된다. 단, 청약이나 주택 대출 시에는 전용 $20m^2$ 이하의 주택을 딱 한 채만 보유하고 있는 경우, 주택수에 산입시키지 않는 틈새가 있다. 도생은 공부하는 사람에게만 보이는 매력덩어리다.

본질은 오피스텔과 동일하다

도생 투자의 특징은 오피스텔과 동일하다. 비록 공시지가 1억 원 이하 테마성으로 투자하지만, 좋은 도생을 고르는 기준은 오피스텔과 같다. 왜냐면 임차인 수요가 동일하기 때문이다. 결국 업무지구 역세권, 신축(대부분 10년 차 이내), 세대수, 브랜드 등이 중요한데, 딱 하나 짚고 넘어가야 할 것은 면적이다. 너무 규제를 풀어주다 보니, 분양업자들이 많은 수익을 내기 위해서 정말 작은 전용 $12m^2$의 공간으로 지은 도생이 많다. 그러다 보니 오히려 넓은 도생이 희소성이 있다. 적어도 $15m^2$ 내외 되는 도생을 사야 사람 살 만한 크기가 나온다. 도생은 확장면적이 적용되기 때문에 실면적이 $2\sim3m^2$ 정도 더 넓다고 계산하면 된다. 예를 들어 전용 $15m^2$라면, 실면적은 $18m^2$ 정도의 오피스텔과 같다는 것이다. 다음 그림은 황학동 아이클래스 오피스텔(좌)과 도생(우)의 면적을 비교한 것이다. 둘의 크기는 100% 동일한데, 도생이 전용면적이 $2.68m^2$ 정도 작은 것을 알 수 있다.

| 도생과 오피스텔의 면적 비교 |

출처 : 네이버 부동산

그래서 결론적으로 도생은 오를까? 필자는 오피스텔과 함께 오른다고 생각한다. 그 이유는 원룸 자취 공간이라는 본질이 같기 때문이다. 오피스텔 원룸 월세가 오르면 도생 월세도 같이 따라 오른다. 대표적인 예로 신당역에 있는 황학동 아이클래스 도생, 오피스텔의 경우 공시지가 1억 원 이하이기 때문에 도생이 오피스텔보다 더 거래가 활발하고 가격이 비싸다. 오피스텔이 1억 2,500만 원이라면 도생이 1억 4,000만 원가량이라, 취득세를 포함하고도 더 비싸게 거래가 된다.

놀라운 것은, 2호선 역세권인 이 도생의 월세 시세는 보증금 1,000만 원에 월세 65만 원이다. 대출 없이 순수 수익률이 6%가 나오니 못 미더운 저축은행 예금보다는 훨씬 낫다고 생각한다. 만약 50%의 대출을 4.0%대 금리로 받을 수 있다면 월 이자가 23만 원 정도 지출되고, 보증금과 대출금을 제한 실제 투자금은 6,000만 원가량이다. 월세에서 이자를 빼면 41.7만 원 정도의 순익이 남고, 이는 8.3%의 수익률이다. 복리로 계산했을 때 8.3%의 수익률은 8년 8개월이면 월세만으로 원금을 회수한다. 놀랍지 않은가? 오피스텔과 마찬가지로 저평가되어 있지만, 주택이라는 특징을 지닌 도생의 매력을 쉽게 지나치지 말자.

PART
10

부동산 기타 :
경매와 세금

55

경매 투자,
너무 어렵게 생각하지 마라

경매 투자, 너무 어렵게 생각하지 마세요

현대인에게 주거지는 선택이 아니라 필수요소다. 노숙자가 아니고서는 어딘가에 살고 있다. 그런데 학교에서는 좋은 집을 고르는 방법이라든가, 매매하는 방법, 어떤 부동산이 오르는지, 전세, 월세를 선택했을 때 조심해야 하는 것들을 알려주지 않는다. 필자는 주택은 필수재이기 때문에 경매 절차나 부동산 권리분석은 고등학교 사회 교과서에서 반드시 다루어야 한다고 생각한다. 부동산 투자를 하지 않더라도 경매 절차를 알아야 임차인으로서의 권리를 보호받을 수 있기 때문이고, 하물며 집을 사더라도 등기부등본은 볼 줄 알아야 한다. 흔히들 경매 투자를 한다고 하면 드라마에서처럼 선량한 사람의 집을 빼앗는 나쁜 투자자로 묘사되는데(대부분 점유자가 더 법을 안 지킨다), 경매로 처분할 담보 부동산이 없다면 은행은 큰돈을 빌려줄 수가 없다. 그래서 자본주의가 돌아가려면 경매 제도는 필수다.

경매의 절차와 과정

경매 절차를 3가지로 나누어서 설명하려고 한다. 채무자가 빚을 연체해서 가진 자산이 경매로 나오는 과정, 경매 시장에 나오고 낙찰되기까지의 과정, 현재 사는 점유자를 명도하고 새로운 부동산으로 재탄생하는 과정으로 나누었다.

첫 번째로, 부동산이 경매로 나오는 과정에 대해서 살펴보자. 경제 상황이나 사업은 예상과 빗나가는 경우가 많다. 부동산에 나와 있는 물건의 등기부를 보면 대개 채무자의 사연을 알 수 있다. '임의경매'의 경우, 그 부동산에 관련된 빚을 해결하지 못해서 경매까지 나온 것이다. 은행의 대출원금과 이자를 갚지 못한 것이거나, 전세 임차인의 보증금을 제때 내어주지 못하는 경우가 여기에 해당한다. 그 부동산에 관련된 빚을 어려운 말로 '물권(物權)'이라고 한다. '강제경매'의 경우, 그 부동산이 아니라 다른 곳에 빚을 졌는데, 이를 변제하기 위해 가진 자산을 경매로 매각하는 것을 뜻한다. 사업이 망하거나 카드대금, 신용대출을 갚지 않는 것이 여기에 해당하고, 이런 빚을 어려운 말로 '채권(債權)'이라고 한다. 물권은 그 부동산에 한해서만 주장할 수 있는 권리이고, 채권은 그 채무자에게 주장할 수 있는 권리다. 초보자 입장에서는 그다지 중요하지 않고, 경매에 나왔다는 사실이 중요하다.

두 번째로, 경매 시장에 나오고 낙찰되기까지의 과정이다. 법원에서는 조사관을 보내서 현황조사를 하고, 그 부동산에 대해서 감정평가도 의뢰한다. 동시에 ○○월 ○○일 부동산을 매각할 테니 채무자로부터 돈 받을 사람들에게 모두 우편물을 보내어, 권리를 신고하라고 통지한다. 만약 임차인이 살고 있다면 임차인에게도 통지가 간다. 법원경매정보 사이트(https://www.courtauction.go.kr)에 감정가 얼마, 입찰일 언제, 현황조사, 매각물건명세서 등이 뜬다. 그러면 우리 투자자들은 그런 정보들을 토대로 주변 시세와 현재 물건이 가진 가치를 저울질한다. 현장에 가서 내부는 어떻게 생겼나 직접 초인종을 눌러 보기도 하고, 주변 공인중개사 사무소에 들러 어떤 사연인지 뒷조사를 한다. 선순위나 권리신고를 하지 않은 미상 임차인, 명도 저항이 있을 수도 있는 물건, 지분경매나 유치권 같은 특수물건이라면 아무래도 투자의 난이도가 올라가기 때문에 입찰자 수가 현저히 줄어들지만, 이런 곳에서 큰돈을 만질 기회가 생긴다. 입찰자들은 경매일 당일이 되면 경매 보증금 10%와 경매 입찰 서류를 준비한다. 경매 법정에 모두 모여서 입찰 봉투를 마감 시간 내 제출하고, 법원 공무원이 당일 개찰한다. 당연히 1등만 낙찰 영수증을 받아가고, 나머지는 보증금을 받고 돌아간다.

세 번째로, 낙찰자는 약 한 달간의 대금 납부 기한이 주어지고, 이 한 달 동안 현금으로 대금을 납부하거나 대출을 알아보아서 소유권 이전을 마친다. 잔금 납부일부터 소유주가 되지만, 해당 부동산에 점유자가 있을 수 있으므로 인도명령(경매 후 점유자를 내쫓는 명도소송) 신청을 한다. 드라마나 영화에서 보는 것처럼 변호사가 법정에서 서서 변호하고 그런 멋진 소송이 아니다. 그냥 서류 한 장 제출하고 별다른 특이사항이 없으면 확정판결이 된다. 생각보다 쉽고 간단하다. 인도명령은 쉬우나 실제 점유자를 내보낼 때 협상 능력이 필요하다. 어차피 칼자루는 낙찰자가 쥐고 있으나 좋은 말로 잘 구슬려서 짧은 기간 내에 내보내는 것이 좋다. 이 과정에서 득실을 따져보면 이사비를 지급하는 것이 더 유리한 경우가 있다(대부분 집주인이 채무자인 경우가 어렵고, 임차인이 사는 경우에는 협조적으로 집을 비워준다). 집이 엉망진창인 경우도 있고 깨끗한 경우도 있다. 예쁘게 수리하거나 청소해서 새로운 임차인으로 맞추면, 기나긴 경매 과정은 깨끗하게 잊힌다. 긴 과정을 간단하게 설명하려고 했으나 다시 읽어보니 절대 간단하지 않은 것 같은 기분이다(?).

권리분석만 제대로 하면 된다

흔히들 경매를 한다고 하면 권리분석만 죽어라 파는 경우가 많다. 거의 법조인이 되는 경우를 많이 보았는데 어렵게 생각할 것 없고, 말소기준권리만 찾아서 그 권리 전과 후로 분리해서 인수하는 것과 말소되는 것을 보고 입찰할지, 말지를 판단하면 된다. 말소기준권리는 통상 등기부등본상에서 말소될 것들의 기준이 되는 권리다. 정확히는 저당권, (가)압류, 담보가등기, 경매개시결정등기 중 가장 먼저 등기된 권리를 말한다(전세권도 요건이 갖춰지면 말소기준권리가 될 수 있다). 예를 들어, 부동산 담보대출을 갚지 않는 경우 등기부등본 '을'구에 있는 근저당권이 말소기준권리가 된다. 이 근저당권 앞에 있는 권리는 낙찰자가 인수하는 것이고, 이 근저당권 뒤로 나오는 권리는 모두 깨끗하게 말소된다.

말소기준권리에 대해서만 제대로 이해했다면 경매 정보지를 보고 당장 오늘부터 입찰해도 된다. 경매를 너무 어렵게 생각하지 말자. 공부를 위한 경매 공부를 하지 말고, 투자를 위한 경매 공부를 하자는 이야기다. 권리분석이 어려운 것들까지 모두 다 이해하려고 하면 입찰을 시작하기도 전에 지쳐버린다. 간단한 것들만 연습해도 경매 물건의 80% 를 커버할 수 있다. 심지어 권리분석도 경매 정보지에서 모두 제공하기 때문에 경매 정보지만 잘 읽을 줄 알면 된다.

공짜로 경매 정보지 보는 법

법원경매정보 사이트에서도 경매 정보를 볼 수 있지만, 인터페이스가 불편하고 권리분석이 되어 있지 않다. 굿옥션, 지지옥션 같은 유료 경매 정보지는 보통 연 단위 100만 원 정도의 돈을 들여서 회원권을 구입해야 하나, 요즘은 무료로 양질의 정보를 제공하는 곳들이 늘어나고 있다. 두인경매(https://www.dooinauction.com)는 인터페이스가 이용이 편리하고, 권리분석까지 모두 해주지만, 등기부등본은 제공해주지 않는다. 그래서 필자는 두인경매로 검색하고, 등기부등본은 레이옥션(http://www.reyauction.com)을 이용해서 확인한다. 정말 입찰할 마음이 생기면 등기부등본을 그제야 새로 발급받는 편이다.

경매가 대단한 것이라고 생각하지 말고 마음 편하게, 경매 매물을 검색하는 습관을 들이자. 입찰하지 않더라도 감정평가서를 통해서 부동산을 공부하기도 하고, 어떻게 하면 새로운 가치로 바꿀 수 있을까 상상할 수 있어 공부가 많이 된다. 경매 박사가 되고 나서 입찰하려 한다면 늦다. 순서를 바꿔보자. 관심 있는 물건이 생기면 그때 경매 권리분석을 하고 경매 절차를 공부해보자. 시작이 반이다.

56

경매 투자자들이
흔히 하는 실수

경매하는 사람들이 범하는 실수

처음 부동산에 입문했던 시기는 신혼집을 알아보던 2016년쯤이다. 집 근처에 있는 도서관에 가서 부동산과 재테크에 관한 책을 모두 읽었는데, 그때만 하더라도 경매나 월세 수입 등의 주제가 대부분을 이루었다. 아마 2008년부터 2013년까지 하락장이었기 때문이 아니었을까 싶다. 왜냐면 하락장에서는 시세차익형보다는 수익형 상품이 더 인기가 좋았고, 경매로 빌라·아파트·오피스텔을 싸게 낙찰받아서 수리 후 시세대로 월세를 받는 형태의 투자가 유행이었기 때문이다. 경매로 부를 이룬 내용, 전 소유주를 실랑이 끝에 명도 후에 새롭게 인테리어 후 월세 받고, 시세차익까지 얻는 무용담이 주를 이루었다.

이런 것들을 읽고 가만히 있을 내가 아니었다. 어찌 보면 성격이기도 한데, 백문이불여일행(百聞不如一行)이라고, 직접 해보지 않고서는 와닿지 않았다. 권리분석은 어차피 경매 정보지에서 다 해주고, 특수물건이 아닌 아파트에만 투자하면 안전하다고 생각했다. 열심히 입찰하고 패찰한 끝에 충남 공주시에 있는 대학가 앞에 아파트를 무려 14만 원 차이로 낙찰받았다. 내 이름이 불릴 때 굉장히 떨리기도 하고, 마치 엄청난 확정 수익을 본 것 같은 기분이 들었다.

| 공주시 ○○○○ 아파트 경매 정보지 |

2017 타경 ▨▨▨▨ 대전지방법원 공주2계
담당계 (041) 840-▨▨▨

소재지	충남 공주시 신관동 ▨▨▨▨▨ 아파트1단지 103동 8층 801호 [도로명 검색]				
물건종류	아파트	사건접수	2017.06.29	경매구분	임의경매
건물면적	84.97㎡ (25.7평)	소유자	국0000000000	감정가	220,000,000원
대지권	49.4㎡ (14.94평)	채무자	이00	최저가	(70%) 154,000,000원
매각물건	건물전부, 토지전부	채권자	오0000000	입찰보증금	(10%) 15,400,000원

입찰 진행 내용

구분	입찰기일	최저매각가격	상태
1차	2018-01-08	220,000,000	유찰
2차	2018-02-12	154,000,000	낙찰

낙찰 195,147,870원 (89%)
(응찰 : 9명 / 낙찰자 : 정0000 / 차순위 : 195,000,000)
매각결정기일 : 2018.02.19 - 매각허가결정
대금지급기한 : 2018.03.26
대금납부 : 2018.03.12 / 배당기일 : 2018.04.19
배당종결 : 2018.04.19

종국결과	2018-04-19	0	배당

물건 사진 [사진 더보기]

출처 : 두인경매

입찰 전에 시세 조사를 할 때 "2억 2,000만 원 정도 한다"라는 공인중개사도 있었고, "점점 더 떨어질 테니 여기에 투자하지 말라"는 다른 공인중개사도 있었다. 속으로는 '흥! 자기가 입찰하려나 보지? 시세는 2억 2,000만 원이나 되는데'라고 생각했다. 결과부터 이야기하면 2년 동안 시세가 떨어지고, 덕분에 부동산 공부를 많이 하게 되었다. 많은 투자자도 이와 같은 망투(망한 투자)를 경험하고 나서야 부동산의 본질에 대해서 생각하게 된다. 첫 투자부터 대박을 터트렸다면 오히려 나중에 신중하지 못해서 더 큰 손실을 보았을 거라고 생각한다. 그렇게 따져보면 본전으로 빠져나온 것은 아주 값싸게 훌륭한 부동산 공부를 했다고 할 수 있다. 여하튼 기회비용으로 따졌을 때 손해를 본 것이나 마찬가지였다. 왜냐하면 2018년에는 대전 아파트 상승장이어서 투자금 5,000만 원으로 대전 아파트를 샀다면 못 해도 1억 원은 벌었을 것이기 때문이다.

경매는 주 1회 정도 수시로 매물을 검색해본다. 입찰하지 않더라도 여러 가지 상상을 할 수 있게 해준다. 예를 들면, '이 토지를 낙찰받으면 창고를 지을 수 있을까? 도로는 접해 있나? 창고의 수익률은 얼마나 될까? 대출은 얼마쯤 나올까?' 등등. 당장 투자하지 않더라도 공부할 것들이 많아서 좋다. 그리고 낙찰 결과를 보면 여러 가지 생각이 든다. '이 낙찰자는 대출을 어떻게 받았을까?(한 달 뒤 등기부등본을 떼어보면 알 수 있다), 1년 뒤 여기는 어떻게 변화해 있을까?(1년 뒤 네이버지도로 로드뷰를 보면 알 수 있다), 매도는 어떻게 했을까?' 등등 굳이 강의를 듣지 않아도 결과로 공부할 것들이 무궁무진하기 때문이다. 그리고 감정평가서도 자주 보면 물건가격에 대한 감이 생긴다. '○○지역 빌라 2룸이 3억 5,000만 원? 좀 비싼데? 옆에 아파트가 5억 원인데….' 경매는 인생에서 한 번쯤 배워야 한다.

'충남 공주시 경매 낙찰'에서 배운 것은, 투자자의 본질은 '낙찰받는 것'이 아니라 '싸게 사서 비싸게 파는 것. 수익을 내는 것'이라는 것이다. '주객전도(主客顚倒)'라는 말이 있다. 수익을 내기 위해서 경매를 배운 것인데, 자꾸 패찰하다 보니 낙찰받기 위해 투자하는 사람들을 가끔 보게 된다. 그런 분들에게 꼭 이 말을 해드리고 싶어서 이 주제를 다루고 싶었다.

그리고 경매 투자자들이 실수하는 것 중 하나가, 경매 물건과 사랑에 빠진다는 것이다. 경매 정보지를 자꾸 보니 물건이 좋아 보이고, 왠지 남이 뺏어갈 것 같다. 그러다 보니 굳이 더 저렴한 급매가 있는데, 무리하게 낙찰을 받고 나서는 '현타'가 온다. '내가 이것을 왜 굳이 경매로 샀지?' 이 글을 읽는 독자분들도 나무를 볼 게 아니라 전체 부동산 시장이라는 큰 숲을 보았으면 좋겠다.

일반 매매와 경매가 가진 장단점을 표로 살펴보자.

구분	장점	단점
경매	싸게 살 수 있다. 임차인을 명도할 수 있다. 대출이 조금 더 나오기도 한다. 중개 수수료가 없다.	명도 등 절차가 복잡하다. 대출로 잔금을 치러야 한다(중도상환 수수료 발생).
일반 매매	갭 투자라면 소액(갭)으로 투자 가능하다 (중도상환수수료 없음). 거래 과정이 투명하다. 집의 상태를 보고 가격 조율이 가능하다.	조금 비싸다(그러나 급매가 더 싸기도 한다). 중개 수수료가 발생한다. 대출 한도가 적다.

지금도 경매 투자를 이어가고, 낙찰도 받아오지만 필자도 가끔 현타가 오기도 한다. 개인적으로는 일반 매매를 더 선호하고 추천하는 편이다. 좋은 매물은 경매에 나오지 않기도 하고, 나왔다고 하더라도 일반 급매나 다름없는 가격에 낙찰되기 때문이다. 차라리 마음에 드는 단지

를 점찍어두고 수시로 지켜보거나 현장에서 매물을 찾는 게 더 저렴하고 좋은 조건에 매수할 수 있다. 잊지 말자. 투자자의 숙명은 '싸게 사서 비싸게 팔아 수익을 내는 것'이다.

57

이런 것을 경매로
사야 한다

경매로 사야 하는 것들을 나누는 기준은 명확하다. 가격이다. 일반 매매보다 경매로 살 때 싼 것들을 경매로 사야 한다. 어떤 것들이 그럴까? 시장에서 잘 안 팔리는 것들, 환금성이 떨어지는 자산들을 경매로 사면 헐값에 살 수 있다. 상식적으로 생각하면 된다. 환금성이 좋은 것은 경매로 가기 전에 일반 매매로 팔린다. 경매까지 왔다는 것은 채무자가 사업이 아예 쫄딱 망했거나(채권에 의한 강제경매), 부동산을 팔지 못하고 근저당 대출이자를 못 내 전세보증금을 못 돌려줘서(물권에 의한 임의경매) 나온 것이다. 그래서 경매 시장에서 좋은 물건들을 찾기가 힘들고, 설령 좋은 물건이 나왔다고 하더라도 입찰자가 몰려서 급매가격과 다름없게 낙찰된다.

일반 매매로 샀던 것

대전 유성구 궁동은 충남대와 카이스트 대학교 사이에 있는 황금 같은 입지다. 여기에 다가구주택을 경매로 낙찰받고 싶다는 생각이 늘 있었다. 그래서 수시로 검색했지만 경매로 나오지 않아서, 과거에 한 번이라도 경매가 나온 적이 있는지 찾아보았다. 아니나 다를까, 경매로딱 한 번 나온 것을 제외하고는 경매 물건이 없었다. 그때부터 검색하지 않고 일반 매매로 다가구주택을 매수해버렸다. 사실 너무나 당연한이치였다. 월세가격이 계속 오르고, 공실이 없으며, 땅이 한정적이라서주변에 신축 공급은 전혀 없었다. 그러니 대출이자를 밀릴 일이 없고,전세를 주더라도 다음 임차인을 구하는 게 어렵지 않기 때문에 경매에나올 일이 없었던 것이다.

| 충남대 옆 궁동 다가구주택은 매입 전 딱 한 번 경매로 나왔다 |

검색 목록 (총 3건)	관심물건등록	선택보기	선택 목록 인쇄	인쇄	텍스트 보기		30개씩 보기 ∨

날짜순	사건번호순	소재지순	감정평가액	최저경매가순	유찰횟수순	낙찰가

	사진	관할법원/소재지/면적	감정가 최저가 낙찰가 실거래가	상태	매각기일 (입찰시작시간)	조회수
☐		다가구 주택 2021 타경 107831 지도 보기 대전 유성구 궁동 █████ 외 1개 목록 건물 328.88㎡(99.49평) / 토지 234.8㎡(71.03평)	감 1,091,214,560 최 763,850,000 낙 821,818,000	낙찰(배당) 유찰 1회 (70%) (75%)	2022-04-05 (10:00)	754
☐		근린주택 2018 타경 17723 지도 보기 대전 유성구 궁동 ███애○동 외 2개 목록 건물 929.47㎡(281.16평) / 토지 465.4㎡(140.78평) / 제시외 141.9㎡	감 1,511,809,580 최 1,058,267,000 낙 1,478,390,000	낙찰(배당) 유찰 1회 (70%) (99%)	2019-09-18 (10:00)	14
☐		다가구 주택 2013 타경 2184 지도 보기 대전 유성구 궁동 █████ 외 1개 목록 건물 533.25㎡(161.31평) / 토지 225.2㎡(68.12평) / 제시외 24.1㎡	감 687,990,700 최 481,593,000 낙 587,000,000	낙찰(배당) 유찰 1회 (70%) (85%)	2013-08-26 (10:00)	4

출처 : 두인경매

환금성이 안 좋은 것들

경매로 사기 좋은 것들을 구체적으로 이야기해보면 본래 환금성이 안 좋은 상품이라 좋은 물건이지만 시장에 팔리지 않아서 경매로 나온 것들이 좋다. 단독주택, 다가구주택, 빌라, 구분상가, 상가건물, 토지(특히 임야), 공장과 창고들이 그렇다. 이런 것들의 낙찰가를 보면 확실히 시세보다 10~20% 정도 싸게 살 수 있다. 더불어서 대출은 감정가격 80%와 낙찰가격 90% 중 낮은 것을 기준으로 통상 대출을 해주기 때문에 경매로 받는 경우 대출도 수월하다.

사연 있는 물건

거꾸로 환금성이 좋은 상품이지만, 사연이 있는 물건이라서 경매까지 나오는 경우가 있다. 특수물건을 뜻하는 것인데, 유치권, 지분경매, 법정지상권 등이 있다. 유치권은 조금 머리가 아프다. 하지만 지분경매나 법정지상권은 그래도 정답이 정해져 있고, 소송으로 어쨌든 해결이 가능한 부분이다. 이런 것들이 지속해서 유찰되는 가장 큰 이유는 '대출'이 어렵기 때문이다. 낙찰받고 나서 특수물건이라는 이유로 대출을 거부당해서 입찰 보증금을 몰수당할 수 있기 때문에 꺼린다. 그래서 이런 곳은 사람이 붐비지 않고, 큰 수익을 낼 수 있다.

앞서 다룬 상가 투자 사례를 경매 투자자 관점에서 살펴보자. 이 부동산은 필자가 살던 아파트에 나왔던 단지 내 구분상가라서 잘 알고 있었다. 부모님이 사망하면서 지분 1/3씩 형제가 나누어 가졌는데, 형제간에

| 사연 있는 지분경매 물건(패찰했다) |

출처 : 두인경매

다툼이 있어서 왕래하지 않았다. 그러다 그중 한 명의 채무로 인해서 경매로 나온 물건이다. 지분경매에서 온전한 소유권을 가져오는 방법에는 2가지가 있다. 협상에 의해서 지분권자에게 나머지 지분을 사 오는 방법과 공유물분할청구소송 등으로 전체 지분을 다시 경매로 부치는 방법이다. 결과적으로 나머지 지분권자들과 협상을 통해서 전체 지분을 다 사 왔다. 협상하는 데 5개월이 걸렸고, 그동안 돈이 묶였을 뿐만 아니라 스트레스도 상당했다. 그에 대한 보상으로 2년 뒤 전체 지분을 약 4,000만 원의 차익을 보고 매도했다. 확실히 시세보다 20%가량 저렴하게 매수했기 때문에 정상가격에만 팔아도 꽤 큰 수익이 되는 것이다. 필자가 강조하고 싶은 것은, 경매 투자는 이렇게 하자가 있는 물건이나 시세보다 확연히 저렴하게 살 수 있는 물건으로 해야 정상가격에 팔아도 수익이 남는다는 것이다. 경매 투자를 하는 이유는 싸게 사기 위함이다.

그래서 지금도 경매 정보지를 볼 때 아파트는 굳이 검색하지 않는다(아파트는 특수물건이라고 해보았자 지분경매가 전부다). 특수물건이 아니라면 재미를 보기 어렵고, 아파트가 하락해서 더 저렴하게 급매로 살 수 있는데, 굳이 경매 투자를 할 이유를 못 느낀다. 그래서 대체로 다가구주택, 단독주택, 근린주택, 상가, 근린생활시설, 토지, 임야, 창고, 공장 등을 보거나 치유 가능한 위반건축물, 근생빌라, 반지하 빌라 등을 눈여겨본다. 대중과 반대의 길을 걷는 투자자가 되어야 한다. 아무도 관심을 두지 않는 곳에서 큰 수익을 낼 수 있기 때문이다.

경매가 일반 매매와 비교해 차별점을 갖는 게 딱 하나 있는데, 대항력이 없는 임차인은 명도소송으로 내보낼 수 있고, 배당신청을 한 임차인은 순순히 나간다는 것이다. 그래서 집이 공실이 된다는 장점이 있다. 일반 매매는 세입자가 있는 경우, 임차인이 나간다고 했다가 매수계약 이후 말을 번복하더라도 강력한 '임대차보호법'이 버티고 있기 때문에 집주인이 어쩔 도리가 없다. 하지만 앞의 2가지 경우에는 임대차보호법에서도 예외를 두고 있기 때문에 임차인이 비워주어야만 해서, 낙찰자가 원하는 대로 부동산을 꾸밀 수 있다.

그러나 잊지 말자. 우리가 경매 투자나 부동산 투자를 하는 이유는 수익을 내기 위함이다. 경매를 낙찰받기 위함이 아니다. 그러므로 수단과 목적이 뒤바뀌는 일이 없어야겠다. 일반 매매든, 경매로 사든 '싸게 사서 비싸게 팔면' 장땡(?)이다.

58

빠르게 훑어보는 세금 :
취득세, 양도세, 보유세

초보자가 읽는 부동산 세금

초보자 입장에서 부동산 투자가 꺼려지는 이유 중 하나는 주식과 비교했을 때 세금이 너무 복잡하기 때문이다. 그리고 정부나 언론에서 세금을 중과하겠다느니, 집을 투자하지 못하게 만들겠다는 등의 겁을 줘서 초보자들은 지레 겁을 먹는다. 그러나 세금 중과가 심하던 노무현, 문재인 정부 때에도 투자자들은 항상 틈새를 비집고 찾았고, 누군가는 어디선가 짭짤한 세후 수익을 내고 있다. 부동산 세금을 잘 알아야 하는 이유는 틈새시장을 찾을 수 있기 때문이고, 돈의 유동성이 어디로 흘러갈지 예측할 수 있기 때문이다. 세법은 수시로 바뀌고, 정부 정책에 따라 변경이 많아 다음에서 이야기하는 내용으로 대략적인 방향성을 잡고, 독자 여러분이 수시로 확인하기를 바란다. 참고로 이 내용은 2023년 4월을 기준으로 작성되었다.

개인이 부동산에 관련된 세금은 크게 3가지로 분류한다. 처음 살 때 내는 취득세, 보유하고 있는 동안 내는 보유세와 임대소득세, 마지막으로 팔 때 내는 세금 양도세다. 취득세부터 살펴보자. 주택의 취득세는 예전에는 6억 원 이하면 1.1%, 6~9억 원 사이면 2.2%, 9억 원 초과는 3.3%였으나, 2020년 7월 10일 취득세 중과 대책으로 큰 변화를 맞이했다. 주택수와 규제지역 여부에 따라서 최고 13.4%의 취득세를 내야 했다. 다음 도표를 참고하자. 개정 예정이긴 하지만 입법사항이라, 현재까지도 이 세율로 적용받는다.

▎현행 취득세율 ▎

주택수	조정대상지역	비조정대상지역
1주택 (지역 구분 없음)	6억 원 이하	1%
	6~9억 원 이하	1.01~2.99%
	9억 원 초과	3%
2주택	8%	1~3%(1주택과 동일)
3주택	12%	8%
4주택 이상, 법인	12%	12%

2022년에 정권이 바뀌면서 세금 정책에도 많은 변화가 있었는데, 2022년 12월 21일을 기점으로 취득세 중과를 12%에서 6%로 대폭 축소할 것이라고 발표했다. 문제는 취득세는 지방세법[법률]에서 다루고, 법률은 국회에서 결정되는데, 현재 과반수 정당인 더불어민주당이 현 정부에 협조적이지 않다는 것이다. 정부에서는 2022년 12월 21일 날짜를 기준으로 소급해서 적용한다고 하니 믿어야겠지만, 2023년 4월을 기준으로 지금 당장 다주택자의 취득세는 12%가 맞다. 다음 도표는 정부에서 제시한 취득세 개선안이다. 취득세를 완전히 예전으로 돌리

지 않은 것으로 보아서는 이번 정부에서도 아직까지는 모든 규제를 풀기에는 부담스러운 것으로 보인다.

| 취득세율 개선안 – 소급 적용 예정 |

주택수	조정대상지역	비조정대상지역
1주택 (지역 구분 없음)	6억 원 이하	1%
	6~9억 원 이하	1.01~2.99%
	9억 원 초과	3%
2주택	8% → 1주택과 동일	1~3%(1주택과 동일)
3주택	12% → 6%	8% → 4%
4주택 이상, 법인	12% → 6%	12% → 6%

보유세는 재산세와 종합부동산세로 나누는데, 재산세는 자산 규모에 비해 부담되는 편은 아니고, 지자체에서 알아서 부과하기 때문에 크게 신경 쓰지 않는다. 주택은 국민 필수재라 저렴하고, 그 외는 조금 비싼 편이라는 정도만 알고 있자(시가 2억 원짜리 오피스텔이면 주거용은 13만 원, 건축물은 20만 원이 넘는 정도). 투자자들의 발목을 잡는 것은 다주택자에게 무거운 종합부동산세다. 종합부동산세는 노무현 정부 때 처음 신설되었는데, 세금 강화–완화–강화를 거쳐서 지금 윤석열 정부에서는 많은 부분 완화되었다. 종합부동산세를 계산하는 방법은 국세청 홈페이지(https://nts.go.kr)에 아주 자세하게 설명되어 있으니 시간을 내서 차근차근 공부해보자.

윤석열 정부에 들어서서 다주택자 인당 기본공제금액을 6억 원에서 9억 원으로 상향하고, 공정시장가액비율(대통령이 정하는 할인율)을 60%로 낮췄으며, 과표구간을 신설함과 더불어 세율 자체도 많이 낮췄다. 공시지가 합산 13억 원 다주택자가 내는 종합부동산세가 90만 원이 채 안 되니 부부 공동 명의로 하면, 종합부동산세 구간 내에서 투자할 수 있는 여유가 늘어났다. 많은 부린이들이 종합부동산세가 두려워서 다주택자가 되는 것을 꺼리는데, 기회가 된다면 부동산 계산기(https://부동산계산기.com)에서 직접 시뮬레이션을 돌려보길 바란다. 참고로, 주택 종합부동산세와 토지, 건축물 종합부동산세는 모두 별개로 합산해야 하므로 여러 자산으로 포트폴리오를 골고루 구성하면, 종합부동산세를 내지 않으면서 여러 부동산 투자를 이어나갈 수 있다.

보유세에 속하는 것 중 하나가 임대소득세와 건강보험료다. 임대사업소득이 발생하는 순간 바로 부담이 된다. 주택임대소득이 2,000만 원 이하면, 종합소득세와 분리해서 과세하는 '분리과세'를 선택해 단일 세율 14%를 낼 수 있다. 2,000만 원이 초과하면 종합소득세와 무조건 합산되니 고소득자라면 명의를 조심해야 한다. 월세를 받는 경우 임대소득세를 매년 내야 하고, 전세 투자도 보증금으로 이득을 보는 것으로 간주해서 '간주임대료'라는 것을 매긴다. 부린이를 대상으로 하는 책이라 이들 내용을 자세하게 다루는 것은 의미가 없고, 국세청 홈페이지의 '국세신고안내 > 개인신고안내 > 주택임대소득'에서 자세한 내용을 읽어보길 바란다.

마지막으로 양도소득세에 대해서 알아보자. 지난 문재인 정부에서 양도소득세를 중과하면서 매도자의 세후 수익이 형편없자 매물이 사라져 오히려 폭등하는 결과를 가져왔다. 그만큼 양도소득세가 투자자들의 투자 방향을 결정하는 데 큰 역할을 하니 예의 주시해서 알고 있어야 한다. 1주택자가 집을 파는 경우에는, 투기성 목적이라고 보기 힘들고, 물가 상승분만큼은 인정해서, 양도세를 비과세받을 수 있다. 10억 원짜리를 30억 원에 매도해도 세금 한 푼 안 내는 것이다. 이사하는 과정에서 일시적으로 1가구가 2주택이 되는 경우가 있는데, 이때도 마찬가지다. 따라서 이를 이용해 전략적으로 일시적 1가구 2주택 비과세로 재테크를 하는 것도 가능하다. 매번 상급지로 갈아타면서 그동안에 상승 차익분을 비과세로 받으니 부동산 상승기에는 일시적으로 2주택이 되면 큰 목돈을 만질 수 있다. 그러나 일시적 1가구 2주택 비과세 적용 여부는 여러 가지 예외사항이 많다. 꼼꼼히 따져보고, 자신이 없다면 국세청의 '사전답변제도'를 통해 자신의 상황을 정확하게 기술해서 답변을 받자.

다주택자의 양도세는 보유 기간이 중요하다. 기본적으로 부동산의 양도세는 1년 미만, 1년 이상~2년 미만, 2년 이상 이렇게 3개의 구간으로 나뉘어 있는데, 주택은 2년 미만이면 모두 70%이고, 2년이 넘어야지 6~45%의 일반세율 구간을 적용받는다. 그래서 보통 2년 이상은 갖고 있어야지 의미 있는 세후 수익이 나온다. 일반세율은 누진세율이다. 사소한 것을 생략한 대략적인 계산 방식은 다음과 같다.

> 양도차익 = 시세차익분 - 필요경비(취득세, 중개수수료, 자본적지출 등)
> 양도소득금액 = 양도차익 × 세율
> - 2년 미만 : 70% 세율
> - 2년 이상 : 6~45% 일반세율

일반세율은 전기요금처럼 누진세를 적용해서, 시세차익이 적을수록 낮은 세율을 적용받고, 높을수록 높은 세율을 적용받는다. 45%에 지방세까지 내면 49.5%로 절반 정도를 떼어가니 투자자는 억울하기만 하다. 양도소득세를 절세하려면 2가지를 지켜야 한다. 첫째는 명의를 분산해야 한다. 누진세이기 때문에 인당 과세표준을 낮춘다면 세율도 줄어든다. 둘째는 연도를 분산해야 한다. 양도소득세는 연도별 합산이기 때문에 한 해에 너무 많은 자산을 매도하면, 누진세 과표가 높아져서 세율이 높아진다.

과세표준(원)	세율	누진공제액 (원)
1,400만 원 이하	6%	–
5,000만 원 이하	15%	126만
8,800만 원 이하	24%	576만
1.5억 원 이하	35%	1,544만
3억 원 이하	38%	1,994만
5억 원 이하	40%	2,594만
10억 원 이하	42%	3,594만
10억 원 초과	45%	6,594만

주택 외 토지, 상가, 오피스텔, 기타건축물 등의 자산의 양도소득세는 크게 바뀐 것 없고 단순하다. 1년 미만 50%, 1년 이상~2년 미만 40%, 2년 이상 기본세율을 적용받으나, 사업용 토지·비사업용 토지 여부에 따라서 세금이 중과되기도 한다. 정확한 내용은 마찬가지로 국세청 홈페이지(https://nts.go.kr)의 '국세신고안내 > 개인신고안내 > 양도소득세 > 세율'에 가장 정확하게 나와 있다.

고소득자들이 부동산 투자를 반드시 해야 하는 이유는 양도소득세가 '분류과세'이기 때문이다. 자산은 매년 처분하는 것이 아니라 오랜 기간 차익이 누적되다가 한 해에 처분하다 보니 이를 1개 연도의 종합소득세에 합산하기에는 불합리하다. 그래서 양도소득세는 별도로 분류과세하는 것인데, 원래 49.5%의 종합소득세를 내고 있던 의사, 사업가들에게는 또 이만한 게 없다. 양도차익이 8,800만 원이라고 하면 실제로 내는 세금은 1,536만 원(실질 세율 17.45%) 정도밖에 안 된다(양도차익 8,800만 원 × 세율 24% - 누진공제액 576만 원). 그러니 고소득자일수록 부동산 투자를 게을리하면 안 되는 이유가 여기에 있다.

부동산 세금 중 양도소득세는 세무사 못지않게 줄줄이 꿰어야 하고, 종합부동산세, 취득세도 바뀐 게 없는지 수시로 공부해야 한다. 대략적인 흐름을 잡아드렸으니 매년 바뀌는 세법 개정안이나 경제 뉴스를 통해서 숨 쉬듯이(?) 공부하자. 그리고 수시로 바뀌니 부정확한 인터넷 블로그나 예전 기사를 보지 말고, 국세청 홈페이지나 소득세 법령을 직접 확인하는 습관을 들이자.

59

1주택자일수록
법인 설립해야 하는 이유

　부린이를 대상으로 하는 책에서 법인 내용을 다루는 게 조금 이상하다고 느낄 독자들이 있을 것 같다. 하지만 법인의 장단점을 아는 것은 하나의 선택지가 더 생기는 것이기에 부린이도 알고 있으면 좋다. 무주택 지위나 1주택자 비과세를 유지하는 데 큰 도움이 되기 때문에 다주택자가 아니더라도 법인 투자를 왜 하는지 정도는 알고 있어야 한다.

부동산 법인이 가진 장점

　가장 큰 장점은 명의를 분리함으로써 세금적인 혜택을 많이 받을 수 있다. 고소득자들은 최고 45%까지 치솟는 종합소득세율보다는 법인세율이 10~20%로 훨씬 낮고, 임대소득으로 생기는 수익금을 분리해서 절세할 수 있는 장점이 있다. 양도세는 개인과 비교할 수 없을 정도로 좋다. 보유기간에 구애받지 않고 10~20%의 법인세율을 적용하기 때문에 이른바 '초단타' 매매는 개인은 70%인 반면에, 법인은 10~20%

를 적용받는다(단, 주택인 경우 20%p 추가과세가 있기는 하지만, 여전히 개인에 비해 저렴하다). 개인의 양도세와는 별도로 합산하기 때문에, 개인이 다른 자산을 매도할 때도 절세가 된다. 그리고 양도소득세에서 필요경비로 인정받는 부분은 새시, 보일러 정도로 매우 제한적인 반면에, 법인은 법인세를 내 사업에 필요한 경비로 인정받기 때문에 도배, 장판, 싱크대, 임대차 중개수수료 같은 것도 폭넓게 인정받을 수 있다.

부동산 세금뿐만 아니라 하나의 회사가 설립되는 것이기 때문에 여기서 오는 이점도 있다. 필자 같은 전업 투자자는 국세청 소득금액증명원을 떼면 0원으로 나온다. 매년 납부하는 취득세와 양도소득세를 합치면 억 단위인데, 소득금액증명원으로는 백수나 다름없어서 은행에 대출 신청을 하면 거절당하는 경우가 많다. 하지만 법인을 설립하고 법인대표로서 스스로 월급을 주면 소득금액증명원에 소득으로 잡혀서 정상적인(?) 직장인으로 보인다. 정규직으로 고용되었으니 4대 보험료도 납입한다. 국민연금은 물론이고 건강보험료에서 사회 안전망 울타리에 들어갔다는 느낌이 든다. 전업 투자자는 자산은 많지만 현금흐름이 많지 않은데, 4대 보험이 되는 직장이 없다면 건강보험료가 '지역가입자'로 분류되어 자산에 비례해서 건강보험료를 내야 한다. 하지만 법인 대표로서 월급을 받는 '직장인'이라면 '직장가입자'로 분류되어 월급에 비례해서 건보료를 부과하니 엄청난 이점이라고 볼 수 있겠다.

처음 법인을 설립할 때 자녀를 지분권자로 참여시킨다면 일찌감치 증여를 설계할 수 있어서 좋다. 처음에는 자본금 500만 원짜리 구멍가게 수준이지만, 10년간 잘 굴려서 5억 원 법인으로 만든다면, 자녀는 그만큼 늘어난 지분을 갖게 되기 때문이다. 증여세를 내지 않고 합법적으로 자녀의 재산을 불리는 방법이다(물론 투자를 잘 해야겠다).

사실 필자가 법인을 설립한 가장 큰 이유는 대출 때문이다. 비주택 담보대출은 RTI 규제를 받는데, 법인은 RTI 규제를 적용받지 않는다. 따라서 오피스텔, 상가, 토지 등을 구입할 때, 많게는 80%까지 대출을 받을 수 있기 때문에 비주택 투자에는 법인만큼 훌륭한 게 없다. 상가 편에서도 다루었지만, 꼬마빌딩같이 양도차액이 클수록 법인으로 투자해야 유리한 점이 많다.

법인이 가진 단점

개인에 비해 법인이 불리한 점도 있는데, 현재는 법인은 다주택자와 같은 취급을 받는다. 법인의 주택 취득세가 현행 12%(6% 개정 예정)이고, 본점이 수도권과밀억제권역 내 법인이 비주택 부동산을 취득하더라도 9.4% 중과를 받는다(그래서 부동산 법인들은 지방 비상주 사무실에 본점을 내기도 한다). 주택 종합부동산세에서도 법인이 불리한데, 개인은 9억 원 공제를 받는 반면, 법인은 한 푼도 공제받지 못한다. 세율도 2주택 이하 3.24%, 3주택부터는 6.0%라는 살인적인 세율을 적용받는다(농어촌특별세까지 포함). 2년만 갖고 있어도 14.4%가 사라지니 법인으로 주택 장기 투자는 할 게 못 된다. 소소하긴 하지만 인적공제도 없고, 개인에게 있는 장기보유특별공제도 법인은 없다.

또 다른 단점은 법인이 많은 시세차익을 냈더라도 이를 개인 통장으로 옮기는 것은 횡령이다. 법인의 돈을 합법적으로 개인에게 옮기려면, 근로자로서 월급을 받거나(소득세) 주주로서 배당을 받는 방법뿐이다(배당소득세 15.4%). 결국 개인보다 20%가량 절세를 해도 개인에게 돈을 다시 옮기려면 절세한 만큼 다시 세금을 내야 한다. 그러나 투자자들은 어차피 그 돈으로 다시 재투자하는 경우가 부지기수이므로 상관없다는 의견도 있다. 그리고 법인은 세무 기장료(월 10만 원 내외), 조정료와 약간의 세금이 유지비로 지출된다는 단점도 있다.

법인 투자의 장단점을 요약하면 다음과 같다.

장점	단점
소득 분리(종소세, 법인세)	취득세 중과(다주택, 수도권 본점 중과)
초단타 가능(양도소득세)	종합부동산세 공제금액 없고, 높은 세율
폭넓은 인정경비	주택 매도 시, 20%p 추가 과세
사회 안전망(근로소득, 건보료)	배당 또는 근로소득세 이중 부과
비주택의 경우 대출 유리	세무 기장료 유지비
자녀 참여 시 합법적으로 증여	

어떨 때 법인 투자를 해야 할까?

1주택 비과세가 걸렸는데 명의가 없어서 추가 투자를 못 할 때 법인이 좋은 대안이 될 수 있다. 또는 필자같이 전업 투자자로서 활발하게 단타 투자를 하면서 직장인 행세(?)를 하고 싶을 때도 좋다. 결국에는 자산이 불어나서 비주택 투자로 방향을 바꿀 때, 꼬마빌딩같이 덩어리가 큰 자산은 법인이 더 유리하다. 법인 투자라고 하면 거창한 것 같지만, 무주택자부터 다주택자, 남녀노소 누구나 할 수 있는 투자다. 필자도 처음에는 부동산 투자 목적으로 법인을 설립했지만, 지금은 다른 사업으로도 매출을 내고 있어 사업의 세계를 경험해보기 좋다.

60

분야별 추천 도서

필자는 제대로 된 부동산 정규강의를 단 한 번도 들어본 적 없다. 가격 대비 가장 훌륭한 투자처는 '책'이다. 책으로만 부동산 공부를 해도 충분하다. 수많은 책에서 저자들이 공통으로 말하는 핵심 부분이 보인다. 핵심적으로 말하는 부분이 보인다. 그것을 꿰뚫고 투자의 본질을 알아내고 이를 행동으로 옮길 용기만 있다면, 굳이 부동산 강의를 듣지 않아도 좋다고 생각한다. 이는 비단 부동산뿐만 아니라, 부(富), 주식, 사업에도 모두 적용된다(단, 용기가 없거나, 궁금한 사항이 있으면 강의도 큰 도움이 된다). 요즘도 좋은 책들이 많이 나오지만 부동산 투자 초기에 읽었던 책 중에 정말 좋았던 책들이 많아서 독자 여러분께 순수한 마음으로 추천해드린다.

아파트 데이터 투자

김수현 저, 《부동산 투자, 흐름이 정답이다》, 2018년, 한국경제신문i

아파트 수요와 공급에 관해서 기본에 충실한 책으로, 지방 투자에 큰 도움이 되는 책이다. 당시에는 호갱노노나 부동산지인도 없었는데도, 분석된 내용이 알차다. 부동산이 왜 오르고 내리는지에 잘 설명되어 있다. 김수현 작가는 파고스라는 필명으로 블로그도 운영 중이다(https://blog.naver.com/shn2016).

김재수(렘군) 저, 《10년 동안 적금밖에 모르던 39세 김 과장은 어떻게 1년 만에 부동산 천재가 됐을까?》, 2018년, 비즈니스북스

유튜브 채널도 운영하고 계시는 렘군 님의 책이다. 기본에 충실한 책이라 시간이 지나도 부족함이 없다.

아파트 투자 심리

이현철 저, 《전세가를 알면 부동산 투자가 보인다》, 2018년, 매일경제신문사

아파트 상승장과 하락장을 모두 맞춘 저자라서 역주행하고 있다. 2018년 당시에 읽었을 때 신선한 충격을 받았는데, 부동산 책이지만 그래프나 데이터가 거의 없다. 투자 심리에 관한 내용이 많고, 현실세계에서 일어나는 일들에 대해 상식적으로 풀고 있어 내공이 느껴진다. 투자는 데이터만으로 움직이지 않고, 심리가 더 중요하다.

최명철 저, 《아파트값 5차 파동》, 2001년, 다다원

우리나라의 아파트 역사를 모두 알 수 있는 책이다. 인간의 심리는 하나도 변하지 않았기에 20년도 더 된 책에서 배울 것이 참 많다. 사람들이 어떻게 광기를 부리고, 투자의 끝은 어떤지에 대해서 잘 나와 있다. 아쉽게도 절판되어 국회도서관 등에서 빌려 볼 수 있다.

앙드레 코스톨라니 저 / 한윤진 역, 《돈, 뜨겁게 사랑하고 차갑게 다루어라》, 2015년, 미래의 창

부동산 투자 서적은 아니고, 유럽의 주식·채권 투자로 유명한 앙드레 코스톨라니((André Kostolany)의 책이다. 주식 책이지만 수식이나 숫자는 거의 없고, 인간 심리에 관한 내용이 많이 있어 마인드 다잡기 좋은 책이다. 싸게 사서 비싸게 파는 투자의 본질은 주식이든, 부동산이든 똑같다.

재개발 투자

강영훈 저, 《붇옹산의 재개발 투자 스터디》, 2017년, 도서출판 구루핀

재개발 투자의 원리에 관해서 법령과 함께 자세히 나와 있다. 출판 연도가 되어서 재개발 구역에 관한 내용은 업데이트가 필요하지만, 재개발 투자의 본질은 바뀌지 않았다. 참고로 저자는 네이버 최대 부동산 카페 '부동산 스터디'의 주인장이다.

다가구주택 투자

박정선 저, 《나는 다가구주택투자로 꼬마빌딩 4채의 주인이 되었다》, 2018년, 메이트북스

실전 경험에서 우러나온 다가구주택 투자에 대한 내용이 잘 정리되어 있다. 수익형에 관심을 갖게 되면 그 끝은 시행이다(부동산 개발업). 저자는 후에 《왕초보도 쉽게 따라 할 수 있는 꼬마빌딩 짓기》(메이트북스)라는 책도 썼는데, 마찬가지로 실무적이고 경험에서 우러나온 사례가 많다.

상가 투자

홍성일 저, 《상가 투자 비밀노트》, 2016년, 지혜로

상가로 경제적 자유를 얻은 저자의 경험이 녹아 있다. 상가 투자에 대한 모든 것들이 담겨 있는데, 임대차 계약서라든가 관련 양식, 법령, 세법, 절세 방법 등의 내용이 자세하게 담겨 있어 사전처럼 꺼내 볼 수 있다. 제대로 된 상가 투자 책은 흔하지 않은데 오아시스와 같은 책이다.

배용환 저, 《서울휘의 월급 받는 알짜상가에 투자하라》, 2018년, 국일증권경제연구소

홍성일 님의 책이 법령에 관한 내용이 잘 정리되어 있다면, 서울휘 님의 내용은 상가와 상권에 관한 내용이 알차게 들어 있다. 투자 사례도 큰 도움이 된다.

토지 투자

김종율(옥탑방보보스) 저, 《나는 오를 땅만 산다》, 2018년, 한국경제신문사

상가 투자로 더 유명한 분인데, 토지 투자 책도 좋다. 상가와 토지는 비슷한 부분이 많기 때문이다. 토지 공법이면 어렵기 마련인데 초보자가 읽어도 술술 읽기 쉽게 되어 있다. 최근에는 《나는 집 대신 땅에 투자한다》라는 책도 출간했다.

오피스텔 투자

정철민 저, 《오피스텔 투자 바이블》, 2022년, 매일경제신문

필자 본인의 책을 스스로 추천하려니 낯간지럽다. 제대로 된 오피스텔 서적이 없어 직접 집필하게 되었다. 좋은 오피스텔을 고르는 기준과 지역별 우수한 오피스텔, 관련 법령과 투자 마인드에 대한 내용이 담겨 있다.

부동산 세금

김동우(투에이스) 저, 《부동산 절세의 기술》, 2022년, 지혜로

세무사가 아닌, 부동산 투자자가 집필한 부동산 세금 책이다. 그래서 내용이 딱딱하지 않고 편하게 읽힌다. 2016년부터 지금까지 주기적으로 신간이 나오고 있다. 부동산 투자 세금의 전체 흐름을 잡기 좋은 책이다.

경매 투자

신정헌 저, 《저는 부동산 경매가 처음인데요》, 2023년, 한빛비즈

경매 권리분석에 대해서 이해하기 쉽게 잘 다루어져 있고, 경매 과정에 대해서 초보자도 이해하기 쉽게 잘 설명되어 있다. 3번째 개정판이니 믿을 만하다.

김덕문 저, 《나는 청개구리 경매로 집 400채를 돈 없이 샀다》, 2017년, 다산4.0

제목 그대로 청개구리 같은 투자를 해서 신선한 충격을 주었다. 역발상 같은 투자를 많이해 부동산을 바라보는 새로운 시야를 제시한다. 또한, 경매 투자 사례가 많이 실려 있어서 공부할 것이 많다.

아파트 시장이 무너져도
오르는 소액 투자처는 있다

초판 1쇄 2023년 7월 11일

지은이 정철민
펴낸이 한성주
펴낸곳 ㈜두드림미디어
책임편집 최윤경, 배성분
디자인 노경녀(nkn3383@naver.com)

㈜두드림미디어
등 록 2015년 3월 25일(제2022-000009호)
주 소 서울시 강서구 공항대로 219, 620호, 621호
전 화 02)333-3577
팩 스 02)6455-3477
이메일 dodreamedia@naver.com(원고 투고 및 출판 관련 문의)
카 페 https://cafe.naver.com/dodreamedia

ISBN 979-11-93210-00-0 (03320)